国家自然科学基金面上项目（批准号：71772166）

国家自然科学基金青年项目（批准号：71302125 & 71702170）

浙江理工大学人文社会科学学术专著出版资金资助（2016 年度）

新创企业平行搜索的作用机制、决策机理及风险控制

奉小斌　著

中国财经出版传媒集团

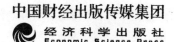

经济科学出版社

Economic Science Press

图书在版编目（CIP）数据

新创企业平行搜索的作用机制、决策机理及风险控制／
奉小斌著 . —北京：经济科学出版社，2018.5
ISBN 978 - 7 - 5141 - 9386 - 2

Ⅰ. ①新… Ⅱ. ①奉… Ⅲ. ①企业管理 - 知识管理 -
研究 Ⅳ. ①F272.4

中国版本图书馆 CIP 数据核字（2018）第 121281 号

责任编辑：刘 莎
责任校对：郑淑艳
责任印制：邱 天

新创企业平行搜索的作用机制、决策机理及风险控制

奉小斌 著

经济科学出版社出版、发行 新华书店经销
社址：北京市海淀区阜成路甲 28 号 邮编：100142
总编部电话：010 - 88191217 发行部电话：010 - 88191522
网址：www. esp. com. cn
电子邮件：esp@ esp. com. cn
天猫网店：经济科学出版社旗舰店
网址：http://jjkxcbs. tmall. com
固安华明印业有限公司印装
710×1000 16 开 14.75 印张 260000 字
2018 年 5 月第 1 版 2018 年 5 月第 1 次印刷
ISBN 978 - 7 - 5141 - 9386 - 2 定价：49.00 元
（图书出现印装问题，本社负责调换。电话：010 - 88191510）
（版权所有 侵权必究 举报电话：010 - 88191586
电子邮箱：dbts@ esp. com. cn）

前　言

　　开放式创新背景下，创新搜索（innovation search）成为新创企业突破内部创新瓶颈的重要策略。平行搜索作为创新搜索领域的前沿课题，其概念从计算机算法中衍生而来，它在创新管理中特指相互独立的问题解决者为了解决类似的创新问题而同时相互竞争地进行知识搜索。以往关于创新搜索的研究主要关注其概念、维度、前因、后果及情境因素等方面内容，且大多基于两个潜在假定：一是假定行业市场的稳定性和线性可预测；二是假定产品创新是企业自发选择且与竞争对手搜索策略无关的结果，这将低估新创企业创新搜索引发在位企业的竞争反应，并且忽视创新搜索随企业间竞争互动关系的动态演化发展。平行搜索打破上述假定，将新创企业视为竞争互动情境下的"动态主体"，强调知识搜索的动态性、开放性、竞争互动性和企业间联系。尽管基于核心企业自我中心的创新搜索研究已取得丰硕成果，然而新创企业经常在权衡对手搜索行为和外部搜索环境的预期基础上选择适宜的搜索时机，"新创企业搜索时机选择（平行搜索）如何影响产品创新绩效"这一问题尚待解答。

　　为了突破现有研究的局限性与瓶颈，本书采用实证方法探析平行搜索的作用机制，借助准试验方法探讨平行搜索的决策机理，运用演化博弈及模拟数值仿真探讨平行搜索的动态决策规律，借助潜在失效模式与影响分析（FMEA）模型对平行搜索风险模式、风险成因及风险影响之间的关系加以系统分析，进而构建新创企业平行搜索的整合研究框架。本书围绕核心研究问题，从管理认知视角（如管理者解释、外部注意力、组织绩效反馈、情境聚焦等因素）

探讨企业平行搜索的作用机制及决策机理，系统性地整合与探索上述管理认知因素对平行搜索决策的影响。主要回答以下五个问题：第一，新创企业平行搜索对产品创新绩效有何影响（子研究一）？第二，新创企业平行搜索对产品创新绩效的影响路径如何（子研究二）？第三，新创企业绩效反馈如何影响平行搜索时机决策（子研究三）？第四，新创企业与在位企业平行搜索时机互动的动态博弈规律如何（子研究四）？第五，新创企业平行搜索的风险如何识别、度量与控制（子研究五）？

研究一：基于组织搜索、动态竞争和管理认知等相关理论，本书考察了平行搜索对新创企业产品创新绩效的影响，并检验了管理者解释与竞争强度在其中的调节作用。实证研究发现：领先搜索与跟随搜索对产品创新绩效均有正向影响；管理者对外部环境的机会解释正向调节领先搜索与产品创新绩效的关系，对外部环境的威胁解释增强跟随搜索与产品创新绩效的关系；竞争强度负向调节领先搜索与产品创新绩效的关系，增强跟随搜索与产品创新绩效的关系；竞争强度与管理者解释对跟随搜索与产品创新绩效的关系具有显著联合调节效应。

研究二：基于组织搜索、即兴能力和注意力基础观等相关理论，按照"搜索战略—内部能力—绩效结果"的理论范式，本书探索性地构建以即兴能力为中介变量和管理注意力为调节变量的平行搜索时机对产品创新绩效影响的概念模型。实证发现：即兴能力在领先搜索和跟随搜索与产品创新绩效的关系中起部分中介作用。通过总效应调节模型的分析，结果发现内部注意力的调节作用主要发挥在第一阶段（搜索时机对即兴能力的影响阶段），外部注意力的调节作用在第一阶段和第二阶段（即兴能力对创新绩效的影响）均发挥显著作用，即外部注意力与搜索时机之间的交互作用需要通过即兴能力的中介作用实现。

研究三：本书以新创企业中高层管理人员作为被试开展准实验研究，对新创企业绩效反馈与平行搜索时机决策之间的关系进行了理论探讨和实证检验，并进一步考察了情境焦点的调节作用。研究结果表明：（1）实际绩效高于预期绩效时，新创企业管理者倾向采用跟随搜索策略；而实际绩效低于预期绩效时，新创企业管理者倾向采用领先搜索策略。（2）情境促进焦点负向调节企业绩效反馈与跟随搜索的关系，但正向调节企业绩效反馈与领先搜索的关系。（3）情境预防焦点与企业绩效反馈的交互效应分别正向影响领先搜索和跟随搜索。

研究四：新创企业与在位企业围绕平行搜索时机进行博弈，本书构建搜索时机选择的重复博弈与演化路径模型以探讨企业多阶段竞争下的"搜索—反应"问题。主要结论有：（1）新创企业领先搜索策略选择与搜索风险、搜索获益以及搜索成本三者密切相关；（2）重复博弈中，若在位企业选择领先搜索的收益高于跟随搜索的收益，新创企业交替选择跟随搜索与领先搜索为最佳博弈策略；（3）系统演化的长期均衡结果可能是领先搜索或跟随搜索，演化博弈仿真结果表明最终演进路径及收敛情况与博弈的支付和博弈发生的初始状态相关。

研究五：本书首先基于既有研究文献从领先搜索和跟随搜索两个方面探讨了新创企业平行搜索的宽度、深度和速度可能引发的典型风险。其次借助潜在失效模式与影响分析（FMEA）原理对新创企业平行搜索的风险模式、风险成因及风险影响加以分析，进而厘清风险度量标准并提出风险防范措施。最后通过案例分析探讨了新创企业平行搜索风险的识别、度量及管控过程，为新创企业识别、防范重点风险的实践提供参考。

与已有研究相比，本书的理论意义主要体现在五个方面：第一，基于动态竞争理论，在传统创新搜索理论基础上将搜索时机纳入分析框架，通过问卷调查、准试验研究、模拟仿真分析、案例分析等方法，探究新创企业平行搜索的静态及动态作用机制，有望弥补以往研究仅关注静态知识搜索研究的缺陷；第二，本书拓展了"机会—威胁"认知框架在平行搜索领域的应用范畴，并基于三维交互效应的考察发现行业竞争强度影响管理者对外部环境的感知判断，为全面解释新创企业平行搜索决策及作用机制提供了新的理论依据；第三，本书开创性地构建了从平行搜索经由组织层面上的即兴能力直至产品创新绩效的逻辑链条，借助管理注意力理论深化平行搜索对产品创新绩效影响的权变作用路径，弥补了以往创新搜索与即兴能力之间理论链接不够紧密的缺陷；第四，本书采用准试验方法揭示不同调节焦点作用下新创企业管理者对平行搜索时机的静态决策规律，并借助重复博弈与演进博弈模型揭示企业间内在竞争互动轨迹及平行搜索的动态演进机理，进而构建平行搜索动态演化的研究框架体系；第五，本书结合浙江新创企业实际情况，对新创企业平行搜索的作用机制、决策机理及风险控制进行了本土化探索，从管理认知角度系统揭示管理者解释、管理注意力、组织绩效反馈、情境焦点等重要因素对平行搜索的影响机制，通过触发机制、作用机制、调节机制、演进机制及风险识别等拓展平行搜索认知视角的研究。

　　本书为我国新创企业的创新活动提供了一些实践启示：第一，创新搜索对新创企业实现产品创新具有战略意义，平行搜索构念的探索为新创企业界定了创新搜索的策略集合，尤其是通过准实验研究模拟平行搜索时机的选择，为新创企业实施平行搜索战略指明方向。第二，动态环境下新创企业管理者需及时了解政治、经济、法律等宏观政策，通过宏观环境形势的判断与行业内技术市场动态的把握，提升对外部环境的正确感知与解释能力。第三，平行搜索的博弈研究将突破企业传统静态与孤立的搜索思维，引导新创企业面向竞争对手布局长期竞争策略，避开竞争对手的短期"绞杀"，为我国新创企业知识搜索和动态创新能力培育提供借鉴。第四，通过新创企业平行搜索的演化机理分析，明确各种不同平行搜索策略对企业产品创新绩效的影响及动态演化路径，从而为新创企业揭开了创新搜索与产品创新关系的"黑箱"。

　　作为一项探索性研究，本书在阐明研究局限的同时，也对未来研究提出了展望，以期为后续研究铺砖引路。本书的撰写过程受到众多国内外专家学者的思想启发，在此谨向为本书提供优秀素材的专家学者、调研企业和个人表示诚挚的感谢！本书是国家自然科学基金面上项目（批准号：71772166）和国家自然科学基金青年项目（批准号：71302125&71702170）研究成果，同时也得到了浙江理工大学人文社会科学学术专著出版资金资助（2016年度），在此对支持本书和著作出版的相关单位表示感谢！由于作者的学识水平有限，本书中不足之处在所难免，恳请各位读者朋友批评指正！

奉小斌

2018 年 4 月

目　录

绪　　论

一、研究背景

（一）现实背景

1. 新创企业不断催生浙江经济的新增长点

20 世纪 90 年代开始，新创企业成为各种新兴产业的主要缔造者，是创造新经济的主要力量，同时也是解决社会就业问题的重要主体，受到理论界与实业界的广泛关注（程聪，2013；奉小斌，2017）。尤其改革开放以来，我国江浙沿海地区迎来史上最为壮阔的"草根"创业浪潮，成千上万的民营企业在浙江大地上应运而生、茁壮成长。作为民营经济最发达的省份①，浙江同时也是新创企业（主要是私营企业）最多的省份之一，新创企业注册率保持在全国前列。进入后金融危机时代，包括浙江在内的沿海地区经济先后迈入"新常态"②，同时也凸显了许多浙江制造企业面临的一系列挑战：大量以生产劳动密集型外贸产品为主的企业遭遇出口"天花板"，产业集群企业陷入全球价值链"低端锁定"（lock-in）困境。历经三十多年的创业学习，当前形势下浙江新一代创业者，逐步形成以"富二代"向"创二代"转型和新生代创业为代表的浙商系、以阿里巴巴离职员工创业为代表

---

① 浙江是中国民营经济占 GDP 最高的省份，2017 年创造民营经济增加值 2.07 万亿元，占 GDP 比重为 56.1%，远高于广东、江苏、山东等经济发达省。2017 年全国工商联发布"中国民营企业 500 强"榜单，浙江 120 家企业入围，连续 19 年蝉联全国第一。

② 2014 年 5 月，习近平在河南考察时首次提出"新常态"，其中新常态下经济增长模式的典型特征有三：速度——从高速增长转为中高速增长；结构——经济结构不断优化升级；动力——从要素驱动、投资驱动转向创新驱动。

的阿里系①、以"海外高层次人才引进计划"（以下简称"千人计划"）为代表的海归系、以浙江大学及其他省属高校等为代表的高校系等四支创业中坚力量。

以新一代信息产业、电子商务和大数据等为代表的战略新兴产业中的新创企业对浙江经济的发展起到引领作用。新一批的"机会型"创业者传承上一代浙江创业者"草根精神"，同时更具有"新四千精神"，即千方百计提升全球价值链位置、千方百计扩大全球市场、千方百计首创和自主创新、千方百计提升质量和改善管理（陈衍泰，2015）。为适应经济发展的新常态，浙江各级政府不断强化鼓励创业创新的顶层设计，已全面建成"四张清单一张网"②，出台多项政策鼓励大众创业万众创新，积极探索"产业、城镇和人才"集聚的特色小镇，如创客小镇、梦想小镇、云栖小镇、基金小镇。"大众创业、万众创新"逐渐成为浙江经济发展的新引擎，以阿里巴巴为代表的网络交易平台，以信息空间为代表的众创空间不断催生新的商业模式，快的打车、喵街、车蚂蚁等一批新创企业正在颠覆传统的交通出行、生活方式等领域。

2. 外部知识源成为新创企业创新搜索的主要来源

在经济全球化背景下，随着技术创新日益复杂、产品生命周期缩短、市场竞争优势加速削减，发达国家企业开始重视外部知识或创意对企业创新的重要作用（Chesbrough，2007；韵江等，2014；奉小斌和王惠利，2017）。哈格多恩（Hagedoorn，2002）统计发现，1960～1998年，全球范围内的企业间研发合作增加了60倍。以宝洁公司（P&G）为例，该公司拥有40名"技术企业家"，他们的工作就是借助复杂的搜索工具查看上亿网页、全球专利数据库和科学文献，找到对公司可能有利的重大技术突破。宝洁公司还在互联网上加入三个科学家网络。宝洁公司的前CEO拉夫雷（Lafley）对外宣称："我们的目标是使企业外部获取的创新占到总数的50%"（Linder et al.，2003）。诺基亚（Nokia）、菲利普（Philips）、谷歌（Google）等大型跨国企业也在不同程度上强化与大学、顾客、供应商甚至竞争对手合作，以从企业外部获取创新

---

① 2018年1月底，初橙资本发布"2017年阿里校友创业黄埔榜"，截至2017年底，创始人或创始团队成员来自阿里巴巴的创业公司增长至1026家，其中2017年阿里校友创业榜项目数量是2015年的三倍，阿里系创业涵盖电子商务、旅游、移动应用、智能硬件、金融理财、新零售、共享租赁等领域，如滴滴打车、蘑菇街、同程网、虾米网、音悦台、淘课网等企业。

② "四张清单"具体指的是政府权力清单、企业投资负面清单、政府责任清单、省级部门专项资金管理清单。"一张网"则指的是浙江政务服务网。

所需的知识与技术。

　　相对于发达国家的创新体系演变规律遵循"技术创新—新兴产业形成—制造能力提升—产业成熟"的典型发展路径，我国大批企业陷入"低技术均衡"的困境①，实质性的研究与发展能力提升较少（张涛和张若雪，2009；朱桂龙，2012；张兴祥等，2016）。新创企业囿于技术、人才、资金、知识等创新资源有限，其对研发投入的强度远低于发达国家企业②，致使其自主创新能力受到制约（洪茹燕，2012；蒋天颖等，2013；张金如，2013；奉小斌和陈丽琼，2015）。关于中小企业是否与大型企业一样从外部积极获取创新知识，现有研究结论并不一致：一方面，开放式创新强调中小企业从外部获取互补性资源克服规模小、财务资源缺乏等"小企业缺陷"（Parida et al. , 2012；Brunswicker & Ehrenmann，2013）；另一方面，现有研究发现中小企业合作倾向或合作数量远小于大型企业（Keupp & Gassmann，2009）。为了突破创新的资源瓶颈及能力限制，新创企业选择从外部搜索知识与寻求创新资源协同，并将组织学习的重点从企业内部转向全方位利用与整合外部知识源，与产业链上下游企业、高等院校、科研机构、中介服务机构等组织建立合作创新网络，这成为新创企业快速提升创新能力的重要路径（Chesbrough，2007；Aloini & Martini，2013；侯建和陈恒，2017）。

3. 新创企业与在位企业在竞争互动中成长

　　新创企业从创立到发展演变成大中型企业的过程中面临行业成熟企业（establiished organizations）对手的竞争，新创企业并非大企业的"小版本"。新创企业的"先发优势"在拥有资源优势的成熟对手面前不堪一击，如美国一家名为 RC Cola 小公司首先引入"铝听灌装"，但是被实力强大的可乐公司迅速挤出市场（汪少华和佳蕾，2003）。新创企业的创立一定程度上是创业者在识别了一个较少有人涉及的、新颖且具有潜在价值的市场机会，但是在位企业发现新创企业所在领域或行业存在超额利润将迅速进入该市场，进而达到收购或打压新创企业的目的。以苹果公司（Apple）为例，2009 年以来先后收购

---

　　① 以汽车行业为例，中国企业通过"以市场换技术"的合资模式引进产品技术，虽然在汽车产量上占据世界将近五分之一，但自主品牌出口比例较少，并且始终在发动机、变速箱、底盘等核心技术上无法取得重大突破，难以破解"低技术均衡"的尴尬局面。

　　② 中国企业联合会、中国企业家协会发布的 2016 年中国企业 500 强统计数据显示，2016 年中国制造业研发投入强度（即企业研发投入总量与销售收入的比值）为 1.48%，而美国和日本分别为 4%、3.4%。

夸特罗无线（Quattro Wireless）、拉拉音乐（Lala）、极地玫瑰（Polar Rose）、西里（Siri）、指尖工程（Finger Works）等创业企业，成功拓展到云服务产品、面部识别、语音识别、体态识别等领域，进一步强化企业产品优势与技术积累。

进入 21 世纪以来，信息经济、网络经济和知识经济放大了全球商业环境的超竞争（hyper-competition）特征（D'Avani et al.，2010），行业竞争格局多变且充满不确定性，每个竞争对手都不断努力建立新的竞争优势和削弱对手的竞争优势。根据 2010 年民建中央专题调研报告《后危机时代中小企业转型与创新的调查与建议》显示，中国中小企业目前平均寿命仅 3.7 年。由新生性所导致的成长劣势（liability）或弱性（weakness），使新创企业面临高度的技术和市场的不确定性，同时，新创企业缺少经验及信息不对称问题阻碍企业向外部获取资源与知识（朱秀梅等，2008；芮正云等，2017）。对新创企业而言，通过向竞争对手学习打造一种竞争对手难以复制的商业模式才能获得"不平等竞争优势"，如改变销售渠道、动态扩张。事实上，在以产业集群为特征的浙江传统新创企业中，大量中小企业的地域根植（embedded）导致企业之间呈现鲜明的"竞合"特征，新创企业与成熟在位企业争夺有限的资源与市场过程中将引发过度竞争，恶性竞争将削弱新创企业的生存能力与成长能力，新创企业必须从非市场竞争（如时机竞争）中找到新的突破口。新创企业与在位企业围绕创新搜索时机选择进行互动，通过搜索时机选择获得创新搜索的先行者优势或避开在位企业的"绞杀"，这种基于时机选择的动态搜索决策可能影响新创企业产品创新效果或风险。

（二）理论背景

资源观强调异质性资源对企业竞争优势形成的作用（Cohen & Levinthal，1990；Kim & Park，2013；Luo et al.，2017）。近年来，学术界对异质性资源获取方式及途径的研究还在不断深化与完善中。20 世纪 90 年代以来，人们逐渐重视组织学习和知识在构建企业资源基础竞争优势中的作用，有学者（Spender，1996）据此提出企业知识观[①]（Knowledge-based View，KBV）。由于产品生命周期逐渐缩短，"封闭式"创新活动的有效性逐渐受到质疑，企业对外部知

[①] 知识基础观认为企业是一个知识处理系统，企业核心能力的来源是企业内的隐性知识（又称缄默知识），企业内的知识以人为载体，通过各种手段如文本、技术系统、言传身教等来实现部分和完全共享，通过知识整合和创造，产生能带来经济价值的新知识（Spender，1996）。

识源（包括行业内和行业外知识）的识别、搜索与利用（即创新搜索）成为开放式创新（open innovation）的重要内容（Chebrough，2003；Jung & Lee，2016；陈钰芬和叶伟巍，2013；徐敏等，2017）。如演化经济学强调外部搜索能帮助企业寻找多样性知识，通过知识的重新组合带来创新（Dosi，1982；Nelson & Winter，1982）。范·希佩尔（von Hippel，1988）提出了领先用户对企业新产品开发具有重要作用。鉴于本地利用性搜索难以启发创新灵感与获取多样化的异质性知识，跨越组织边界（Miller et al.，2007；肖丁丁和朱桂龙，2016）、认知边界（Rosenkopf & Nerkar，2001）、空间边界（Ahuja & Katila，2004；张文红、唐彬和赵亚普，2014；曹霞和宋琪，2016）、时间边界（Nerkar，2003；Berends & Antonacopoulou，2014）的创新搜索对企业创新绩效的影响逐渐受到学术界关注。

关于企业如何从外部获取创新知识或技术（即创新搜索），学者们最初从交易成本理论角度分析知识获取模式，如内部研发、市场购买或技术合作（Cho & Yu，2000；Van de Vrande et al.，2009）。另一部分学者从演化经济学、知识属性角度来界定创新搜索，如本地搜索或远程搜索（Laursen，2012；吴航和陈劲，2016），其概念与马奇（March，1991）提出的探索性学习和利用性学习较为相似。同时，还有学者对知识类型（如科学搜索与技术搜索、供应方知识/市场知识/科学知识搜索）、认知—空间（如国内/外相似知识、国内/外非相似技术知识）、时间—组织（如内部新/旧知识、竞争者新/旧知识、产业外新/旧知识）、技术—组织（如组内/外部技术知识）等二维组合搜索开展系统研究（Rosenkopf & Nerkar，2001；Katila，2002；Sidhu et al.，2007；Geiger & Makri，2006；Phene et al.，2006；Zang & Li，2017）。但是，以往创新搜索的研究大多关注发达国家、高技术行业或大型企业，其研究结论能否适用于发展中国家的中小型企业还不确定（李强，2013；肖丁丁，2013）。

事实上，随着所要解决的创新问题越复杂和竞争对手数量增加，新创企业围绕产品创新展开的"学习竞赛"加剧企业间搜索互动（Patel et al.，2014；冯桂平，2010）。平行搜索作为创新搜索领域的前沿课题，其概念从计算机算法中衍生而来，它在创新管理中特指相互独立的问题解决者为了解决类似的创新问题而同时相互竞争地进行创新搜索，强调创新搜索的动态性、开放性、竞争互动性和企业间联系（Katila & Chen，2008；Yoo & Reed，2015；项后军和江飞涛，2010；芮正云和罗瑾琏，2016）。与平行搜索相比，传统创新搜索研究存在两个潜在假定：一是基于行业市场的稳定性和线性预测的假定；二是假定产品创新是企业自发选择且与竞争对手搜索策略无关的结果（Boundareau et al.，2008；Adner & Snow，2010）。既往静态搜索研究倾向将目标企业创新搜索的宽度、深度、新颖度和时间等决策置于孤立的管理情境（Ahuja & Katila，2004；Adner & Snow，2010；Pacheco - de - Almeida & Zemsky，2012；余斌和奉小斌，2018），低估了新创企业知识搜索引发集群在位企业的竞争反应，并且忽视创新搜索随企业间竞争互动关系发展的动态演化。

以往关于平行搜索的研究涉及以下几个领域：

首先，现有创新搜索研究聚焦于目标企业，对"搜索什么（内容维度）"、"如何搜索（认知维度）"及"到哪搜索（空间维度）"等问题做了系统研究（Wu & Wei，2013；Grimpe & Sofka，2016；邬爱其和李生校，2012；张文红等，2014），但关于相对对手"何时搜索（平行搜索的时机维度）"的研究相对零散且结论发散。关于创新搜索的前因研究，主要聚焦在创新搜索的动因、外部环境、内部特征、情境因素等内容（Teece，1986；Nohria & Gulati，1996；Sidhu et al.，2004；Danneels，2008；Lopez - Vega et al.，2016；陈君达和邬爱其，2011）。关于创新搜索的后果研究，主要集中在组织技术能力、研发战略、组织绩效等领域（He & Wong，2004；Chen et al.，2011；Luo et al.，2017；朱朝晖和陈劲，2007；马如飞，2009）。其中，关于企业创新搜索对产品创新的影响机制研究中，研究结论主要有本地搜索"能力陷阱"论（Ahuja & Lampert，2001；Phene et al.，2006；Lin et al.，2017；陈学光等，2010；彭新敏等，2011）、搜索宽度和深度的"边际收益递减"论（即倒"U"形）（Katila & Ahuja，2002；Laursen & Salter，2006；Wu & Shanley，2009）、搜索前沿技术与成熟技术对产品创新的差异化影响等（Heeley & Jacobson，2008），但对创新搜索的时机及中国新创企业现实情境缺乏系统关注。随着先动优势理论、竞争互动理论及时基竞争理论的不断发展，学者们对目标企业相对于竞争对手的先动或后动、竞争响应及竞争行动速度等问题进行了探索（Stalk，1992；Chen，1996；Lieberman & Montgomery，1998），这些研究启发本书将搜索时机作为新创企业平行竞争研究的重要切入点。目标企业相对对手创新搜索的速度对产品创新效果也会产生较大的影响（Yang & Meyer，2015），并且对于新创企业而言，如何做出搜索时机决策成为新创企业竞争战略的重要内容，平行搜索研究有望回答这一问题。

其次，静态视角下有关创新搜索作用机制方面的研究，强调知识搜索、获取、重组与利用全过程的线性联系，忽视了新创企业把握未曾预料的机会或提升即时处理问题的能力（韵江和王文敬，2015；奉小斌和王惠利，2017）。随着新创企业面临的不确定环境与有限理性认知特征日益凸显，先后有学者提出创造性拼凑（bricolage）①、创业中的即兴创造（improvisation）等行为（Baker & Nelson，2005；Hmieleski & Corbett，2006；奚雷等，2017），张玉利和赵都敏（2008）则强调有限资源的创造性利用和即兴创造是新创企业整合外部资源的两个手段。新创企业理论认为，基于差异化竞争战略把握机会与整合资源对新创企业的生存发展至关重要（赵文红等，2011；张玉利等，2012；彭伟等，2012；叶江峰等，2016）。与成熟企业相比，新创企业搜索与整合外部知识的能力明显处于劣势，部分研究已关注在现有市场和新市场选择差别化的搜索策略以避免新创企业与在位企业在成熟技术和现有市场上的"非对称竞争"（Sirmon et al.，2007；Katila et al.，2012；朱秀梅等，2008）。传统创业理性假定新创企业依据因果推理逻辑（causation decision-making logics）准确估算创业资源整合活动的可能性，但是在高不确定、高模糊性和高度资源约束为特征的新创企业情境中，以手段为导向的效果推理决策（effectuation decision-making logics）成为新创企业知识搜索与整合的主导逻辑（彭学兵等，2016；芮正云和罗瑾琏，2016）。效果推理理论强调新创企业管理者对市场信息或创造新市场信息的看法、处理与使用，对未来是可预测还是可控制的看法，决定他们能否成功通过创造性拼凑和步步为营参与机会共创活动（Sarasvathy et al.，2013）。新创企业在动态环境下的知识搜索活动难循事先拟订的计划实施，知识的实时创造与临场发挥被认为是启动组织学习的必要过程，即兴的非预期性与创造性在新创企业知识搜索活动中表现尤为突出（Vera & Crossan，2005；黎赔肆和焦豪，2014；奉小斌和王惠利，2017），即兴能力理论为揭示平行搜索对产品创新绩效影响的黑箱机制提供了新视角。

再次，以往关于新创企业创新搜索的研究，大多关注企业自身的搜索环境和搜索模式，假定产品创新是企业自发选择搜索策略的结果，搁置了特定区域背景下（如产业集群）企业间的创新搜索等隐性竞争互动（邓新明，2010；程聪等，2015）。竞争互动视角将战略视为一连串"攻击"与"回应"的交替行动（Chen et al.，1992；田志龙等，2007），通过不断采取行动使组织有能力应对不确定性及降低组织迷失。新创企业创新搜索或将引起在位企业的一系列反

---

① 创造性拼凑是指在资源约束下，创业者为了解决新问题和抓住新技术，灵活运用自己的经验或技巧整合对他人无用的、废弃的资源，付诸行动创造出独特的服务与价值（奚雷等，2017）。

应，这些反应又会对新创企业的搜索行为及决策产生重要影响（Katila et al.，2010；Hsieh et al.，2015）。按照"学习竞赛"及技术创新战略的观点，新创企业相对竞争对手的平行搜索时机选择主要分为领先搜索和跟随搜索两类（Freeman & Soete，1997；Boudreau et al.，2008；Katila et al.，2012；奉小斌，2017）。虽然创新领域的学者们已经探讨了搜索经验、吸收能力、外部网络、认知特征等因素对知识搜索的影响（Katila & Ahuja，2002；胡保亮和方刚，2013；张峰和刘侠，2014；阮爱君和陈劲，2015），但是仍无法完全释疑新创企业究竟应该"何时"选择领先搜索、"何时"选择跟随搜索（即平行搜索策略的选择）。根据卡内曼和特维斯基（Kahneman & Tversky，1979）提出的展望理论（prospect theory）①，管理者在决策时受制于有限理性，倾向将企业历史绩效或对手绩效作为比较基准，根据结果反馈情况决定选择哪一类搜索策略。新创企业平行搜索策略的选择一定程度上取决于管理者的认知条件及前一阶段的绩效反馈结果（Iyer & Miller，2008；Arrfelt et al.，2013；奉小斌和洪雁，2016），但国外研究创新搜索的专利引用方法及国内的问卷调查方法，并不能揭示新创企业搜索时机的决策机制与演进规律（吴结兵和郭斌，2010；陈学光等，2010；奉小斌和周佳微，2017）。

最后，创新搜索虽然能够给新创企业带来一系列即时竞争优势，但因竞争行动容易招致对手的防卫或反击而存在各种风险（Chen & Hambrick，1995；Katila & Chen，2008）。一方面，企业平行搜索过度导致"能力陷阱"或"失败陷阱"（Levinthal & March，1993；Ahuja & Lampert，2001）、知识搜索失效（Petruzzelli et al.，2011）、知识消化吸收障碍（Van Wijk et al.，2008）等各种风险。另一方面，在动态竞争中，竞争对手的搜索行动将给目标企业的搜索活动带来诸多不确定性，如新创企业受到内部在位竞争者利用集群网络优势对其进行知识封锁与绞杀、跟随模仿集群领导者的产品或技术而招致知识产权纠纷等风险（Szulanski，1996；李柏洲等，2014）。现有研究更多从探索与开发两类搜索失衡角度来探讨企业平行搜索及其可能引发的风险，对考虑竞争对手搜索行动及回应下的平行搜索风险缺乏有效识别、度量（Boudreau et al.，2008），并且对如何防范风险缺乏系统性研究。

---

① 展望理论又叫前景理论，该理论认为个人基于参考点位置的不同，会有不同的风险态度，从人的心理特质、行为特征揭示影响选择行为的非理性心理因素。

二、问题提出

从上文关于新创企业创新搜索的现实背景与理论背景中，可以推断出基于竞争互动视角下的新创企业平行搜索行为研究具有重要的理论意义。概言之，新创企业平行搜索拓展了传统创新搜索研究的静态视角（Boudreau et al.，2008；芮正云和罗瑾琏，2016），并能更好地揭示新创企业相对在位企业如何选择适时的搜索策略，以及其搜索决策的动态演进规律。现有研究更多关注创新搜索的概念、维度、前因、后果及情境因素等研究，此类研究并未纳入在位企业对新创企业搜索决策的响应（Katila & Chen，2008）。新创企业创新搜索过度可能导致企业陷入"能力陷阱"或"失败陷阱"，同时在位企业对新创企业创新的封杀等风险仍然比较普遍（奉小斌，2015）。从管理认知视角审视，管理者解释、外部注意力、组织绩效反馈、情境聚焦等因素均会影响企业平行搜索决策（Dutton & Jackon，1987；Eggers & Kaplan，2009；Salge，2012；Liu et al.，2013；Li et al.，2013；Nadkarni & Chen，2014；刘景江和刘博，2014；王菁等，2014；吴建祖和关斌，2015），但是以往研究较少系统性地整合与探索上述管理认知因素对平行搜索决策的影响机制。同时，组织即兴理论指出组织行动和组织认知活动的同步性（Vera & Crossan，2005；Magni et al.，2013），为揭示平行搜索对绩效影响的"黑箱"机制提供了新视角。总之，既有研究至少在新创企业平行搜索的理论基础、作用机制、决策机理及风险控制等方面需要进一步突破，因此本书有望更清晰地解答"新创企业平行搜索对产品创新绩效影响机制"这一核心问题。

鉴于竞争互动情境下的创新搜索不同于传统企业的静态、孤立性搜索（奉小斌，2015，2016），新创企业平行搜索的内涵特征有待探索，平行搜索时机如何支持产品创新绩效以及两者之间联结机制的研究尚缺乏，且现有创新搜索研究依赖的问卷调查和专利数据并不能很好地表征创新搜索的水平、方向、决策及动态演化规律（陈学光等，2010；熊伟等，2011；奉小斌，2017）。在实践层面上，新创企业快速提升创新能力的最佳实践之一是从外部搜索与整合知识，但新创企业相对在位企业的创新搜索行为与效果应该不同于传统成熟企业。为了突破现有研究的局限性与瓶颈，本书将新创企业视作"动态主体"（dynamic subject），整合竞争互动理论、创新搜索理论以及管理认知理论（如管理者解释、注意力基础观、绩效反馈理论、情境聚焦等理论）重新审视新创企业平行搜索这一重要问题，采用实证方法探析平行搜索的作用机制，借助准试验方法探讨平行搜索的决策机理，运用演化博弈及模拟数值仿真探讨平行搜索的动态决策规律，借助潜在失效模式与影响分析（FMEA）模型对平行搜索风险模式、风险原因及风险影响之间的关系加以系统分析，进而构建新创企业平行搜索的整合研究框架。具体而言，本书侧重回答以下四个方面的问题：

第一，新创企业平行搜索对产品创新绩效有何影响？新创企业相对于竞争对手的平行搜索策略对其产品创新的影响有待深入探讨。管理认知理论强调企业对外部获取知识的整合利用情况受到高层管理者对外部环境的感知与判断的影响，新创企业管理者对外部环境的解释差异必然带来截然不同的创新结果（Marcel et al.，2011；Liu et al.，2013；奉小斌和王惠利，2017），平行搜索亦然。类似地，基于战略匹配相关理论可知，组织外部搜索战略的成效还取决于行业竞争情境（Abebe & Angriawan，2014；李庆满等，2013；张晓棠和安立仁，2016），但竞争强度对不同搜索策略的影响机制尚不清晰。本书从组织内部的管理者解释（"机会解释"与"威胁解释"）、组织外部的竞争强度以及两者联合调节作用角度，探讨不同的平行搜索策略对产品创新绩效的作用机制及影响的边界条件，以期能够拓展创新搜索理论和指导新创企业制定创新战略。

第二，如果新创企业平行搜索对产品创新产生影响，那么具体的影响路径如何？当前，我国正处于经济转型的关键时期，新创企业生存环境极具动态性，企业外部搜索活动难循事先拟订的计划实施。在此情境下，管理者面临如何运用实时创造与临场发挥来为本企业赢得持续竞争优势（黎赔肆和焦豪，2014；彭学兵等，2016）。基于李等（Li et al.，2013）提出管理认知理论，有学者认为新创企业外部知识搜索是一项主动地监测、评估新知识和信息认知的活动，但现有研究过分强调企业知识搜索成功的客观因素而忽视管理者在搜索过程中的注意力配置，并且创新过程中即时性与创造性的发挥还取决于管理者对注意力的分配（Vera & Crossan，2005）。当前，关于平行搜索时机对即兴能力的影响、平行搜索时机如何通过即兴能力影响产品创新绩效的连接机制的论述还不多见，并且管理注意力在上述关系中的影响也很值得研究。鉴于上述背景，本书以新创企业为研究对象，立足竞争互动视角探讨新创企业平行搜索时机选择对产品创新绩效的影响。为了揭示内在作用机理，本书从即兴能力方面提出平行搜索与产品创新绩效之间关系的中介作用，构建起"搜索时机—即兴能力—创新绩效"的理论逻辑，并考察管理注意力（内部注意力和外部注意力）在上述路径中的权变作用。

第三，新创企业如何对平行搜索时机做出静态与动态决策？为了探讨新创企业搜索时机决策问题，本书借助准实验方法，分析新创企业历史绩效反馈结果对企业平行搜索时机选择的影响机制，并进一步考察管理者情境调节焦点类型与绩效反馈结果的交互作用对搜索时机的权变影响机理。鉴于以往关于企业搜索与产品创新绩效关系的研究均局限于专利引用及问卷调查等方法，但未揭示新创企业相对在位企业的搜索时机的重复选择机制及动态演进规律。为此，本书将在位企业的搜索时机选择纳入博弈分析，借鉴雅可比矩阵的局部稳定分析方法及经典 4 阶龙格库塔方法进行模拟仿真，探索多阶段重复竞争下的"搜索—反应"问题，从而构建集群新创企业搜索时机选择的重复博弈与演化博弈模型，刻画新创企业与在位企业搜索时机互动的演进趋势及稳定性。

第四，新创企业平行搜索的风险如何识别、度量与控制？事实上，随着所要解决的创新问题越复杂和竞争对手数量增加，新创企业平行搜索加剧行业内部企业间围绕产品创新展开"学习竞赛"（冯桂平，2010）。新创企业平行搜索存在一定的风险，本研究借助潜在失效模式与影响分析（FMEA）原理及典型案例对集群新创企业相对在位企业在领先搜索、同步搜索和跟随搜索可能引发的宽度、深度和速度风险加以系统识别与度量，结合风险成因、危害性与发生概率提出风险防范措施。

三、研究框架与研究内容

鉴于已有研究较多关注静态视角下的创新搜索行为及作用机制，忽视竞争情境下企业间平行搜索时机的动态性与开放性，本书基于动态竞争、创新搜索、即兴能力、管理注意力、情境焦点、绩效反馈等理论，从搜索时机维度探讨新创企业平行搜索行为对产品创新的作用机制。首先，鉴于创新搜索过程中，新创企业管理者相关因素对平行搜索行为的影响机制并不清晰，管理者的决策情境焦点、管理注意力、管理者对外部环境的机会或威胁解释等因素对新创企业平行搜索时机及产品创新绩效的影响有待深入探究。其次，新创企业在平行搜索过程中受到外部竞争对手的影响，其平行搜索效果取决于竞争对手搜索策略与搜索时机的选择，但是静态横截面研究难以解释多阶段重复决策机制，需要借助博弈论与模拟仿真方法考察平行搜索的动态决策规律。最后，纳入竞争对手视角，新创企业与在位企业创新搜索竞争存在不同风险，需要借助风险识别与分析度量工具加以系统研究，并为新创企业在平行搜索过程中如何进行风险控制提供指导。

本书主要分为五个子研究加以展开（见图0-1）：

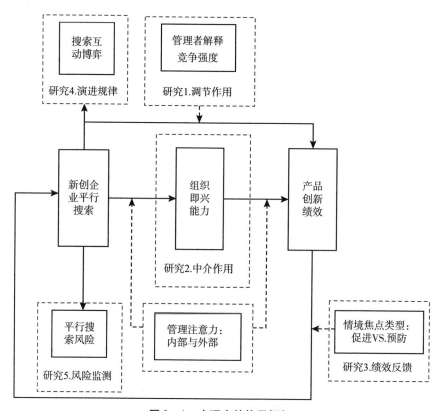

图0-1　本研究的构思框架

子研究一：新创企业平行搜索对产品创新绩效的影响研究

研究目的与内容：以浙江省的新创企业为研究对象，从组织内部的管理者解释和组织外部的竞争强度角度构建新创企业平行搜索对产品创新绩效影响的理论模型，探讨不同的平行搜索策略对产品创新绩效的作用机制及影响的边界条件，以期能够拓展创新搜索理论和指导集群新创企业制定产品创新战略。

子研究二：新创企业平行搜索对产品创新绩效影响的中介路径研究

研究目的与内容：针对"新创企业平行搜索时机对产品创新绩效的影响路

径"这一问题，按照"知识战略—内部能力—绩效结果"的理论范式，从组织即兴能力和管理注意力角度揭示新创企业搜索时机对产品创新绩效影响的中介路径与权变影响，将平行搜索拓展到管理认知领域。基于大样本问卷调查数据，采用结构方程模型和多元层级回归分析，从定量角度验证新创企业平行搜索对产品创新绩效的直接影响效果和间接影响效果，以及分阶段调节作用。

子研究三：新创企业绩效反馈影响平行搜索时机决策的准实验研究

研究目的与内容：采用 2（情境性调节焦点：促进/预防）×2（绩效反馈：绩效高于预期/绩效低于预期）完全随机组间设计，从理论与实证角度分析绩效反馈对平行搜索时机决策的影响，并从情境调节焦点视角进一步探索绩效反馈与平行搜索时机决策之间的权变关系，弥补以往研究用问卷调查或专利数据对管理者决策机制欠考虑的不足。

子研究四：新创企业与在位企业平行搜索时机互动的博弈分析

研究目的与内容：为了揭示重复博弈情境下新创企业如何选择搜索策略，刻画新创企业与在位企业搜索时机互动的演进趋势及稳定性，采用重复博弈、演化博弈方法和模拟数值仿真（经典 4 阶龙格库塔方法 Runge – Kutta 编程仿真）探讨新创企业搜索策略选择与搜索风险、搜索收益以及搜索成本的关系。

子研究五：新创企业平行搜索风险识别、度量与控制

研究目的与内容：新创企业平行搜索存在一定风险，但以往研究对这些风险缺乏识别与度量，本研究将借助潜在失效模式与影响分析（FMEA）模型对平行搜索风险模式、风险形成原因及风险影响之间的关系加以系统展开，进而在此基础上厘清风险度量标准并提出风险防范措施。

四、技术路线与研究方法

本书针对"新创企业平行搜索对产品创新绩效有何影响"这一核心议题，基于创新搜索、动态竞争、管理者解释、管理注意力、绩效反馈、情境焦点等理论，运用文献分析、元分析、多元回归分析、结构方程建模技术、准试验研究、博弈论与仿真等方法，从作用机制、决策机制、重复决策、搜索风险四个方面展开工作。具体而言包括以下目标：探索竞争互动视角下新创企业平行搜索对产品创新绩效的影响机制；揭示新创企业管理者平行搜索的决策机制及重复决策规律；建立平行搜索风险识别、评估与控制模型。本书的研究思路及总体方案见图 0 – 2。

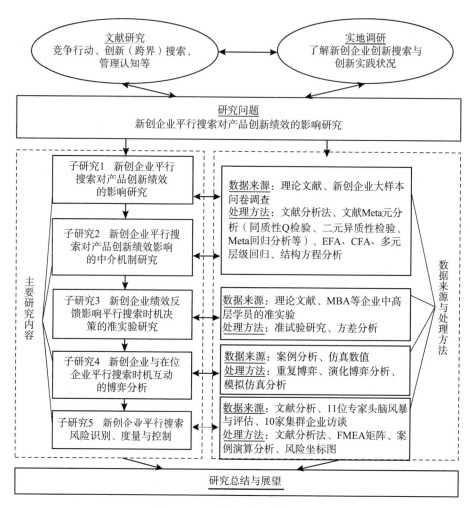

图 0-2 研究思路及总体方案

在明确研究问题的基础上，本书综合运用规范分析与实证研究、定量研究与定性研究方法，具体研究方法如下：

（一）文献分析法

文献分析是通过对现有文献（创新搜索、动态竞争、管理者解释、管理者注意力、绩效反馈、情境焦点、产品创新等）进行系统性搜集与分析，发现新创企业创新搜索方面的研究空间，并借用元分析（meta-analysis）方法来整合、评价近年来发表在国内外主流期刊有关知识搜索与创新绩效等方面的实证研究，以揭示诸多研究结果不一致的深层次原因，为本书的研究框架构建奠定基础。在研究过程和研究结果中，将本书研究与以往文献进行对比，以确保本研究的科学性与理论贡献。

（二）案例研究

基于理论抽样方法选择与研究问题相符的典型新创企业，以新创企业与在位企业搜索互动为追踪线索，通过对这些典型案例的深度访谈或二手资料进行扎根编码，结合书面文件、案例数据、观察信息及事后访谈回溯等方面，通过数据三角验证（triangulation）[1] 构建案例研究效度。探索新创企业与在位企业竞争互动的规律及重复博弈演化策略，并且通过浙江典型产业中的新创企业案例调研验证本书所构建的基于 FMEA 的风险识别、度量及控制模型的有效性。

（三）抽样调查与统计分析

在访谈与文献基础上形成问卷初稿，通过专家讨论、预测试等环节形成科学的调查问卷。鉴于新创企业成长到稳定一般需要 5~8 年时间，故借鉴王（Wong，1993）等研究将成立 8 年以内的新创企业界定为调查对象，并且调查对象必须具有一定的增长性和研发技术投入。在浙江等省份的高端装备、物联网及服务器、软件及电子商务、节能环保、新能源等战略新兴产业中，新创企业平行搜索活动较为活跃，针对企业高层、研发经理等关键人员，研究团队通过现场发放、邮寄和电子邮件等方式收集数据，完成 200 份以上有效问卷，获取实证检验的第一手资料。为了检验相关假设与验证理论模型，拟采用 SPSS 21.0、AMOS 7.0 等软件工具，通过描述性统计分析、信度分析、样本均值差异比较、因子分析（包括探索性因子分析和验证性因子分析）、方差分析、多元回归和路径分析等方法检验本书提出的理论假设。

（四）准实验研究

鉴于以往学者采用专利引用或问卷调查方法无法真切捕捉管理者对绩效反馈及竞争状况的感知，本书采用准实验方法揭示管理者决策心理过程。通过

---

① 卡普贝尔和菲斯克（Campbell & Fiske，1959）最早使用多元研究方法，后续学者将三角验证定义为研究同一现象时方法的整合应用，指出了四类三角验证：数据三角验证、研究者三角验证、理论三角验证和方法三角验证。

120 位来自新创企业的被试（MBA、EMBA 学员及参加中高层管理培训班的学员，被试所在企业存续时间略少于 8 年）描述应我、现我和理想我来诱发调节焦点，诱发效果在被试填写决策选择问卷时可通过开放式问题加以检验。采用 2（情境性调节焦点：促进/预防）×2（绩效反馈：绩效高于预期/绩效低于预期）完全随机组间设计，运用方差分析、回归分析等方法揭示在不同调节焦点（促进或预防）作用下新创企业管理者对平行搜索时机（即领先搜索/跟随搜索）的决策规律。

（五）博弈分析与模拟仿真

在实证研究基础上，将新创企业平行搜索置于与在位企业互动情境中，借助多点竞争分析思路构建多阶段重复博弈与演进博弈模型（如雅可比矩阵的局部稳定分析方法），并通过 Matlab 7.0 对模型编程的参数变化进行函数模拟（经典 4 阶龙格库塔方法）。通过参数变化模拟新创企业与在位企业的平行搜索演化规律，模拟计算新创企业在每个"搜索—回应"阶段的博弈收益，并基于博弈推理的"共同知识"找到平行搜索动态博弈的均衡解。

第一章

平行搜索相关的理论基础

　　平行搜索既是知识管理、战略管理、创新管理等研究领域的交叉研究热点，又在开放式创新情境下具有重要的现实意义。创新搜索领域的研究经历一个先从创新搜索演化到创新搜索时间维度研究，再到考虑竞争对手及外部环境预期下的搜索时机选择的平行搜索研究（余斌和奉小斌，2018）。基于此逻辑，本章首先对创新搜索（平行搜索的渊源）的已有研究进行了回顾，系统梳理了创新搜索的理论基础、概念内涵和构念维度，并在详细探讨创新搜索的前置因素、结果变量、情境因素、变量测量等问题的基础上，构建了一个创新搜索的整合研究框架，并对该领域未来研究进行了简要展望。针对学术界对于创新搜索与创新绩效之间关系的研究结论差异，本章借助元分析（meta-analysis）方法对二者关系的代表性文献进行综合分析，探讨宽度搜索和深度搜索对创新绩效影响的差异性，并分析环境特征和文化情景差异在上述关系中调节作用的大小。其次，以往学术界对考虑竞争对手搜索时机及对手搜索策略的创新搜索（即平行搜索）研究相对较少，本章研究梳理以往与知识搜索的时间维度相关的研究，构建了"搜索什么知识""何时搜索知识""如何搜索知识"的三维研究框架，进而分别对知识年龄及时序问题、知识搜索速度及时机问题、知识搜索的时间认知决策问题进行了系统梳理，在此基础上建立上述三个方面主题的内在逻辑关系。最后，在创新搜索及其时间视角相关研究基础上，梳理平行搜索的概念及维度研究，并从先动优势理论、动态竞争与竞争互动理论、时基竞争与学习竞赛理论等方面探讨平行搜索的理论基础，在此基础上总结平行搜索的前因、后果与情境因素，并对平行搜索的动态演进及风险进行了研究综述。

第一节　创新搜索相关研究

一、创新搜索的概念及理论基础

进入信息经济时代，企业竞争环境瞬息万变，技术知识与市场知识日新月异，传统封闭式创新模式有可能导致企业陷入"能力陷阱"。因此，理论界与实践界开始提倡从组织外部搜索知识来弥补组织现有技术与市场知识的不足，从而克服"非此地发明"（not invented here，NIH）和"非此地销售"（not sold here，NSH）的思维定势（Chesbrough，2003）。创新搜索可追根溯源到 1963 年赛亚特和马奇（Cyert & March）在《企业行为理论》一书中提出的"组织搜寻"。当前学术界对创新搜索形成了较为一致的认识，普遍接受"创新搜索是一种解决问题的方法和组织学习方式"的观点（Huber，1991；奉小斌，2017）。近年来，创新搜索已成为继组织内部研发和外部收购之后的第三条提高组织竞争优势的途径（Grant，1996；Katila & Ahuja，2002；赵立雨，2016），企业通过搜索"多样化的资源"，能够更好地进行知识与技术资源整合。关于创新搜索是随机发生的还是在界限清晰的框架里有序地发生，学术界主要存在两种对立观点：第一种观点将创新搜索视为一种盲目的、无组织的、混沌的、随机的状态（March，1971；Cheng & Van de Ven，1996），通过搜索活动为企业解决模糊世界的问题；第二种观点将组织暴露于复杂而动荡的世界使其变得富有创新性（Koput，1997），沿着这一观点有学者强调创新搜索是企业当前绩效与潜在绩效的反馈差距触发（Chan，1996；奉小斌和洪雁，2016）。综观既有相关研究，学者们大多从资源观、演化经济学、开放式创新等研究视角把创新搜索研究拓展到动态能力、决策管理、组织创新与学习等研究领域。

根据路径依赖理论和演化经济学的观点，技术发展的历史因素对组织未来技术搜索与技术创新起着重要的作用（Nelson & Winter，1982）。组织的搜索活动具有路径依赖性①，即组织往往在一定程度上基于自身的经验、规则，并

---

① 尼尔森和温特（Nelson & Winter，1982）提出了搜索的三个特性，即不可逆性、不确定性和偶然性。

顺应一定的技术路径搜索新知识（Dosi，1982；Sturat & Podolny，1996；殷俊杰和邵云飞，2017）。同时，演化经济学领域的学者提出外部环境力量对组织创新搜索的影响，市场动态性及行业竞争对手等因素均会影响组织的搜索策略（Siggelkow & Levinthal，2003；Lin & Li，2013；Terjesen & Patel，2017）。以尼尔森和温特（Nelson & Winter）为代表的演化经济学家基于搜寻者的知识认知、搜寻空间和时间边界把组织知识搜寻分为本地搜寻和远程搜寻（Nelson & Winter，1982；Rosenkopf & Nerkar，2001），并阐述了搜寻类型和当前知识利用情况对搜寻活动的影响。本地搜寻容易诱使组织未来继续搜寻组织既有知识基的周边知识，从而加大组织陷入"能力陷阱"的风险，甚至导致组织丧失环境敏感性和适应能力（Rosenkopf & Nerkar，2001；Ahuja & Lampert，2001）。由于资源本身的"黏滞性"与核心能力的"路径依赖性"（Teece et al.，1997），两种优势在动态环境中往往表现出"核心刚性"。在此背景下，有学者（Zahra et al.，2006；Danneels，2008；彭本红和武柏宇，2017）基于动态能力理论提出，组织聚焦于相似技术可以实现渐进式创新，长期聚焦于本地搜寻有利于构建组织的"一阶能力"（first-order competence）；而通过远程搜寻（或创新搜索）与外部整合可以培育组织的"二阶能力"（second-order competence，即构建一阶能力的能力）。基于组织层面的研究认为，动态能力通过提升企业现有能力，以及构建适应新市场的动态能力，不断整合与重构组织的资源与能力以适应双元情境（ambidextrous context）①（Tushman & O'Reilly，1996；Jansen et al.，2006；Teece，2007；胡文安等，2017）。因此，为了克服过度本地搜寻倾向或能力刚性，组织必须跨越自身的物理、技术和认知边界进行探索性搜索（Rosenkopf & Nerkar，2001；何郁冰和梁斐，2017）。

组织决策理论基于惯例演化视角把创新搜索动机与组织惯例变革联系起来，并认为组织可以通过问题式搜寻（problemistic search）、冗余搜寻（slack search）和制度化搜寻（institutional search）来促进惯例变革（Desai，2010）。其中，问题式搜寻是指组织因遇到实际绩效低于期望绩效的常规经营管理问题而开展知识搜寻活动（March，1991）；冗余搜寻就是赛亚特和马奇（1963）所说的组织利用冗余资源从事搜寻活动；而制度化搜寻则是指组织从制度上规

①　双元理论是组织进化理论、组织学习理论以及组织情境理论的综合延伸，被广泛应用到战略管理、创新管理、创业管理、组织学习等领域，拓展出结构、行为、能力、组织关系等多个研究视角（凌鸿等，2010）。杜坎（Duncan，1976）首次提出组织应同时具备探索与开发两种能力，并将同时具备两种能力的组织定义为双元性组织。

定特定部门（如研发、营销等）按照标准化程序开展搜寻活动。主张问题式搜寻的学者认为，当组织的实际绩效低于期望水平时，绩效反馈结果会触发决策者搜寻备选方案来弥补两者之间的差距（Cyert & March，1963）；但是，一旦组织普遍接受历史绩效，就会丧失对环境条件变化的敏感性以及对无效惯例进行变革的主动性。主张冗余搜寻的学者认为，资源丰裕的组织有可能广泛参与各种不同的创新搜索活动，通过冗余搜寻主动放弃组织原有的某些惯例（March，1991）。主张制度化搜寻的学者认为，在不确定情境下，组织把创新搜索活动作为特定部门的惯例，从制度上规定它们按照标准化程序进行创新搜索，如研发、营销等部门的跨界合作活动（Greve，2003）。总之，创新搜索是一个有一定代价、比较有计划的惯例化过程（Nelson & Winter，1982）。

开放式创新理论最先由哈佛大学切斯布罗格（Chesbrough）教授提出，其内涵是企业通过知识流入与流出加速企业内部创新流程，并利用外部创新来拓展市场资源。该创新模式打破了传统封闭式创新中的企业边界，将外部知识源在创新中的重要作用提出来（Chesbrough，2003；陈劲和吴波，2012）。从技术源方面，学者们从外部技术搜索（Katila & Ahuja，2002；奉小斌，2017）、技术学习（Kim & Inkpen，2005）、技术获取（Cohen & Levinthal，1990）、技术评价（Leonard – Barton，1995）、技术转移（党兴华和侯健敏，2010）等视角对外部知识内化过程进行了研究。此外，切斯布罗格（2003）从外部市场化方面发现部分企业存在技术库存的现象，他提出可以通过三种方式（应用于现有业务单元、转让给其他企业和应用于开展新业务领域的子公司）使该类技术价值增值。同时，开放式创新范式下企业研发活动面临"最佳开放点"的难题（Laursen & Salter，2006；陈钰芬和陈劲，2008），从而协调跨界情境下企业内外部知识搜索与获取的平衡问题。

创新与学习研究领域的学者（Katila & Ahuja，2002；Laursen & Salter，2006）把创新搜索定义为"组织在产品创新过程中，为解决问题而对外部不同来源的技术知识进行创造和整合的活动"。知识基础观将企业视为一种知识整合机构，知识（尤其隐性知识）具有异质性、稀缺性、难以转移与复制模仿等特征（Grant，1996）。通过创新搜索，组织就能不断从外部吸收新的技术知识元素（Henderson，1990；魏江和徐蕾，2014），更新组织既有知识基，并且有效适应外部环境的动态变化。创新离不开宽泛知识的整合，一些创新是应用新知识的结果，而另一些创新则是重组旧知识的结果（Nonaka，1994；陈君达，2011）。不同类型知识存在互补作用，所整合形成的能力使竞争者难以复制。在组织创新实践中，创新搜索可能存在多种表现形式，如搜寻更优的组织设计、制造工艺、创新途径以及获取技术先行者优势的途径，等等（Katila & Ahuja，2002）。

尽管当前理论界和实践界都已经认识到外部知识对组织赢得动态竞争优势的重要性（Laursen & Salter，2006；赵立雨，2016），但是，无论是组织学习理论、决策理论还是其他理论都没能系统解答组织创新搜索方面的关键问题（Raisch & Birkinshaw，2008），如创新搜索的网络层次前因、创新搜索平衡与优化的嵌套性、跨界知识筛选、整合与转化等。现有研究对创新搜索的界定大多基于新产品、新市场、新技术的视角，而没有对认知、时间、空间等跨界维度进行整合研究，从而导致创新搜索概念内涵模糊、外延狭隘。

二、创新搜索的维度

学者们大多从个体、项目、组织、组织间等不同层次来考察组织创新搜索问题（Li et al.，2008；Sidhu et al.，2007），并且认为个体层次的创新搜索是个人获取外部创造性思维的活动；项目层次创新搜索是一个探索外部项目新颖性或搜寻新的项目组成员的过程；组织层次的创新搜索表现为远程知识搜寻或外部并购；而组织间层次的创新搜索则侧重搜寻新的联盟成员或加入新的探索性联盟。创新搜索研究以组织层次的研究居多，并且大多按照知识距离和知识类型来进行划分，其中知识距离主要考察企业搜索知识和已有知识的相对距离，包括空间距离、组织距离和认知距离等（Katila & Ahuja，2002；Rosenkopf & Nerkar，2001；Ahuja & Lampert，2001；Li et al.，2008）。空间维度主要根据知识的地理（空间）分布来细分搜索类型，组织距离以组织单位为划分边界，认知维度根据搜索知识与现有知识的相似程度进行划分。"知识类型"关注企业搜索知识的内容属性或知识特征（Jung & Lee，2016；周飞和孙锐，2016）。同时，还存在认知距离与空间、技术维度与组织、技术—市场—空间等多种组合模式。

按照创新搜索的空间距离[①]，可以将创新搜索分为本地搜寻和远程搜寻（March，1991；Katila & Ahuja，2002；Ahuja & Katila，2004）。这两种创新搜索的目标源都位于组织外部，本地搜寻主要指组织在周边区域搜寻与组织既有

---

① 地理跨界搜索对创新绩效的影响存在两派论述：积极一方强调地理跨界搜索帮助企业获取差异化的新知识与新机会促进创新（Rallet & Torre，1999；Bathelt et al.，2004）；消极一方认为不同地区之间存在文化、习俗和法规方面的差异，跨制度的学习存在一定的困难，并且地理跨界搜索面临更高的成本和不确定性（Phene et al.，2006；Nicholas，2009）。

知识基相关性较大的知识；而远程搜寻则通常是指组织在更大的空间（跨越区域或国家疆界）范围内超越组织既有惯例、知识和研发边界搜寻与既有知识基相关度较小的知识。现有知识基附近的搜索，有助于企业获得缄默知识（tacit knowledge）（Polanyi，1967；Stuart & Podolny，1996）。"远程搜索"（distant search）是指企业有意远离现有组织边界与知识基础的搜索行为（Katila & Ahuja，2002），并且远程知识搜索为企业带来互补知识。有学者（Ahuja & Lampert，2001；Katila & Ahuja，2002）运用这种二分法研究发现远程搜寻在研发突破性新技术方面起着关键的作用，并且认为组织可以通过远程搜寻来获取组织、行业和全球性新知识。由此可见，远程搜寻这个概念涉及知识认知距离和搜寻空间距离两个维度。远程搜索虽然能够弥补本地化搜索解决问题灵感缺失的困境与认知偏见等问题，但更多学者开始注意到如何在本地、远程搜索之间适度折中（Gupta et al.，2006；吴航和陈劲，2016）。

按照创新搜索的组织距离，可以把创新搜索区分为组织内部搜索和组织外部搜索。基于组织边界，索仁森和斯图亚特（Sørenson & Stuart，2000）将创新搜索分为组织内搜索与组织外部搜索两个维度，发现大多数成熟企业倾向组织内部搜索，且应对外部环境变化方面落后于新兴企业。帕鲁丘里和阿瓦特（Paruchuri & Awate，2017）研究发现，组织内部的结构洞对本地搜索具有显著影响。米勒等（Miller et al.，2007）从组织边界视角比较了企业部门内和部门间创新搜索、组织内和组织外的创新搜索对绩效的影响差异性。卡蒂拉（Katila，2002）将时间和组织边界组合，发现搜索旧的产业外知识促进企业创新，旧的产业内知识抑制企业创新。

另有学者（Katila & Ahuja，2002；Laursen & Salter，2006）根据认知距离，可把创新搜索划分为搜寻深度和搜寻宽度两个维度。其中，搜寻深度是指组织深入搜索外部知识源的程度，即组织在创新过程中利用外部知识源或搜索通道的数量；知识搜寻宽度是指组织搜索的范围，即组织创新活动所涉及的外部知识源或搜索通道的数量。由于组织资源和组织文化的影响，创新搜索深度和宽度之间存在一定的张力（March，1991；奉小斌和陈丽琼，2010）[1]。虽然提高知识搜寻的深度和宽度在一定程度上会对组织未来的创新活动产生正面影

---

[1] 由于宽度搜索与深度搜索之间存在知识冲突和需求张力，组织长期处于探索与开发的失衡状态（Leonard - Barton，1992；Smith & Tushman，2005；Gupta et al.，2006）：一方面现有知识基础与组织惯例的作用会导致企业陷入"能力陷阱"（competency traps），丧失对环境的敏感性和适应能力；另一方面，组织吸收能力与知识基础的更新会引发无止境的搜寻，从而导致企业陷入"失败陷阱"（failure traps）。

响，但是，过度利用异质性知识会加大整合不同知识的难度，从而对创新绩效产生负面影响（Kim & Kogut，1996）。仁等（Ren et al.，2015）从供应链搜索范围角度探索新兴市场的中小企业创新绩效，结果发现供应链上游和下游搜索宽度增强研发能力对创新绩效的影响。为此，后续相关研究侧重考察搜寻宽度与搜寻深度之间的平衡问题。

还有学者（Ahuja & Katila，2004）从资源异质性角度把创新搜索分为科学搜寻（science search）和地理搜寻（geography search）两种。科学搜寻是指组织为了避免技术枯竭（technology exhaustion）并突破自身既有技术基础的束缚而进行的技术知识搜寻活动；而地理搜寻则是指组织为了解决本地技术问题、进一步拓展自身既有的技术知识基础、进行跨区域或跨国市场扩张而从事的技术知识搜寻活动。组织通过这两种搜寻可获得不同的技术与知识资源，从而提高自身的资源异质性。其实，科学搜寻与地理搜寻分别属于两种不同属性的搜寻，而且已经蕴含在组织既有知识基特征与知识距离维度之中（Li et al.，2008）。还有研究（Salge，2012；郭爱芳和陈劲，2013）从认识论角度，根据技术所依赖的知识类型细分为经验性知识和科学性知识。

在现有研究中，创新搜索构念的维度划分尚存在一定的模糊性和不一致性，判断组织搜寻活动是否跨界可能与组织学习方式或程度相关（Li et al.，2008；Gupta et al.，2006）。李等（Li et al.，2008）把组织创新搜索的边界归纳为两类：第一类与价值链上的职能环节相关，如科学、技术或产品市场；第二类根据知识搜寻是否跨越知识域的认知、时间或空间维度来区分本地搜寻与远程搜寻。前者根据组织学习方式来判定组织搜寻是否属于创新搜索，是一种简单的绝对二分法；而后者则结合学习方式和学习程度来判定创新搜索的连续程度（熊伟等，2011）。关于跨越价值链上哪个职能环节（科学、技术或产品）的搜寻活动属于创新搜索，目前仍然存在较大的争议。一些研究者认为，科学（研究）的主要作用在于创造基础理论并解释自然或社会现象，而技术（研发）则主要指应用理论、实践知识和技能经验，因此，科学搜寻相对技术搜寻而言属于创新搜索。但是，仅有科学与技术搜寻还不能完成组织创新，有关客户、供应商和竞争对手的产品市场知识是组织创新的重要来源。希德胡（Sidhu）等人认为必须从供给、需求和市场三个方面细分创新搜索，并且分别涉及供应商知识、客户知识和竞争对手知识（Sidhu et al.，2007；彭本红和武柏宇，2017）。索夫卡和格莱姆普（Sofka & Grimpe，2010）将外部知识搜索分为科学驱动型（高校和科研院所）、市场驱动型（顾客和竞争对手）和供应商驱动型（供应商、专业会议和展销会）三类外部知识源。知识跨界有认知、地理或空间三个维度，可根据新知识与既有知识基的差距来判断组织创新搜索的程度，杨雪等（2015）研究发现外部技术搜索的多维空间中存在平衡性，地理距离与时间距离的替代作用更为显著。张晓棠和安立仁（2015）以多维视角构建三类（相同搜索目标、宽度或深度搜索情境以及不同搜索目标）双元创新搜索策略及其对创新绩效的差异化影响。但现有研究并没有探讨知识跨界三个维度与根据价值链职能环节划分的创新搜索维度是否存在重叠和差异以及如何界定跨界维度的交互性对创新搜索绩效的影响等问题。此外，在组织间联盟层次上，组织搜寻新的合作伙伴或者新的联盟，也是组织进行创新搜索的重要目的之一。本章研究基于李等人提出的两类创新搜索边界，并辅之以组织联盟边界，对现有研究所界定的创新搜索维度进行了汇总（见表 1 - 1）。

表 1 - 1 　　　　　　　　　　　创新搜索维度汇总

主要研究者	维度	研究内容
罗森科普夫和内卡（Rosenkopf & Nerkar, 2001）、卡蒂拉（Katila, 2002）、劳尔森和索尔特（Laursen & Salter, 2006）、费涅等（Phene et al. , 2006）等	组织内/外本地/远程	创新搜索跨越组织边界，并根据知识基特征、资源异质性、空间距离等进一步划分搜索的结构维度
丹尼尔斯（Danneels, 2002 和 2007）、阿胡贾和卡蒂拉（Ahuja & Katila, 2004）、何和工（He & Wong, 2004）、阿图亚涅 - 吉马（Atuahene - Gima, 2005）、詹森等（Jansen et al. , 2006）	科学、技术、产品市场边界	创新搜索活动可能会发生在特定的职能领域，但会跨越价值链上不同的职能环节。这种维度划分法的关键是界定跨越价值链上的哪个环节（科学、技术或产品市场）属于创新搜索，当前学术界仍然存在争议
卡蒂拉和阿胡贾（Katila & Ahuja, 2002）、内卡（Nerkar, 2003）、阿胡贾和兰珀特（Ahuja & Lampert, 2004）、吴和桑利（Wu & Shanley, 2009）、莱波宁和海尔法特（Leiponen & Helfat, 2010）	认知、时间、空间边界	主要关注组织如何通过认知、时间或空间维度的创新搜索来获取新的技术与市场知识。这种维度划分法关键在于判断所搜寻的新知识与现有知识基的相关性或差异性
哈格多恩等（Hagedoorn et al. , 2002）、菲姆斯、范洛伊和迪巴尔尔（Faems、Vanlooy & Debackere, 2005）、拉维和罗森科普夫（Lavie & Rosenkopf, 2006）	组织联盟边界	跨组织联盟边界搜寻主要有两方面的研究内容：一是关注组织在现有联盟边界外部搜寻新的合作伙伴或者新的联盟；二是关注组织如何通过联盟搜寻外部知识

资料来源：熊伟、奉小斌和陈丽琼（2011）。

三、创新搜索的前因、结果、情境因素及相关变量测量

在了解创新搜索内涵与维度划分的基础上，下文主要回顾有关创新搜索的前因、结果、情境因素及相关变量测量等方面的研究成果，以便揭示创新搜索

的作用机理。

（一）创新搜索的前因

关于创新搜索的前因，研究者们从不同视角进行了探讨。基于开放式创新视角，有学者（Laursen & Salter, 2006; Tippmann et al., 2012; Guo & Wang, 2014）研究发现影响组织创新搜索策略的外部环境因素包括（技术）机会可用性、环境动态性、既往搜寻经验和同行业其他竞争对手的搜寻活动等。阿胡贾和卡蒂拉（Ahuja & Katila, 2004）发现技术枯竭（technology exhaustion）和国家市场扩张促使企业采取特殊的创新搜索路径。同时，技术体制影响企业创新追赶活动与绩效，它是技术机会、创新的独占性（appropriability regime）①、技术进步积累性以及知识基础属性四个典型因素的结合（Breschi et al., 2000）。由于搜寻策略根植于组织的既往搜寻经验和管理人员对未来的预期，特别是在组织知识基受到环境变化影响时难以用搜寻宽度和深度简单勾勒组织最佳的搜寻策略（Levinthal & March, 1993）。希德胡等（Sidhu et al., 2004）基于信息处理流程视角研究发现创新搜索（或探索性搜寻）受到环境压力和管理者意图的强烈影响，通过实证发现环境动态性、组织愿景、组织前瞻性和资源冗余性等因素均会驱使组织开展创新搜索活动。也有研究（Danneels, 2008）从动态能力视角探讨了市场与研发两种二阶能力对组织创新搜索的影响。他们构建了一个包括五方面前因（互博意愿、建设性冲突、容忍失败、环境扫描和资源冗余）的二阶能力模型，实证结果表明：互博意愿、建设性冲突、环境扫描和资源冗余对市场与研发二阶能力产生直接的影响，而环境扫描和资源冗余还有滞后效应（资源冗余滞后效应会产生倒"U"形影响）。此外，组织知识基对创新搜索产生历史惯性作用，新知识被视为当前资源和搜寻能力交互作用的结果（Kogut & Zander, 1992; 杨菲等, 2017）。

类似地，有学者从搜索动机角度看待企业资源或能力与外部知识搜索的关系，发现某些资源或能力的缺乏导致外部搜索活动的发生。但是，这些研究却忽视了外部搜索本身的成本，即搜索对知识基础或技能的依赖性（Greve, 2003; Geiger & Makri, 2006; Lampert & Semadeni, 2010）。劳尔森等（Laursen et al., 2010）学者探讨了吸收能力与创新搜索的关系，发现追踪能力与同化能力两个维度的不同水平会

---

① 创新的独占性（appropriability regime）最开始由蒂斯（Teece, 1996）在《从创新中获利》一文中提出，它是指除企业和市场结构以外的这些环境因素，它们决定了创新者获取创新收益的能力。现有理论将独占性机制区分为正式制度和非正式制度两类，前者包括专利与版权等知识产权，后者包括先行者优势和网络外部性等所导致的锁定效应。

影响企业远程搜索程度。罗瑟米尔和亚历山大（Rothaermel & Alexandre，2009）对美国制造企业的研究发现企业的吸收能力不仅促进企业同化外部知识，还促进其吸收内部知识，从而实现组织技术获取的二元性。还有学者从控制机制（Steensma & Lyles，2000；Park & Choi，2014）、组织正规化（Jansen et al.，2006）等角度探索创新搜索，并发现管理控制机制与运营控制机制对企业吸收与转移知识产生影响。

梁子涵（2014）基于演化经济学及企业资源基础理论，分别从外部环境及企业内部资源与能力角度梳理创新搜索的三类影响因素：企业内部能力资源、企业搜索动机以及外部搜索情境三个大类（见图1-1）。这与詹森等（Jansen et al.，2006）从组织内部机制与外部环境、金和李（Kim & Rhee，2009）从环境动态性及组织内部差异等方面研究类似。通过对45篇有效文献分析发现超过一半文献提及创新搜索的内部因素，其中包括组织内部能力（internal capability）、组织内部资源（internal resources）和搜索动机（search motives）三个子维度，14篇文献探讨了市场动态性、市场增长潜力、行业技术独占性、行业技术积累性等外部环境因素（梁子涵，2014）。已有的组织创新搜索前因研究主要考察组织层次的因素和外部环境因素，较少关注组织的网络嵌入性和知识基特征等因素，也没有从根本上阐述组织从事创新搜索的动因以及组织绩效高于或低于预期时组织惯性对创新搜索的动态作用机理（Levinthal & March，1993）。

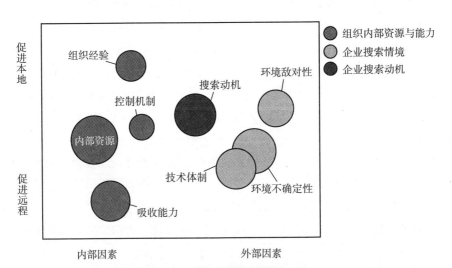

图1-1 创新搜索前因的气泡图

注：该图以气泡大小表示文献中相关论点的数量，横轴两段分别代表内部因素与外部因素类，纵轴两端是对促进本地搜索及促进远程搜索这两种不同影响的区分。

资料来源：梁子涵（2014）。

（二）创新搜索的结果

多数现有相关研究考察了创新搜索对创新绩效的影响（Katila & Ahuja，2002；Levinthal & March，1993；周飞和孙锐，2016）。例如，罗森科普夫和内卡（Rosenkopf & Nerkar，2001）从组织边界和技术边界两个维度考察了创新搜索（探索）活动对光盘行业后续的技术演化结果的影响，他们运用专利引用数据进行的实证分析显示，仅跨越组织边界的搜索对光盘行业内后续技术演化产生非常显著的影响；而同时跨越组织和技术边界的搜索则对光盘行业外后续技术发展产生非常显著的影响。阿胡贾和兰珀特（Ahuja & Lampert，2001）研究发现，创新搜索除了影响技术研发以外，还会影响组织搜索新颖（novel）、新兴（emerging）和首创（pioneering）的技术知识，因而有利于组织获得突破性发明。这方面的实证研究主要聚焦于与技术知识相关的探索活动，并且认为跨组织边界搜寻会引发更多的跨技术边界搜寻，通过整合跨界知识能提升组织创造新知识的能力。

卡蒂拉和阿胡贾（Katila & Ahuja，2002）以及劳尔森和索尔特（Laursen & Salter，2006）研究发现，搜索深度和搜索宽度与创新绩效之间存在复杂的关系。关于搜索深度对创新的影响，有研究（Katila & Ahuja，2001；Ahuja & Katila，2004）认为深度搜索通过知识重组与深度利用来提高组织的创新绩效。但是，过度的深度搜索会给组织绩效造成两方面的负影响：第一，每个知识轨道都有其潜在极限，因此，知识搜索活动边际收益递减规律；第二，过度的跨界深度搜索会导致组织能力刚性，过度依赖过去发挥作用的方案或沿袭当下开发轨迹的行为有可能导致组织陷入"能力陷阱"或"成功陷阱"（Levinthal & March，1993）。关于搜索宽度对创新的影响，有学者（Katila & Ahuja，2002；Petruzzelli & Savino，2014）研究发现：加大搜索宽度有助于拓宽组织知识基的宽度和增加组织知识源的种类，从而促进组织整合推出新产品的数量和提供解决问题的备选方案。但也有学者（Wu & Shanley，2009）研究认为，过度地搜索宽度会增加组织处理和整合知识的成本，降低生产过程的可靠性，从而对组织绩效产生负面影响。卡蒂拉和阿胡贾（2002）以机器人行业为例，实证结果表明搜索深度与产品创新呈倒"U"形关系，搜索宽度对产品创新产生正向影响，而搜索深度与搜索宽度的交互作用也会对产品创新产生正向影响。此后，劳尔森和索尔特（2006）在卡蒂拉等研究的基础上，通过跨行业问卷调查考察了组织搜索外部知识源的策略问题，结果证实了创新搜索深度与宽度均与创新绩效呈倒"U"形关系，并且发现深度搜索的临界点是组织在创新过程中利用 9 个外部知识源或搜索通道，而广泛搜索外部知识源的临界点则是组织的创新活动涉及 11 个外部知识源或搜索通道（Laursen & Salter，2006）。此外，有研究（Nooteboom，2007）表明创新搜索的认知距离与创新绩效呈倒"U"形关系：最初，不同知识和视角的交互作用有利于扩充组织的知识基，并帮助组织发现既有知识之间的新关系；但是，当认知距离超过某一临界点以后，理解不同知识的难度就会加大，从而阻碍组织创新。

现有的创新搜索结果研究主要考察创新搜索对组织创新的影响（Katila & Ahuja，2002；Laursen & Salter，2006），而没有探讨创新搜索的其他结果问题（Javier et al.，2014），更没有考察创新搜索与中间过程绩效之间的关系、创新搜索不同策略（如深入搜索与广泛搜索、本地搜索与远程搜索、聚焦搜索与多源搜索等）之间是否存在最佳平衡点（March，1991；Laursen & Salter，2006；Miao & Song，2014）、如何通过平衡来取得最佳搜索绩效等问题（林枫等，2015）。外部搜索宽度与深度之间的最佳平衡点被广泛用于表征企业开放度（陈钰芬和陈劲，2008）、知识存量（Wu & Shanley，2009）、搜索策略（Grimpe et al.，2009）等。单一搜索策略的平衡虽然受到关注，但是该类研究尚停留在静态研究范畴，未能考虑创新搜索行为随时间或产业的动态变化特征（陈君达和邬爱其，2011），后续研究应该关注创新搜索平衡机制及其作用。

（三）创新搜索的中介机制

企业过去的经验限定了企业技术搜索的范围和知识获取能力（Cyert & March，1963；Christensen，1997），经验影响企业知识搜索范围和外部知识获取和吸收能力的开发路径。马如飞（2009）从商业模式和吸收能力角度探索创新搜索与创新绩效之间的中介作用机制，肖丁丁（2013）从双元能力视角探究跨界搜索的中介作用路径，其中组织边界搜索（科技驱动型跨界搜索和市场驱动型跨界搜索）通过探索能力影响开发能力。也有学者（Winter，1984）指出企业外部知识搜索通常只能获取有用的知识碎片，这些碎片在数量和质量上无法满足企业对完整知识的需要，中间需要借助吸收能力提高对外部知识的吸收与转化（Fabrizio，2009；叶江峰等，2016）。奉小斌和陈丽琼（2015）围绕"外部知识能否提升中小微企业协同创新能力"，从互补性知识整合与辅助性知识整合角度探索知识搜索与协同创新能力之间的中介作用机制，并发现互补性知识整合和辅助性知识整合在市场知识搜索与企业协同创新能力之间起着部分中介作用，而互补性知识整合在技术知识搜索与企业协同创新能力之间起着完全中介作用。

虽然吸收能力在知识搜索与创新绩效关系中的基础性作用与情境作用得到证实，但是相关研究尚未考虑外部知识搜索活动与企业吸收能力的匹配性问题，以及不同类型的吸收能力在创新搜索中的作用。综上所述，现有的企业知识搜索研究均将外部环境中的技术和市场知识视为外生变量，很少考虑外部知识的存在状态和方式、被搜索知识源的反应等对知识搜索效果可能产生的影响，并且忽视了外部知识网络等对知识搜索的影响。关于企业搜索策略和方式与创新绩效关系的现有研究主要关注不同知识（如技术、市场知识），知识基特征以及搜索宽度和深度等可能产生的直接作用，而没有完全解答跨界搜索是否或如何影响企业获取、吸收、转化和利用知识的问题。也就是说，知识搜索与绩效之间的关系仍然有待学术界进一步探讨。

（四）创新搜索的情境因素

随着环境动态性（指环境变化的频度和程度）和竞争性（指竞争激烈程度）的不断加剧，行业技术、原材料供应和消费者偏好等因素的变化日趋频繁。因此，组织必须具备及时发现和应对外部环境变化的能力（吴航和陈劲，2016；奉小斌，2012，2016，2017）。在现有的创新搜索与绩效关系研究中，外部环境的动态性和竞争性被认为是主要的情境因素。当面临动态变化的知识环境时，组织倾向于通过知识搜索策略来培育自己的吸收能力，从而导致创新搜索具有效率低、范围广和灵活性强等特点；而静态环境下的创新搜索情况则正好相反（Van den Bosch，Volberda & Boer，1999）。也有实证研究（Jansen、Van den Bosch & Volberda，2006）表明：在动态性环境下，探索性搜索活动更有利于组织提升财务绩效；而在竞争性环境下，开发性搜索则更有利于组织提升财务绩效。希德胡等（2004）研究了不同环境下创新搜索与技术创新的关系，结果发现在动态环境下，供应端创新搜索与创新正相关，但在稳定环境下两者负相关；空间创新搜索对稳定环境下的创新具有促进作用。张文红、唐彬和赵亚普（2014）研究发现，行业增长对地理跨界搜索与企业创新之间关系存在消极调节作用，并且没有发现行业竞争强度对二者关系的显著作用。

宋晶等（2014）探讨不同类型的网络搜索（知识搜索、关系搜索和管理搜索）对合作创新绩效的影响，分析不同地域文化下该影响效应的差异性，结果发现知识搜索对创新绩效的关系在三地样本中均得到检验，关系搜索中陕西和江苏样本呈现出与绩效的倒"U"形关系，并且陕西样本中发现惯例搜索不利于创新绩效。俞位增等（2015）从创新搜索的类型出发将之划分为产品技术的跨界搜索和工艺技术的跨界搜索，并证实跨界组织制度性在创新搜索与创新绩效之间存在调节作用。李晓翔和刘春林（2013）以我国制造类上市公司2005～2010年的面板数据，证实市场搜索行为对非沉淀冗余和沉淀冗余分别产生负向和正向的调节作用，而金融危机及绩效衰落同样会对这些调节作用产生影响。胡畔和于渤（2017）研究发现，战略柔性正向调节以能力进化为中介的跨界搜索对创新绩效影响的积极效应，但负向调节以能力替代为中介的跨界搜索对创新绩效影响的积极效应。此外，也有研究者认为知识基特征（如宽度和深度）（Wu & Shanley，2009）、资源冗余、绩效反馈差距（Chen & Miller，2007）对创新搜索产生一定的调节作用，但截至目前较少得到实证支持。

（五）创新搜索的相关变量测量

正确测量创新搜索的相关变量，首先要厘清创新搜索的边界与跨界维度问题。创新搜索是一个相对于界内搜索而言的相对概念，两者处在一个不同搜索活动的连续谱上（Gupta et al.，2006），会对组织绩效产生不同的影响。但是，在超越组织的更高层次上，创新搜索的范围就变得相对宽泛。创新搜索的范围界定因研究情境而异，研究组织层次搜索的学者把位于组织物理边界以外的搜索活动视为跨界搜索，而联盟或更高层次的创新搜索研究则把组织外部、联盟内部的知识搜索活动视为本地搜索。

目前主要采用专利引用数据与调查问卷来测量知识搜索。以卡蒂拉、阿胡贾等为代表的学者（Katila & Ahuja，2002；Wu & Shanley，2009）采用组织重复利用前五年专利数据的次数总和与组织当年引用专利数量之比来测量知识搜索深度，而用组织当年引用新专利数量与组织当年引用专利数量之比来测度搜索宽度。罗森科普夫和内卡（Rosenkopf & Nerkar，2001）通过汇总统计目标组织引用组织内、外部和行业内、外部专利次数来测量组织跨越自身边界和行业边界的知识搜索活动；阿胡贾和兰珀特（Ahuja & Lampert，2001）在引用化学行业专利数据进行创新搜索研究时把所引用专利平均年限低于三年的技术称为新兴（emerging）技术，而把没有引用任何既有专利的技术称为首创（pioneering）技术。把是否引用专利或专利引用情况作为创新搜索的表征指标虽然有利于客观识别创新搜索活动的组织、行业、区域、时间等边界维度，并且避免由根据调查问卷主观判断所造成的误差，但也存在一些重要缺陷①。例如，专利在反映发明活动的同时也反映了组织对技术的独占性；专利引用只能反映同一行业内跨组织边界的搜索活动；对发展中国家而言，专利引用及申请情况并不能客观表征组织创新搜索的水平与方向（Laursen & Salter，2006；陈学光等，2010）。

为了克服采用专利引用数据测量创新搜索的局限性，学者们试图通过开发新的量表或者用外部知识源利用情况来测量创新搜索活动。例如，劳尔森和索尔特（Laursen & Salter，2006）根据英国创新调查数据，率先采用组织搜索和利用16种外部知识源②的情况来测度创新搜索的深度与宽度。后续知识搜索研究者普遍采用这种测量方法来开展实证研究，并且根据研究需要增加或者减少外部知识源数量，也有学者（Leiponen & Helfat，2010）采用李克特三级量表测量多个行业组织对12个创新知识源搜索的宽度。这种用外部知识源利用程度替代专利或其他创新搜索量表的做法能够把抽象的创新搜索形象地描述为具体的知识源使用活动或利用程度，无疑有助于推进创新搜索实证研究。在此基础上，我国学者对宽度搜索和深度搜索的测度均基于劳尔森和索尔特（2006）开发的量表，如陈学光等（2010）、邬爱其和李生校（2012）、胡保亮和方刚（2013）等。张晓棠和安立仁（2015）采用扎哈拉（Zahra）等学者的研究量表，分别由4个题项构成，而市场知识主要由消费者知识与竞争者知识组成。市场知识宽度搜索要求受访者就两部分市场知识搜索的广泛性与多样性作出评价；市场知识搜索深度则由两部分市场知识应用的专业化与精纯化作出评价（Zahra et al.，2000）。技术知识宽度搜索和深度搜索的测量，前者邀请受访者就技术知识搜索的广泛性、多样性、前沿性与延展性加以评价；后者请被访者就知识应用的重复性、熟练性、复杂性与精益性予以评价（Srinivasan et al.，2002）。

此外，希德胡等（Sidhu et al.，2007）等把组织创新搜索细分为供给、需求和空间三个维度，其中供给维度包括与技术或组织的输入与输出转换相关的新知识；需求维度包括侧重于搜索外部市场结构和细分市场、产品使用和替代模式、顾客偏好与需求等知识；而空间维度包括不同区域的技能和运营经验知

---

① 在我国，许多中小企业出于保护自身技术或商业机密的考虑而不愿意申请专利。因此，专利申请与引用情况只能部分反映组织跨界搜寻知识的实际状况（陈学光等，2010）。

② 劳尔森和索尔特（2006）在前人研究基础上，将16种知识源可以分为市场（设备、材料、元器件和软件供应商，客户或顾客，竞争对手，咨询师，商业实验室或研发组织）、机构（大学或其他高等院校、政府研究机构、其他公共服务部门、私人研究机构）、规范和标准（技术标准、健康与安全标准、环境标准）及其他（专业会议、商会、行业出版物或数据库、展览）四大类。

识。他们在实证研究中采用"关注行业内技术发展水平""组织搜索相关技术信息所涉及的行业范围"和"密切关注技术相关行业的程度"三个指标来测量供给端创新搜索,用"竞争对手瞄准本组织顾客市场的情况""本组织关注顾客偏好变化的程度"和"组织对行业内相关产品的熟悉程度"三个指标来测量需求端创新搜索,并用"组织熟悉本区域运营机会的程度"和"组织熟悉邻近地区产品价格与质量的程度"两个指标来测量空间创新搜索。这种测量方法强调了组织创新搜索的多维度实质,但由于量表开发过程缺乏科学性,量表的信度和效度得不到保证,后续研究应该进一步结合知识搜索的过程与内容来开发创新搜索量表。

综上所述,现有的组织创新搜索研究将外部环境中的技术和市场知识视为外生变量,很少考虑外部知识的存在状态和方式、被搜索知识源的反应等对创新搜索效果可能产生的影响,并且忽视了外部知识网络等对创新搜索的影响。关于组织搜索策略和方式与创新绩效关系的现有研究主要关注不同知识(如技术、市场知识)、知识基特征以及搜索宽度和深度等可能产生的直接作用,而没有解答创新搜索是否或如何影响组织吸收、转化和利用知识的问题。也就是说,创新搜索与绩效之间的关系仍然是一只有待打开的"黑箱"。虽然个别研究(Wu & Shanley,2009;李强,2013)已经开始注意组织既有知识基或知识属性对创新搜索策略可能会产生调节作用,但其他实证研究更多地关注外部环境或竞争环境等一般组织外部情境因素,而没有考虑创新搜索的特殊权变因素。

四、创新搜索的元分析

近年来,学者们对创新搜索的研究大都集中在搜索概念、维度结构、前因等方面,或主要关注创新搜索各维度对创新绩效的作用,或考察两者之间的调节变量(熊伟等,2011;张文红等,2011)。然而,现有研究结论之间存在以下问题:①关于企业创新搜索内容和策略对创新绩效的具体影响机制并未形成一致的结论,主要有显著正相关、负相关、倒"U"形、不相关四种,目前还没有文献对这些独立研究结果的差异性进行分析、总结与解释;②组织宽度搜索和深度搜索与创新绩效的相关系数存在较大差异,其中,最大值为 0.665,而最小值仅为 -0.070,缺少一个整合相关成果的综合性研究来比较两类搜索策略在创新绩效方面的有效性;③对于创新搜索与创新绩效之间的相关关系是否因外部环境动态性、文化情景差异、测量特征等不同而存在显著性差异，即两者关系是否受到上述变量调节，目前还没有针对性的实证研究。

众多实证研究结论的分歧不仅影响了学术界对创新搜索问题的深入研究，而且也无法释疑企业创新管理实践。为了更清晰地揭示组织创新搜索对创新绩效作用的图景，本章研究首先遵循马奇、卡蒂拉、劳尔森等多数研究的做法将创新搜索划分为宽度搜索和深度搜索两个维度进行探讨。其次，借助元分析（meta-analysis）方法对有关组织创新搜索与创新绩效关系的代表性文献进行综合分析，探讨宽度搜索和深度搜索对于创新绩效影响的差异性，并分析环境特征和文化情景差异在上述关系中调节作用的大小。最后，考虑到创新搜索构念和创新绩效在不同研究中的测量手段不同，进一步探讨不同测量方式对创新绩效影响的差异性。通过本研究的元分析，从同类研究中深入分析与归纳出普适性的结论（魏江等，2012），不仅可以更为精确地评价创新搜索与创新绩效之间的影响机制，还可以探讨两者之间关系中可能存在的调节因素。

（一）理论假设

1. 创新搜索与创新绩效

有学者根据组织既有知识基的特征，可把创新搜索划分为宽度搜索和深度搜索两个维度（Katila & Ahuja，2002；Laursen & Salter，2006）。创新搜索文献研究表明，组织现有的知识基为知识整合提供了较佳场所，从而增加创新绩效（Zhang & Li，2010）。关于搜索宽度对创新的影响，加大搜索宽度有助于拓宽组织知识基的宽度和增加组织知识源的种类，从而促进组织整合推出新产品的数量和提供解决问题的备选方案（Katila & Ahuja，2002；Lavie et al.，2010）。关于搜索深度对创新的影响，深度搜索通过知识重组与深度利用来提高组织的创新绩效（Leiponen & Helfat，2010）。虽然也有研究发现组织搜索策略与创新绩效之间呈现倒"U"形关系（Katila & Ahuja，2002；Laursen & Salter，2006），但是这种过度搜索现象并不普遍存在企业，理性企业在知识搜索过程中会考虑知识搜索整合成本及深度搜索带来的"边际收益递减"。

基于上述考虑，我们提出以下假设：

假设 H1a：组织宽度搜索对创新绩效具有显著的正向影响；

假设 H1b：组织深度搜索对创新绩效具有显著的正向影响。

2. 情景特征的调节作用

权变因素的引入有助于厘清跨界搜索与前因后果之间的关系，解释调节变量对这些关系的方向或强度产生的不同影响（熊伟等，2011）。随着环境动态性和竞争性加剧，技术、消费者偏好、产品需求和原料供应等方面变化频繁，这给组织现有的竞争与生产运营带来了风险，组织需要具备对外部潜在环境变化的察觉能力和应变能力。组织理论的核心特征就是强调组织对外部环境及情境因素的依赖性，外部环境的动态性（环境变化的频率和程度）和竞争性（竞争激烈程度）是组织创新搜索对创新影响的重要权变因素（李忆和司有和，2008）。在现有的创新搜索与绩效关系研究中，外部环境的动态性被认为是主要的情境因素。当面临动态变化的知识环境时，组织倾向于通过选择知识探索策略来培育自己的创新能力（Van den Bosch et al.，1999）。詹森等（Jansen et al.，2006）实证研究表明在动态环境下，组织追求探索性创新活动（即宽度搜索）将会给其带来更好的绩效，而在竞争性环境下采用开发性创新（深度搜索）将更有利于提升组织的财务绩效。虽然二元组织搜索与创新绩效关系较少被明确实证研究，但是相关研究结果暗示二元组织搜索在高度竞争环境下具有较好绩效。

基于上述考虑，我们提出以下假设：

假设 H2a：环境动态性正向调节组织创新搜索（宽度搜索和深度搜索）与创新绩效之间关系；

假设 H2b：环境动态性对组织宽度搜索与创新绩效之间关系的调节强度显著高于组织深度搜索与创新绩效之间的关系。

企业根植于不同国家和地域文化环境，不同文化情景对组织搜索与获取知识实现创新的过程存在较大影响，且国内外针对创新搜索的研究也存在较大差异（Kim et al.，2013）。东方文化受儒家"中庸""和谐"等思想影响，组织更多倾向于保守和开发式创新，更重视在企业现有产品领域保持率先领导者地位或紧随行业中的领先企业；而西方文化鼓励个人英雄主义，鼓励员工参与创新，从而促进组织和个人深入探索技术方向，从而使得西方企业更多、更广泛地利用外部庞大的知识网络资源（朱朝晖，2008）。国内对创新搜索的关注基本发表于 2007 年之后，此后几年时间实证研究数量呈现增加态势，东西方情景下的研究或因对象不同而结果存在较大差异。西方发达国家对专利数据库和专利引用记录保存完整（United States Patent，Global Chemicals Industry et al.），西方学者对创新搜索的研究聚焦于某一特定行业，重点考察行业内不同企业之间的专利数据引用情况，从而反映企业创新搜索的宽度和深度；而国内学者对组织创新搜索的研究主要依赖问卷调查数据，侧重选择经济发达的某一特定区域，采用问卷调查方式了解区域企业创新搜索情况（熊伟等，2011；李剑力，2009）。总之，无论是从文化背景、企业实力还是研究技术手段上，西方企业更加侧重广泛搜索外部知识源，而东方企业关注现有知识域的深度挖掘。

基于上述考虑，我们提出以下假设：

假设 H3a：西方文化背景下的组织宽度搜索对创新绩效具有更强的影响；

假设 H3b：东方文化背景下的组织深度搜索对创新绩效具有更强的影响。

3. 测量因素的差异

元分析主要关注与创新搜索和创新绩效这两个关键构念有关的测量（林枫等，2011）。创新搜索构念的维度在不同研究中差异较大，不同的维度界定可能影响创新绩效的强度和方向。现有研究对知识搜索构念维度的划分标准主要有知识基特征（宽度和深度）、知识时间边界（新旧知识）、内容属性（科学知识和市场知识）等（Li et al.，2008），其中以卡蒂拉和阿胡贾（Katila & Ahuja，2002）提出的宽度搜索和深度搜索最为经典，并强调两类搜索策略综合决定企业创新水平。此外，希德胡等（Sidhu et al.，2007）根据搜索知识对象涉及的领域，区分供应知识搜索、需求知识搜索和地理知识搜索三类，还有学者提出认知、时间和空间的三维搜索。本研究基于知识搜索的整体视野范围从宽度（涵括探索）和深度（涵括开发）划分维度，系统探索创新搜索二维度与其他维度类型对创新绩效影响的差异性。

目前对创新搜索构念的测量手段主要有两种：一种是以卡蒂拉、阿胡贾、罗森科普夫等为代表的学者主要采用专利引用数据界定组织实施搜索宽度、深度、新颖度等指标，但专利引用只能反映同一行业内跨组织边界的搜索活动；另一种是以劳尔森、莱波宁（Leiponen）等学者为代表，尝试开发新的量表或者用外部知识源利用情况来测量跨界搜索活动。创新搜索的不同测量手段对创新搜索与创新绩效之间关系的影响程度可能存在差异。

创新绩效的测量类型主要指采用主观测量还是客观二手数据测量。主观测量方式主要依赖管理者对自身绩效数据（如 ROA、销售增长率等）的评价或与竞争对手的比较，客观测量方式是指创新绩效数据来自企业报告的财务数据、专利数据等（谢洪明和程聪，2012）。相比较客观数据，主观评价方式的准确性更多受到社会称许性、记忆力、共同方法偏差等因素的影响，容易导致问卷调查的结果被高估。

基于上述考虑，我们提出以下假设：

假设 H4a：创新搜索的二维度与其他维度研究相比，组织搜索与创新绩效

的相关性更强;

假设 H4b:创新搜索问卷调查与其他测量方式相比,组织搜索与创新绩效的相关性更强;

假设 H4c:问卷调查获得的数据与二手数据相比,组织搜索与创新绩效的相关性更强。

根据上述研究假设,本章研究构建了如图 1 - 2 所示的理论研究框架。

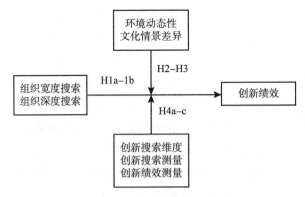

图 1 - 2　元分析理论模型

(二) 研究方法及数据分析

本章研究采用 Meta 分析法对上述假设进行实证检验,该方法既可以准确估计研究变量之间的关系,又可以控制研究对象的样本特征探讨变量之间关系的差异,并挖掘出造成差异的潜在原因 (谢洪明和程聪,2012)。

1. 文献检索与整理

首先,以 "innovation search" "boundary-spanning search" "search behavior" "knowledge search" "knowledge stock" 等关键词在 Elsevier Science、EBSCO、Google Scholar 数据库进行英文检索,以 "知识搜索" "跨界搜寻" "创新搜索" 等关键词在中国知网、万方、维普等进行中文检索,获得了超过 500 个检索结果。

其次,依据文献标题与摘要是否与本研究目的是否吻合,对检索到文献初步筛选。为了避免元分析中的 "发表偏差" (publication bias)[①],本章研究对

---

① 发表偏误又叫发表偏倚,是文献中一个广为人知的现象,即阳性的研究结果发表的机会更多,发表的速度更快,所发表刊物的影响因子更高。获得发表的研究是获取结论的主要依据,因此被筛选掉未发表的研究可能更普遍,过分强调阳性结果可能造成误导。

尚未发表的文献进行搜集、分析，并且选取管理类及创新领域的顶级期刊进行人工搜索重要的参考文献，避免遗漏重要文献而影响元分析的结论（林枫等，2011）。本章研究中元分析的文献来源时间主要集中在 2001~2013 年，虽然探索与开发这一对概念由马奇（March，1991）首次提出，但一直到 2001 年阿胡贾用专利引用数据首次从实证角度证实组织搜索对创新的作用，之前有关研究多采用仿真或理论阐述难以有效计算效果量（effect size，ES）。

最后，对上述两阶段获得的 76 篇文献进一步分析与筛选，筛选标准是：第一，单个研究需要报告样本规模、相关效应值（或通过计算可以转换为本章研究所需的系数 r）；第二，研究必须是组织层面；第三，因变量需与创新绩效相关；第四，预测变量包括跨界搜索。按照上述取样标准共整理出 33 篇文献符合要求（见表 1-2 文献来源），符合元分析抽样样本数量的基本要求。

表 1-2 　　　　　　　　　　　　　　　**元分析文献来源**

期刊或来源	对应的文献
Strategic Management Journal（SMJ）	9 篇：阿胡贾和兰珀特（Ahuja & Lampert，2001）；罗森科普夫和内卡（Rosenkopf & Nerkar，2001）；阿胡贾和卡蒂拉（Ahuja & Katila，2004）；劳尔森和索尔特（Laursen & Salter，2006）；乌蒂拉等（Uotila et al.，2009）；张和李（Zhang & Li，2010）；莱波宁和海尔法特（Leiponen & Helfat，2010）；周和李（Zhou & Li，2012）；金等（Kim et al.，2013）
Organizational Science（OS）	2 篇：何和洪（He & Hong，2004）；希德胡等（Sidhu et al.，2007）
Academy of Management Journal（AMJ）	2 篇：卡蒂拉和阿胡贾（Katila & Ahuja，2002）；阿南德等（Anand et al.，2009）
其他外文期刊（如 JBS、JOM、MS MS、JPIM、IJPR 等）	10 篇：普拉布等（Prabhu et al.，2005）；詹森等（Jansen et al.，2006）；耶尔金卡亚等（Yalcinkaya et al.，2007）；吴和桑利（Wu & Shanley，2009）；金和阿图亚涅-吉马（Kim & Atuahene-Gima，2010）；莫西和波雷（Moorthy & Polley，2010）；李等（Li et al.，2010）；蒋和黄（Chiang & Hung，2010）；李等（Li et al.，2011）；杨和李（Yang & Li，2011）
科学学研究	3 篇：朱朝晖（2008）；李剑力（2009）；邬爱其和李生校（2011）
南开管理评论	2 篇：郭国庆和吴剑峰（2007）；李忆和司有和（2008）
管理工程学报	1 篇：杨雪儒等（2011）
浙江大学博士论文	3 篇：高忠仕（2008）；马如飞（2009）；洪茹燕（2012）
国外会议论文	1 篇：梅等（Mei et al.，2013）
总计	33 篇

资料来源：根据相关文献整理。

2. 数据采集与分析

本章研究所获得样本主要以相关系数 r 作为计算效应值的依据，虽然一些文献未直接给出相关系数①，但可以根据 t 检验值和自由度 df、回归系数 b 和标准误 se 等系数转化处理得到（谢洪明和程聪，2012；魏江等，2012）。符合要求的研究对象中，12 篇文献提供回归系数 b 和 t 值，然后通过计算公式获得效应值 r 及标准误 se，有 21 篇文献可以直接获得效应值 r 和标准误 se 或标准差。

在元分析中，为了解释整个样本（33 篇文献）的平均效果量是否显著，我们计算平均效果量 95% 的置信区间来证实这种评价效果量的变动范围（见表 1-3）。在此基础上，采用同质性检验（Q 检验）多个独立研究的相似性，多个独立研究之间的差异性仅在某一理论区间范围，它们的统计量才能加权合并（Law et al.，1994）。若 Q 值显著，则表明这些研究之间存在异质性，可能存在其他因素调节创新搜索与创新绩效两者之间的关系。

表 1-3　　　　　　　　　　　　　研究文献及效应值

文献	年份	样本大小	SB 效应值（ES）	SB 标准误（se）	宽度 95% 置信区间		SD 效应值（ES）	SD 标准误（se）	宽度 95% 置信区间	
					下限	上限			下限	上限
罗森科普夫（Rosenkopf）	2001	371	0.130	0.784	0.028	0.232				
阿胡贾等（Ahuja et al.）	2001	97	0.540	0.012	0.338	0.742	0.390	0.349	0.188	0.592
卡蒂拉等（Katila et al.）	2002	1185	0.080	0.150	0.023	0.137	0.040	0.550	-0.017	0.097
何等（He et al.）	2004	206	0.153	0.070	0.015	0.291	0.137	0.054	-0.001	0.275
阿胡贾等（Ahuja et al.）	2004	281	-0.050	0.049	-0.168	0.068				
普拉布等（Prabhu et al.）	2005	162	0.570	0.020	0.415	0.725	0.460	0.050	0.305	0.615
劳尔森等（Laursen et al.）	2006	2707	0.115	0.091	0.077	0.153	0.043	0.167	0.005	0.081

---

① 部分研究报告的回归系数 b 和 t 值，由服从 t 分布，可通过 $r = sqrt[t^2/(t^2 + df)]$ 和 $Se = b/t$ 计算得到相关系数和标准误；另外文献报告相关系数 r 和标准差 sd，可通过公示 $Se = Sd/sqrt(n)$ 就可以计算出标准误。

续表

文献	年份	样本大小	SB效应值（ES）	SB标准误（se）	宽度95%置信区间		SD效应值（ES）	SD标准误（se）	宽度95%置信区间	
					下限	上限			下限	上限
詹森等（Jansen et al.）	2006	283	0.180	0.065	0.063	0.297	0.030	0.042	−0.087	0.147
希德胡等（Sidhu et al.）	2007	240	0.420	0.067	0.293	0.547				
耶尔金卡亚（Yalcinkaya）	2007	126	0.255	0.220	0.078	0.432	0.101	0.282	−0.076	0.278
郭国庆等	2007	141	0.250	0.026	0.083	0.417	0.53	0.216	0.363	0.697
朱朝晖	2008	193	0.281	0.041	0.139	0.423	0.488	0.068	0.346	0.630
李忆等	2008	397	0.230	0.048	0.131	0.329	0.401	0.049	0.302	0.500
高忠仕	2008	212	0.541	0.045	0.405	0.677	0.619	0.052	0.483	0.755
乌蒂拉等（Uotila et al.）	2009	10	0.635	0.130	−0.106	1.376				
阿南德等（Anand et al.）	2009	19	0.010	1.629	−0.480	0.500	0.210	0.459	−0.280	0.700
吴等（Wu et al.）	2009	139	0.250	0.026	0.082	0.418	0.530	0.218	0.362	0.698
马如飞	2009	187	0.592	0.089	0.448	0.736				
李剑力	2009	251	0.273	0.045	0.149	0.397	0.256	0.067	0.132	0.380
莫西等（Moorthy et al.）	2010	73	0.100	0.008	−0.134	0.334				
莱波宁等（Leiponen et al.）	2010	339	0.260	0.042	0.153	0.367	0.090	0.036	−0.017	0.197
张等（Zhang et al.）	2010	202	0.260	0.072	0.121	0.399				
李等（Li et al.）	2010	253	0.040	0.05	−0.084	0.164	−0.070	0.059	−0.194	0.054
金等（Kim et al.）	2010	157	0.170	0.105	0.012	0.328	0.340	0.133	0.182	0.498
蒋等（Chiang et al.）	2010	184	0.315	0.301	0.169	0.461	0.210	0.140	0.064	0.356
扬等（Yang et al.）	2011	289	0.240	0.036	0.124	0.356	0.160	0.034	0.044	0.276
邬爱其等	2011	146	0.320	0.141	0.156	0.484	0.352	0.104	0.188	0.516
杨雪儒等	2011	224	0.275	0.205	0.143	0.407	0.325	0.199	0.193	0.457
李等（Li et al.）	2011	146	0.285	0.050	0.121	0.449	0.273	0.039	0.109	0.437
周等（Zhou et al.）	2012	177	0.120	0.094	−0.029	0.269	0.190	0.063	0.041	0.339

文献	年份	样本大小	SB 效应值（ES）	SB 标准误（se）	宽度95%置信区间		SD 效应值（ES）	SD 标准误（se）	宽度95%置信区间	
					下限	上限			下限	上限
洪茹燕	2012	206	0.665	0.046	0.527	0.803	0.571	0.053	0.433	0.709
金等（Kim et al.）	2013	947	0.210	0.120	0.146	0.274				
梅等（Mei et al.）	2013	204	0.240	0.062	0.102	0.378	0.220	0.062	0.082	0.358

注：①阿南德等（Anand et al., 2009）、莫西和波雷（Moorthy & Polley, 2010）的95%置信区间跨域0分界线较明显，为确保 Meta 分析效果在后文中剔除。②表中 SB 代表宽度搜索，SD 代表深度搜索。

根据林枫等（2011）提出的计算 Q 值方法，本书计算出整体样本的 Q 值，整体样本及各子样本的置信区间，结果见表1-4。如果 Q 值超出对应自由度和置信度（95%）的卡方值，就可以推断各独立子研究之间存在异质性。本书的 $Q_{(0.05; 44)}$ 为282.371，大于 $\chi^{2(0.05; 44)}$ 的查表值60.481，表明各研究存在异质性，同时也说明创新搜索与创新绩效之间存在其他调节变量。总之，异质性结果启发我们探索上述关系的调节变量。

表1-4   组织创新搜索与创新绩效关系的元分析结果归纳

	研究数量	样本数目	调整的 t（效果量）	95%的置信区间		Q(n-1)
				下限	上限	
整体样本	55	19086	0.279	0.135	0.298	282.371
宽度搜索	31	10662	0.285	0.092	0.360	
深度搜索	24	8424	0.234	0.106	0.274	

注：Q(n-1) 服从自由度 df = n - 1，n 为研究数目。

表1-4研究结果呈现了本书收集的创新搜索与创新绩效相关研究的元分析结果，由于整体样本中包括平价效果量95%的置信区间为 [0.135, 0.298] 并不包括0，这说明组织创新搜索对创新绩效的显著影响。具体而言，组织创新宽度搜索与创新绩效之间的相关性分别为0.285，但大于组织深度搜索对创新绩效的贡献（0.234）。即通过排除样本容量对统计显著性的影响，创新搜索对创新绩效的变异具有中等程度的影响。至此，假设 H1a 和假设 1b 得到验证。

（三）调节变量分析

1. Meta 二元分析

为了验证前文所提出的调节假设，我们用 0 – 1 变量形式对文献进行编码，基于此进行二元异质性检验，结果如表 1 – 5 所示。

表 1 – 5　　　　　　　　　　　调节变量二元异质性检验结果

变量		文献数量	效应量（r）	95% 的置信区间		P 值	Q 值
				下限	下限		
环境动态性	搜索宽度	7	0.256	0.117	0.251	0.000	57.213 **
	搜索深度	6	0.141	0.104	0.228	0.045	
文化情景	西方宽度	17	0.262	0.138	0.320	0.000	77.019 **
	西方深度	12	0.227	0.103	0.294	0.000	
	本土宽度	14	0.303	0.081	0.345	0.019	
	本土深度	12	0.320	0.180	0.458	0.000	
跨界维度	两维度	14	0.345	0.098	0.379	0.000	23.98 **
	其他	17	0.278	0.131	0.383	0.004	
创新搜索测度	问卷调查	12	0.269	0.086	0.416	0.000	13.59 *
	二手数据	10	0.194	0.132	0.375	0.015	
创新绩效测量	问卷调查	16	0.221	0.165	0.481	0.001	4.18
	二手数据	15	0.209	0.079	0.331	0.058	

注：＊表示 $p < 0.05$；＊＊表示 $p < 0.01$。

从表 1 – 5 中可知，首先，环境动态性对创新搜索与创新绩效的调节作用效应值均大于 0，并且搜索宽度的效应值（0.256）大于搜索深度的效应值（0.141），且异质性检验显著（$Q = 57.213$，$p < 0.01$）。由此，可以认为在环境动态性对搜索宽度与创新绩效的调节作用大于搜索深度与创新绩效的关系，即假设 H2a 和 H2b 成立。其次，西方学者对于创新搜索与创新绩效的研究中，宽度搜索对创新绩效的影响作用（0.262）大于深度搜索（0.227）；相反，国内学者发现跨界深度搜索对创新绩效的影响（0.320）较宽度搜索（0.303）更强，即假设 H3a 和 H3b 成立。最后，根据 p 值和 Q 值检验，类似可以判定跨界构念维度、创新搜索测度对组织搜索与创新绩效的影响具有显著调节作用，创新

搜索两维度较其他维度划分对创新搜索与创新绩效的影响效应大，问卷调查方式较二手数据测量创新搜索对创新绩效的影响更大，但是创新绩效测量中没有通过异质性检验，因此假设 H4a 和假设 H4b 成立，假设 H4c 没有得到实证支持。

2. Meta 回归分析

由于上文采纳的文献结果 Meta 异质性检验显著，这一定程度上说明样本在时间跨度及行业上具有较大差别，这种差别也可能影响创新搜索与创新绩效之间关系。为了进一步分析多个调节变量对组织创新搜索与创新绩效关系的影响关系大小，本书利用 Meta 回归分析方法加以检验（谢洪明等，2012）。首先，按照 0－1 变量形式对控制变量进行编码（文献时间以 2008 年为划分界限①，样本行业分为制造业与非制造业两类）。其次，采用加权最小二乘法检验调节变量，其中以各个独立研究的平均效果量为因变量，以调节变量为自变量，对特征变量和测量因素分别回归。最后，利用 SPSS 回归功能对这些数据进行处理，采用层级回归模型，结果见表 1－6。

表 1－6　　　　　　　　　　调节变量的元分析结果

	模型 1		模型 2	
	回归系数（b）	标准误（Se）	回归系数（b）	标准误（Se）
文献发表时间	0.051	0.072	0.073	0.078
样本所在行业	0.096	0.104	0.087	0.066
环境动态性			0.223**	0.035
文化情景			0.341**	0.061
跨界维度			0.181**	0.054
创新搜索测度			0.135*	0.062
创新绩效测量			0.081	0.079
调整 R^2	0.162		0.545	
F	1.150		7.217**	

注：*表示 $p < 0.05$；**表示 $p < 0.01$。

———————

① 选择以 2008 年为分界线，主要有两个理由：其一，2008 年发生全球金融危机，出口导向型企业受到重创，外部知识搜索策略如何调整、如何利用现有知识渠道及开发业务领域，这些都是考验企业经营者的现实问题。其二，2008 年之后国内学者开始重视跨界搜索和学习的重要作用，相关研究此后备受关注。

从表 1－6 中可知，模型 1 中文献发表时间和样本所在行业作为控制变量的回归系数并不显著，因此我们可以判定文献发表时间和样本所属行业的特征对创新搜索与创新绩效之间的关系没有产生显著调节作用。而模型 2 中，回归系数中环境动态性、文化情景、跨界维度和创新搜索测度对创新绩效均产生显著正向作用，但是创新绩效测量的回归系数并不显著（$b = 0.081$，$p > 0.05$），这说明创新绩效的主观测量或客观测量并不存在显著差异。因此，回归结果进一步证实了前文的二元分析检验结果。

对于情景特征而言，组织创新搜索与创新绩效之间关系受到环境动态性和文化情景的调节，两者的显著性系数分别达到 $0.223（p < 0.01）$ 和 $0.341（p < 0.01）$。结合二元分析结果可知，环境动态性对组织宽度搜索与创新绩效之间关系调节强度显著高于组织深度搜索与创新绩效之间的关系；本土研究中组织宽度搜索对创新绩效具有更强的影响，而西方研究中组织深度搜索对创新绩效具有更强的影响。这进一步说明高度动态环境下，企业需适度增加一定的探索性搜索活动，充分考虑外部环境与组织内容各因素的协调与匹配，这样才能确保探索性搜索成果不被竞争者迅速模仿，从而提升企业的创新绩效。

对测量因素而言，无论是创新搜索构念的维度性或测量手段，对创新搜索与创新绩效之间的关系均有显著的调节作用。创新搜索构念维度及其构念测度手段对创新绩效均产生显著正向作用（$p < 0.05$），这表明创新搜索的不同维度及测量手段对创新绩效的影响存在差异，意味着在发达经济条件下开发的创新搜索维度及测量方式或量表，并不完全适用于中国本土。开放式创新在中国兴起时间相对国外晚，企业与外部知识源的接触范围和频次相对国外弱，大部分中国企业仍然坚守传统封闭式创新理念，并倾向于将技术知识保密而不是申请专利。产生于 20 世纪 90 年代的创新搜索构念具有情景依赖性，可能因地域、行业和企业类型而异，忽略来自情景中的问题，可能产生误导性的推论。对此，我们认为在日益动态和复杂的竞争环境以及顾客需求不断变化的情形下，仅考虑单一调节变量的作用，难以完整的解释创新绩效的意义。由于搜索策略根植于既往经验与经理人员对未来的预期，动态环境下组织知识基受到环境扰动，企业考虑搜索策略与竞争战略的匹配，从而摆脱"过度开发"或"过度探索"（Lavie et al.，2010）。

同时，本书所提出的 5 个调节变量解释了 54.5% 的方差变异，这说明本书所选取文献关于创新搜索与创新绩效关系的差异，一部分由情景因素与测量因素所决定，同时还存在其他因素影响上述两者关系。从理论上而言，引入的调节变量越多，对创新搜索与创新绩效之间关系的解释愈加全面与准确，从而更具有较强的解释力（林枫等，2011）。如创新搜索平衡对创新绩效的影响（朱朝晖，2008；袁健红和龚天宇，2011），因为企业资源及认知的局限，各种知识搜索策略之间存在一定的权衡，这种权衡或协同将对创新绩效产生差异化影响。

五、创新搜索整合研究框架构建

有关组织应该在什么条件下开展创新搜索、在哪里搜索以及如何搜索等问题的研究，以往学者更多遵循"知识—能力—竞争优势"的研究范式，缺乏系统思考与整合（Sidhu et al.，2007；Wu & Shanley，2009）。围绕组织创新搜索这个核心问题展开，以知识观、动态能力理论、网络理论、权变理论等为理论基础，试图解释组织开展创新搜索的各种动机，打开创新搜索与绩效关系这个"黑箱"，剖析外部环境因素和组织既有知识基特征对创新搜索前因与结果间关系的权变影响，为后续研究提供一些启发。在上文研究的基础上，我们构建了一个组织创新搜索整合研究框架（见图1-3）。下面分别从创新搜索的组织前因、联盟与网络前因、外部环境因素、组织既有知识基特征、绩效产出等方面来详细进行阐述。

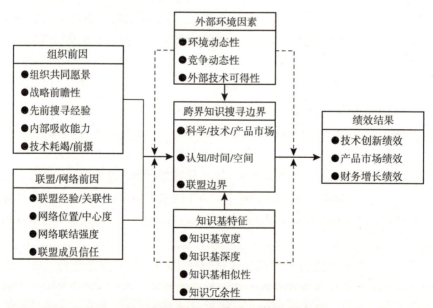

图1-3　组织创新搜索整合研究框架

资料来源：熊伟、奉小斌和陈丽琼（2011）。

（一）创新搜索条件

创新搜索从本质上说就是搜寻新的技术、业务、工艺或产品知识（Levinthal & March，1993），组织是否开展创新搜索直接关系到组织能否获取外部知识。但是，组织的创新搜索意向取决于组织的共同愿景、战略前瞻性、既往搜索经验、技术超前性、技术枯竭状况、内部吸收能力等组织层次的因素。

组织的共同愿景和战略前瞻性对组织创新搜索产生明显的影响，因为共同愿景有助于组织在理解外部知识方面达成共识，激发组织持续开展创新搜索与知识获取活动，加紧开展单环与双环学习（Sidhu et al.，2007）。与反应型、分析型和防御型组织①相比，战略前瞻型组织拥有更广阔且可拓展的产品市场领域（product-market domain），更加倾向于主动搜索跨界知识来实现持续创新（Sidhu et al.，2007）。前瞻型组织强调组织在技术上的超前性，大力推行战略性技术变革，通过不断开发新产品、新市场和新技术来抢占市场或保持领先地位，从而能够有效激发创新搜索。与技术超前性相似，技术枯竭是一种本地搜索很可能导致组织面临的状况（Ahuja & Katila，2004），最终也会促使组织突破本地搜索的约束，跨越科学与技术边界以及组织研发边界来开展远程搜索。此外，组织的长期内部研发投入和既往搜索经验当然有助于组织巩固自己的技术知识基，提高组织搜索、消化与转化跨界知识的效率与能力（Cohen & Levinthal，1990）。内部吸收能力作为一种动态能力，会影响组织培育其他方面（如组织学习和组织创新）的能力，进而会影响组织对竞争优势的构建。

（二）影响创新搜索的联盟与网络因素

目前，联盟和网络研究已经开始拓展到组织创新搜索领域。有研究者（Tiwana，2008）认为，组织的联盟经验以及组织与联盟成员的关联性和互补性有利于组织有效采取有针对性的搜索策略，从而提高创新搜索的效率。组织在网络中的位置或者中心度会影响组织能否从网络中获益，居于中心位置的组织能够利用更多的网络关系来进行更加深入、广泛的搜索活动，并且占据结构洞位置或利用桥结关系（bridging ties）来获取更多非重复信息（Koka & Prescott，2008；王巍等，2017）。在联盟的背景下，强关系为整合跨界知识所必

①　迈尔斯和斯诺（Miles & Snow，1978）基于"战略—结构—过程"的关键差异性，提出了前瞻型（prospector）、防御型（defender）、分析型（analyser）、反应型（reactor）四种基本战略导向。

需，而桥结关系能够促进组织搜索界外不同的新知识，因而两者都有利于提升组织创新搜索的能力（Tortoriello & Krackhardt，2010）。组织的外部社会关系有利于组织提升创新搜索能力，内部社会关系能促进知识的内部开发，而发展互补性的内、外部社会关系有利于平衡跨界知识搜索与内部知识开发。组织可以通过整合内、外部知识来提升自身跨界认知和理解知识的能力（马鸿佳等，2017）；与此同时，组织认知和理解知识的能力也受到联盟或网络成员间信任水平的影响，成员间的高信任水平有利于成员间对隐性知识的创新搜索与深度转移（Koka & Prescott，2008）。如吴晓波等（2016）通过文本挖掘、数据库技术、社会网络分析技术对全球半导体行业 63 家上司公司的 USPTO（united states patent and trademark office）专利数据进行考察，结果发现探索性搜索对创新产出影响力具有正向作用，并发现组织内部协作网络的不同结构属性对探索性搜索与创新产出影响力之间关系具有重要影响。目前，组织联盟或网络嵌入特征如何影响创新搜索活动及绩效等问题还没有引起学者们的关注，后续研究应该关注组织的网络嵌入特征对其创新搜索的影响。

（三）创新搜索的绩效

现有研究普遍认同创新搜索有利于组织获取异质性知识，大部分实证研究也证实了跨组织和行业边界的知识搜索活动会给组织绩效带来递减的边际收益（Rosenkopf & Nerkar，2001；Wu & Shanley，2008）。不过，现有的创新搜索与绩效关系研究大多基于技术创新与知识管理的视角（Laursen & Salter，2006），没有考察创新搜索的成本效益问题，而且忽视了创新搜索对产品市场绩效和财务增长绩效的作用，因而无法反映顾客或市场对组织创新搜索的认可程度。组织创新搜索有多种不同的维度划分方法（见图 1 - 3），因此，不同的维度会对创新绩效产生怎样的影响、是否仍然存在稳定的倒"U"形关系、不同的搜索策略分别会对渐进式创新绩效和激进式创新绩效产生什么影响，以及它们是否通过组织的吸收能力等中介变量来影响创新绩效等问题，都有待后续实证研究来解答。

（四）外部环境因素和知识基特征对创新搜索的作用

权变因素的引入有助于厘清创新搜索与前因后果之间的关系，解释调节变量对这些关系的方向或强度产生的不同影响（Raisch & Birkinshaw，2008；奉小斌，2016）。系统研究调节变量的作用，更有利于揭示影响创新搜索绩效的深层次原因，使研究设计更加贴近组织运营实际，并且提高研究结论的解释力与预测力。组织理论的核心特征就是强调组织对外部环境及情境因素的依赖性，有学者（Miller & Friesen，1983；Lewin，Long & Caroll，1999；苏道明等，2017）指出，商业环境的动态性和竞争性是组织搜索对创新影响的重要权变因素。综观组织创新搜索领域的相关研究，外部环境因素（环境动态性、竞争性和外部技术可得性）和知识基特征因素（知识基宽度、知识基深度、知识基相似性和知识冗余）主要存在三种作用机制，除了对创新搜索产生直接作用以外，更多是调节创新搜索与前因变量之间以及创新搜索与结果变量之间的关系（Raisch & Birkinshaw，2008）。在外部环境因素和知识基特征因素等的调节下，组织前因或网络前因与创新搜索之间以及创新搜索与组织绩效之间会呈现怎样的关系等问题，迄今为止尚未得到应有的重视，仍有待后续研究来解答。

六、研究总结与未来展望

创新搜索理论最早源自赛亚特和马奇（Cyert & March，1963）提出的搜索思想，在尼尔森和温特（Nelson & Winter，1982）、马奇（1991）等学者的推动下不断得到发展。后又经过罗森科普夫和内卡（Rosenkopf & Nerkar，2001）、卡蒂拉和阿胡贾（2002）、劳尔森和索尔特（2006）、吴和桑利（Wu & Shanley，2009）等学者的努力，创新搜索理论的相关内容（如知识基特征、搜索深度与宽度等）得到了实证支持。但是，创新搜索研究还存在许多问题，未来研究有必要向纵深和系统化方向发展，尤其应该关注以下三方面的问题。

（一）创新搜索的维度界定与突破

创新搜索的边界可以按照不同的划分标准来界定（March，1991；Katila & Ahuja，2002），现有研究大多仅局限于对创新搜索的认知、空间和时间边界的界定，但对创新搜索内涵与外延的界定还不够明确，而且也没有突破"组织内部和外部""知识的新旧""深度和宽度"等创新搜索研究传统议题的束缚。由于不同跨界幅度所表现出来的行为特征与作用效果存在差异（Rosenkopf & Nerkar，2001），因此，未来研究可以尝试从更加宏观的层次（如网络层次、产业层次、国家层次）来界定创新搜索的幅度，综合多个维度细分创新搜索策略与方式（倪自银和熊伟，2016）。同时，现有对创新搜索模式的研究大多采用静态视角，虽然少数研究采用时间序列数据，但只是从新旧知识角度静态考虑两种知识对创新的影响，而创新搜索过程中的动态演变及其相对竞争对手的动态趋势缺乏研究（邬爱其和方仙成，2012）。此外，还应该系统研究创新搜索的组织前因与权变因素，区分主动创新搜索行为与由外部因素引发的被动创新搜索行为，分析这两种跨界行为的不同特征和影响因素，在借鉴现有研究（Sidhu et al.，2007；Laursen & Salter，2006）的基础上开发信度和效度更高的创新搜索通用量表，验证创新搜索的不同维度以及各维度之间的共变性。

（二）创新搜索的网络嵌入前因与作用机制研究

虽然现有研究已经认识到异质性知识在组织创新过程中发挥的重要作用，但并没有回答组织如何通过网络嵌入方式来实现创新搜索进而获取异质性知识、如何有效利用异质性知识来生产和提供能够满足顾客需求的创新产品与服务等问题。任何组织都是通过各种社会关系嵌入在不同的网络之中，网络嵌入特征（关系、结构和认知维度）会对组织搜索活动产生重要的影响（Granovetter，1985；Koka & Prescott，2008）。组织联盟或网络嵌入特征（联盟经验/关联性、网络位置/中心度、网络关系强度和联盟成员信任水平）如何影响创新搜索活动及其绩效的问题还没有得到应有的重视（魏龙和党兴华，2017），后续研究应该关注网络嵌入特征对创新搜索的影响。现有的创新搜索与绩效关系研究把外部环境中的技术和市场知识视为外生变量，较少考虑创新搜索策略与方式的绩效影响差异，更少关注创新搜索影响组织获取、吸收、转化和利用知识的能力的作用机制（奉小斌和陈丽琼，2015）。因此，除了现在已知的创新搜索通过搜索深度与宽度直接影响组织绩效的作用机制以外，可能还存在间接影响组织绩效的中介机制，后续研究应该加大探索中介机制的力度。

（三）创新搜索活动的动态与多层次研究

未来研究应该关注创新搜索活动的动态性和多层次性问题。首先，创新搜索为组织创新提供了不同层次的知识。跨界知识对组织绩效的作用有直接和间接之分，过去的创新搜索策略及效果会影响未来的创新搜索。由于这种作用受到时间情境的影响，因此，创新搜索策略及效果与未来创新搜索之间存在非常复杂的动态演变关系。未来研究有必要通过纵向案例研究或纵向数据跟踪来揭示创新搜索对组织绩效动态变化的作用机理，为组织创新实践提供指导。其次，创新搜索受到多层次因素的影响（如组织、联盟、网络、产业、国家等），甚至存在个体、团队和组织等交叉层次的创新搜索活动，因此，后续研究有必要探讨多层次创新搜索行为之间的交互作用与影响机理。

第二节　创新搜索的时间视角

动态环境下，组织创新过程中的知识搜索活动越来越呈现出对时间的敏感性，表现为"在正确的时间以正确的方式搜索企业所需的知识"（曹瑄玮等，2011；古家军和王思行，2013）。一些研究从知识时间边界角度将知识搜索模式区分为时间探索与时间利用（Nerkar，2003）、前沿技术搜索与成熟技术搜索（Heeley & Jacobson，2008）等，但大多研究仍停留在静态时间点和企业进入市场速度的客观时间上，忽视了企业的知识搜索特征随时间或产业环境的变化呈现动态性（Lin & Li，2013；奉小斌，2016）。从演化经济学角度而言，知识搜索被认为是一个解决创新问题的过程，企业创新是随着时间推演不断及时地从外部搜索知识更新自身知识基的结果。因此创新搜索过程是一个不断发展的动态时间序列，先前或现在的搜索行为会影响后续发生的搜索活动（Arrfelt et al.，2013；Nadkarni & Chen，2014）。鉴于平行搜索系创新搜索在时间或时机视角的一种特例（Ross & Sharapov，2015；芮正云和罗瑾琏，2016），本节综合以往研究首先构建了创新搜索"客观—竞争—主观"的三维研究框架，进而分别对知识年龄及时序问题、创新搜索速度及时机问题、创新搜索的时间认知决策问题进行了系统梳理，在此基础上建立上述三个方面主题的内在逻辑关系，最后提出未来创新搜索时间维度研究的四个前沿问题。

一、创新搜索的时间维度研究框架

在创新搜索研究中，时间大都被视为一种客观存在，具有不可逆性、连续性等诸多特征（Berends & Antonacopoulou，2014），通常被间接地加以考虑。基于演化视角，搜索被认为是一个不断解决创新问题的过程，创新是企业随着时间推演及时从外部搜索知识更新自身知识基的结果，从而使企业能够持续地适应外部环境的不断变化（Lin & Li，2013）。创新搜索过程不仅是变量之间的静态因果关系逻辑，而且是一个不断发展的动态时间序列，先前或现在的搜索行为会影响后续发生的搜索活动（Arrfelt et al., 2013；Nadkarni & Chen, 2014）。市场与技术日新月异给企业带来竞争的时间压力，以往的静态研究并未回答"企业间如何围绕时机（timing）展开创新搜索竞赛"（Boudreau et al., 2008），这启发我们思考企业当前搜索时机选择问题，组织战略决策者如何结合企业生命周期和行业特征掌控搜索的节奏，尤其是何时采取搜索行动最有利于组织获取竞争优势。在复杂多变情境下做出正确的搜索决策，要求管理者分配好注意力资源和关注调节焦点识别来自外部的时间压力并进行环境感知（曹瑄玮等，2011），并透过时间维度理解与解释组织与外部环境的复杂关系。基于此，本书提出创新搜索时间维度研究的三个基本问题："搜索什么知识""何时搜索知识"及"如何搜索知识"，下文将据此分别探讨搜索的知识年龄及时序问题、创新搜索速度及时机问题、创新搜索的时间认知决策问题，并建立三个方面主题的内在逻辑关系。

在复杂多变情境下做出正确的搜索决策，要求管理者综合考量企业知识搜索的速度、时机抉择、时序先后及时间压力等问题（Berends & Antonaco-poulou, 2014；曹瑄玮等，2011），分配好管理注意力资源和关注调节焦点识别来自外部的时间压力并进行环境感知，透过时间维度理解和解释组织与外部环境的复杂关系。基于此，本节结合以往相关研究对知识搜索时间维度的三个基本问题进行综述："搜索什么知识（客观视角）""何时搜索知识（竞争视角）"及"如何搜索知识（主观视角）"，其中"搜索什么知识"主要涉及搜索的知识年龄（旧知识/新知识/潜在知识）及时序问题、"何时搜索知识"聚焦知识搜索速度及时机问题、"如何搜索知识"关注知识搜索的时间认知决策问题。围绕知识搜索的主观、客观和竞争三个视角，本节构建如图1-4所示的逻辑关系图，下面将分别探讨这三个主题并试图建立三者的内在逻辑关系。首先，企业新旧知识搜索目标是否会影响搜索速度与搜索时机选择，后者反过来是否会影响企业搜索到知识类型及时序模式；其次，搜索速度和搜索时机是否与管理者的时间压力及注意力之间具有双向影响关系；最后，时间压力与注意力分配对企业搜索到的知识类型及时序模式是否产生影响，新旧知识搜索目标将会带来哪些方面的时间压力及认知冲突。本节围绕上述问题进行探讨，并提出未来知识搜索时间维度研究的前沿主题。

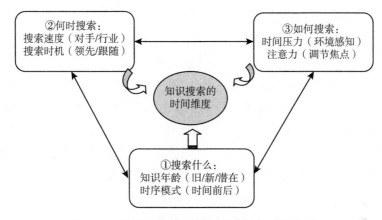

图 1 - 4　基于时间因素的创新搜索三维研究框架

资料来源：余斌和奉小斌（2018）。

二、搜索的知识年龄及时序模式

（一）搜索的知识年龄

知识年龄作为创新搜索文献关注的一个重要时间特征，多数研究将搜索到的知识划分为新知识或旧知识（Jason et al.，2014）。知识的新旧程度是相对搜索时间点而言，在现在时点之前的知识均可以定义为旧知识，最近搜索或出现的知识系通常意义上的新知识，包括企业新知识、行业新知识及行业外新知识（Katila，2002）。由于存在有限理性和路径依赖，企业倾向在现有知识域附近搜索解决问题的方案，搜索旧知识还可以为企业获得积极的反馈，但是过度开发过去旧知识可能陷入"时间近视症"（temporal myopia）①（Li et al.，2008）。还有学者将搜索旧的或者以前的知识视为利用性搜索，而搜索新的或最近的知识视为探索性搜索（Nerkar，2003）。

虽然搜索知识的新旧程度对创新产出均有影响，但是学术界仍然存在争议：关于旧知识，一些学者认为旧知识不能满足环境变化的需求，但也有学者强调旧知识因聚焦特定知识域而更可靠、对企业价值更高（Miao & Song，

---

① 企业由于受其组织管理与知识基础的影响，往往习惯在现有范式中搜索解决问题的方法，因为局部搜索更能发挥现有能力的杠杆作用。"组织近视症"这种一味沿袭当下开发轨迹的行为模式容易导致企业陷入"能力陷阱"或"成功陷阱"（Atuahene - Gima，2005）。

2014）；关于新知识有研究主张搜索最新技术知识提高创新水平，尤其对潜在全新技术的探索给企业带来突破性发明（Ahuja & Lampert，2001），但新知识在可靠性、利用风险及搜索成本方面不抵旧知识（Katila & Ahuja，2002）。针对这种争论，卡帕尔多（Capaldo et al.，2011）等研究从新旧知识平衡利用角度将知识年龄对创新绩效的影响推进到非线性领域，希雷和雅各布森（Heeley & Jacobson，2008）也发现使用略落后于前沿技术的公司较使用最新或者成熟技术公司的市场回报更高。近年来，关于知识年龄影响搜索绩效的研究争论逐渐减少，其原因可能是该方面研究难以找到新的切入点，以郑和李（Jung & Lee，2016）为代表的学者开始探索知识属性（如知识原创性）对搜索绩效的影响，还有研究尝试探讨知识搜索时间与其他边界模式的多元组合。总之，学者们从不同角度对新旧知识与创新绩效之间的关系进行了分析，并且以高技术行业（如制药、机器人行业等）实证研究初步肯定了旧知识和新知识在创新中的非互斥关系，但是以往研究并未注意到不同行业及处于生命周期不同阶段的企业，搜索新知识或旧知识的动机、强度的差异。

（二）搜索的时序模式

组织创新搜索战略具有时间依赖性，时间成为连接过去、现在与未来搜索活动的重要线索，从时间顺序角度考察创新搜索行动的前后关联性将具有重要意义。时序模式中有关过去、现在和未来的要素反映一个组织的搜索与学习状态转换，使得组织可以反思过去的搜索活动和展望未来的搜索行动（Berends & Antonacopoulou，2014）。加维蒂和莱温萨尔（Gavetti & Levinthal，2000）将企业创新搜索行为划分为"回顾过去"（looking forward）模型与"预期未来"（looking backward）模型两类，前者基于决策者随时间的经验积累与绩效反馈结果强化过去的决策，后者基于决策者对未来与计划行为可能结果的评估来做出组织行动。"回顾过去"模型成功实施的条件是组织能够设定目标与绩效期望引导意见不同的团队，调整当前行为不需参考未来的计划，相反"预期未来"模型中决策者对未来有一幅认知蓝图（Gavetti & Levinthal，2000；Chen，2008）。另外，由于市场中可以获取的新兴技术机会与互补技术知识之间存在时间滞后，这要求企业具备持续搜索的能力（张军和许庆瑞，2015）。结合创新理论，企业对同一或相似创新问题持续关注或周期性搜索该领域知识可被视作连续搜索。在持续探索技术的过程中，企业在探索式学习和开发式学习间不停转换（Lin et al.，2017），通过这种间断时序搜索模式提升组织的柔性。除了间断时序搜索，陆（Lu，2012）还构建了一种技术知识与市场知识、探索式和开发式学习、本地搜索与远程搜索三维度平衡搜索模型，探索创新搜索平衡策略随时间变化的演进路径。总之，基于过去搜索行动和经验的总结反思，组织对现在和未来的创新搜索决策及方向能够论证更为合理，但是现有研究关于过去搜索、现在搜索及未来搜索之间如何相互影响的机制并未详细探讨。

（三）知识年龄与时序模式研究述评

上述对知识年龄及时序模式的研究，基于时间轴的过去、现在与未来的发展线索（Nadkarni & Chen，2014），将旧知识、新知识及潜在知识纳入企业或行业发展的生命周期中考虑，并将考虑企业的连续搜索策略。但是，该方面研究至少还存以下三个方面的研究空间：首先，创新搜索的年龄与创新搜索内容的结合研究相对欠缺，对企业而言技术或市场新知识或旧知识发挥的作用存在较大差异；其次，创新搜索的年龄应与创新搜索空间相结合，探索本地或远程新旧知识对创新的作用机理；最后，关于创新搜索是否连续的研究相对缺乏，未来要继续探索企业是否对同一或相似创新问题持续关注或周期性搜索该领域相关的知识，如针对某一个产品在生命周期不同阶段采取连续性搜索，并研究间断搜索对企业创新资源配置或产生突破式创新的影响（吴建祖和肖书锋，2015）。为此，纳入知识年龄、时序模式及创新搜索的连续性，结合创新搜索内容与搜索空间构建创新搜索的时间边界整合模型（见图1-5）。

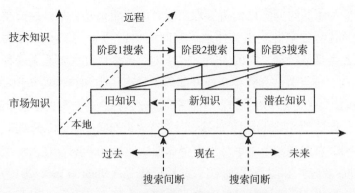

图1-5　创新搜索的时间边界整合模型

资料来源：余斌和奉小斌（2018）。

三、创新搜索的时机选择

(一) 创新搜索的速度

虽然以往创新学者假设"创新搜索活动能促进创新结果"（Laursen & Salter，2006），但在竞争优势的创造与毁灭加速交替背景下，外部搜索到的知识也被期望更快速地应用于企业创新中（Fabrizio，2009）。目前，学术界基于时间竞争的创新搜索研究中存在两类看似相悖的观点：一类研究从创新先动者优势角度，提倡企业加快产品创新速度或伺机选择新产品上市的时机以获得占领市场的机会窗口，并较对手更快速地对外部环境做出反应；另一类研究对产品创新"快即是好"的观点提出质疑，认为管理者追求速度可能导致缺乏对创新过程与时机的理性分析（曹瑄玮等，2011），此后有研究发现快学习与慢学习两者需要平衡。产生上述悖论的原因可能是时间并非只给搜索速度带来机会，在模糊情境下快速搜索可能比较危险，相反等待积累更多经验后再行动可能收益更多（Berends & Antonacopoulou，2014）。如格莱姆普和索夫卡（Grimpe & Sofka，2009）从行业类型角度对企业的创新搜索节奏进行实证，发现中低技术行业和中高技术行业的企业在创新搜索方式方面存在较大差异性。从上述研究可知，现有对创新搜索速度的研究主要侧重于新产品或市场先机，但对创新搜索过程中的知识扫描、获取、整合与应用等环节的速度还缺乏细致探讨。

(二) 创新搜索的时机

学者们为了从时间维度剖析管理实践者的战略行动，最开始简单地将时间归结为竞争优势的来源到更具体地研究时间（时机）与新产品开发或市场进入等组织各类具体行动之间的关系。以往创新搜索研究大都遵循一种"由外及内"的观点，重点关注存在于企业外部的各种市场类和技术类知识源，但创新搜索活动可能会受到竞争对手的影响而需要调整目标企业自身的搜索策略（Lin & Li，2013）。有学者强调相对对手的搜索时机造成组织间产品创新的差异（Katila & Chen，2008），并发现竞争对手对焦点企业搜索时机的影响存在两种截然对立的效果："排斥效应"和"激化效应"。此后，陈等（Chen et al.，2010）、卡蒂拉等（2012）少数研究尝试探讨新创企业如何与在位企业竞争，以及在不同类型市场中如何采取竞争行动，但均未正面触及创新搜索时机这一问题。

引入竞争对手视角后，创新搜索活动可以被视为一个学习竞赛过程，在搜索时机选择上存在三种策略：领先竞争对手、与竞争对手保持同步以及跟随竞争对手，并且有研究发现与竞争对手同步搜索并不利于创新，领先搜索有可能发明全新产品和跟随搜索促进研发更多新产品（Katila & Chen，2008）。考虑外部环境中的竞争对手行动时机后，有学者指出目标企业创新搜索效果是自身搜索策略与相对竞争对手的搜索时机的函数（奉小斌，2015），布德罗等（Boudreau et al.，2008）发现创新问题复杂性和竞争对手增加引发的多样性均对平行搜索产生积极影响。搜索时机是知识搜索研究中一个比较新的研究主题，但现有研究仅限于相对对手的搜索时机，但从知识搜索客体来看，搜索时机还涉及其他创新问题的解决者（如供应商、顾客等）。上述研究旨在揭示"企业在什么时候做出正确的搜索时机选择"，但以往关于搜索时机的研究并未考虑不同类型企业（如新创企业与成熟企业、本地企业与全球企业）的资源禀赋差异性，这可能导致知识搜索的问题解决方案并不具有针对性。

（三）创新搜索时机与时间边界的相互影响

第一，企业搜索新旧知识或搜索的连续性影响搜索时机选择吗？在组织惯例的影响下，企业倾向搜索与现有知识基础相接近的知识，现有知识基础的新颖性与多元性直接影响组织未来的创新搜索策略（Luo et al.，2017），并且创新搜索与期望绩效比较的反馈结果成为管理者搜索时机决策的重要信息源（Iyer & Miller，2008）。由于新的机会和威胁会根据组织内部和外部动态性发生持续变化，组织也需要持续权衡时间维度上的探索和利用策略（Gibson & Birkinshaw，2005），当前绩效结果与绩效预期相匹配时组织延续原有的搜索策略，但是连续搜索在某个阶段如何因产品或企业特征不同而选取不同的搜索时机仍不得而知。

第二，创新搜索时机对搜索新旧知识或搜索连续性策略选择有何影响？在搜索时机选择上，企业首先考虑的问题应该是何时开发新产品或采用新技术、如何进入市场、进入市场的次序等问题，在此基础上，结合不同行业特征选择适宜的创新搜索速度。在搜索时机选择方面，领先搜索可能有助于企业搜索到更具新颖性的异质性知识，而跟随搜索可能搜索到更多成熟知识（Jason，Wang & Søren，2014）。如果将竞争对手纳入搜索时机框架，相对竞争对手的搜索时机选择对企业从技术发展与市场需求之间差距中搜索市场或技术不连续创新提供机会（Christensen，2000）。

综上所述，创新搜索随时间或竞争关系的动态变化是一个值得关注的问题，考虑竞争互动情境下的核心企业创新搜索时机选择（如领先、同步或跟随）的演进规律还有待探索。结合搜索时机对知识时间边界的影响，围绕企业与对手间创新搜索策略的竞争，并考虑过去（现在）的搜索时机选择对现在（未来）的影响。比如，借鉴卡蒂拉和陈（Katila & Chen，2008）等研究，领先、同步和跟随是根据本企业相对竞争对手在利用、探索和没有搜索这三种平行搜索竞赛策略中的选择加以判定。核心企业知识搜索时机抉择取决于上一阶段竞争对手搜索时机策略选择，并且核心企业与竞争对手当前搜索速度与搜索时机选择影响企业下一阶段的时序模式。在此基础上，我们提出如图 1 - 6 所示的创新搜索时机的整合模型。

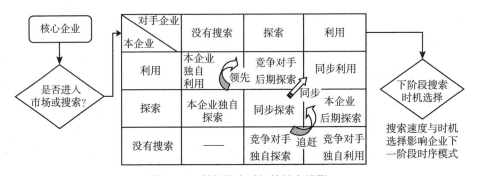

图 1 - 6　创新搜索时机的整合模型

资料来源：作者根据卡蒂拉和陈（Katila & Chen，2008）等相关资料整理而成。

四、创新搜索的时间压力与注意力

（一）创新搜索的时间压力

管理者对时间的主观感受（如快慢、紧急）影响创新搜索决策，基于特定时间情境的管理者认知构成管理者行动的基础（曹瑄玮等，2011）。关于创新搜索的时间压力，主要存在两个方面的研究：一方面，从组织即兴角度考察"即时特征"对创新搜索的影响。创新搜索的时间临近促使组织思考与即兴学习，即兴能力要求组织在截止日期之前（temporal proximity）立即做出创新搜索的决策，通过这种方式将管理经验转化为绩效（Berends & Antonacopoulou，2014）。即兴有助于线性时间和周期时间的综合，将未来折为现在，并综合过去的搜索经验与未来的搜索预期制定搜索方案（Magni et al.，2013）。当面临外部短时间内创造满足消费者需求产品的时间压力，组织通过搜索外部类似解决方案加以应对（Eggers，2012）。另一方面，从经验学习角度，探索复杂多变情境下的创新搜索活动。在快速搜索决策前提下，基于西蒙的"有限理性"（bounded rationality）① 理论可知全面掌握与评估外部信息几乎不可能，管理者往往以"满意原则"作为决策的标准（Siggelkow & Levinthal，2003），借助不同搜索决策的试错（trial and error）搜索找出较优的搜索策略。还有研究发现时间压力与创新搜索存在倒"U"形关系（Chong et al.，2011），即在一定程度上时间压力有助于创新搜索，但当感知时间压力超越临界点之后会导致管理者认知冲突与效能感下降。在快节奏市场中，行业地位不同的企业（如领先企业或跟随企业）感知时间压力的强度及所处情境不同，未来研究应该探索这些企业在采取搜索行动的时间跨度与速度方面的差异性（Yang & Meyer，2015）。

（二）创新搜索的管理者注意力

高层管理者的注意力影响知识搜索以及创新绩效，高层注意力的分配对企业知识搜索速度有显著影响。一方面，高层注意力分为时间维度（关注过去、关注现在和关注未来）和空间维度（关注外部和关注内部），现有研究发现注意力的时间维度对企业创新搜索速度有显著影响。如埃格尔斯和卡普兰（Eggers & Kaplan，2009）发现，CEO 的注意力聚焦于当前技术将导致企业放缓进入新市场的节奏，聚焦于新兴技术将加速企业进入新市场。纳德卡尼和巴尔（Nadkarni & Barr，2008）研究发现，行业变革速度影响高层管理者的注意力焦点，后者进一步影响组织战略的响应速度。基于管理者认知判断，回顾过去搜索反映组织决策者对未来及执行搜索计划后可能的结果的评价，预期未来搜索倾向通过渐进式学习和对惯例的适应性选择应对外部环境的变化（Gavetti & Levinthal，2000）。另一方面，关于高层管理注意力的空间维度，由于"外部焦点"和"内部焦点"相互竞争管理者有限的注意力资源，内外部注意力配置不同对企业洞察外部机会和传递外部竞争压力的感知存在显著差异，其对企业创新搜索策略和时机选择的影响机制值得深入探讨（张昊、王世权和辛冲，2014）。还有研究基于调节焦点理论，发现 CEO 促进性焦点积极影响探索与开

---

① 有限理性是指介于完全理性和非完全理性之间的在一定限制下的理性，赫伯特·西蒙认为人的知识有限，决策者既不可能掌握全部信息，也无法认识决策的详尽规律。

发活动，但是预防焦点不利于探索活动（Kammerlander et al.，2015）。高层管理者或高管团队对前一阶段的创新搜索结果的反馈以及对未来创新搜索目标的预期，均会影响其注意力的分配及对下一阶段的创新搜索决策（Salge，2012）。以往研究将注意力与创新搜索相结合，丰富与扩展了创新搜索理论，但处于行业生命周期不同阶段的企业管理者注意力对创新搜索行为的影响存在差异性，未来研究还需要进一步探索。

（三）创新搜索的时间压力和注意力与知识年龄及搜索时机的影响模型

演化理论和组织学习理论指出在相似的外部环境条件下，由于不同组织的资源及管理者认知的差异，组织的创新搜索策略会有不同倾向（Nelson & Winter，1982）。组织搜索从客观的"速度"转向主观的"时机"，将管理者对时间的认知导向充分挖掘出来，管理者对时间压力的感知和对稀缺注意力资源的有效配置，无疑影响企业对外部新旧知识的搜索。相反，组织的惯例以及搜索响应策略往往都是遵循一定的路径依赖性（Nelson & Winter，1982），企业现有的知识结构、所涉及的技术范围以及之前创新搜索的行为也会对创新搜索的时间目标或是否持续搜索带来影响。领先对手获取行业内外的新知识对管理者具有时间任务压力，并且新知识相对于旧知识更具有模糊性与不确定性，故对目标企业的管理注意力分配及认知也会产生一定影响（Li et al.，2013）。

关于创新搜索时间压力对搜索新旧知识和做出正确的搜索决策的影响，有学者研究发现极度竞争压力下的即兴表现对组织的影响是同时存在利弊（Crossan，Cunha & Vera，2005），未来需要探索创新搜索的时间压力和注意力对企业创新搜索的驱动作用及对搜索与创新绩效之间的权变作用。同时，搜索时机选择也会影响管理者的注意力及感知时间压力，比如在技术革新较快的行业，领先搜索和跟随搜索将使管理者面临不同的时间压力，因此企业管理者的注意力资源配置也有所不同。具体而言，领先搜索决策使得企业管理者关注企业外部及未来绩效，跟随搜索企业更多关注企业内部与当前绩效（Kammerlander et al.，2015）。

为此，基于"管理认知—搜索行为—创新结果"视角，本书构建一个基于时间维度的创新搜索的最新研究模型（见图1-7）。首先，当前创新搜索研究尚未构建个体（如CEO调节焦点类型）、团队（如高管团队注意力和时间压力）、组织（如感知环境的机会与威胁程度）层面上创新搜索时机前因模型，创新搜索时机与企业搜索的知识年龄具有相互影响，但是搜索时机与知识年龄对创新绩效的影响不仅受到企业类型与行业特征的调节，还受到企业管理认知层面因素的调节作用（Gavetti & Levinthal, 2000）。其次，在创新搜索的时序模式特征方面，T_1 阶段的创新搜索行为通过绩效结果反馈影响 T_2 阶段的搜索行为，进而对后续阶段创新绩效产生影响，现有研究对这种动态时序影响的关注还不够。最后，知识搜索主观时间维度的研究相对处于起步阶段，管理者主观认知因素对企业搜索的客观知识属性和竞争时机的综合影响模型尚未有研究系统探究，并且复杂关系研究可能还需要综合问卷、案例、仿真等多种方法加以揭示。

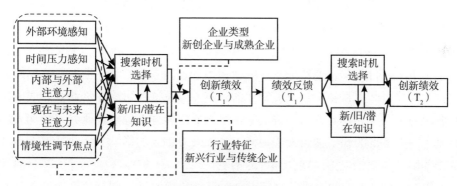

图1-7　创新搜索时间维度研究的一个最新模型

注：T_1 表示前一阶段。
资料来源：余斌和奉小斌（2018）。

五、研究总结与未来展望

传统创新搜索的研究较多考虑搜索的要素（内容）（what to search）以及搜索内容机制（how to search），但是搜索的时机选择（when to search）以及搜索内容与搜索机制如何随时间变化以及它们对创新绩效产生影响的研究极其少。演化经济学指明了先前创新搜索的经验或知识存量影响后续搜索模式的选择（Tippmann et al., 2012），但是企业创新搜索的内容及路径具有惯性，这种惯例使得企业倾向选择在现有地域或知识基附近搜索旧知识。为了适应环境动态变化，企业应搜索一些突破式创新所需的新知识或潜在知识，然而知识新旧程度不仅是动态时间轴中的相对位置不同或者对企业而言是否熟悉，而且创新搜索的年龄还取决于企业对创新搜索速度或时机掌控（Katila & Chen, 2008）。时间除了作为创新搜索的一种客观存在之外，企业决策者对时间的主观感知或稀缺注意力资源的分配客观反映其应对外部技术机会与市场扰动的能力，企业搜索时机选择及新旧知识创新搜索取舍对创新绩效均有重要影响。因此，本书将创新搜索的时间维度展开为知识年龄及时序问题、创新搜索速度及时机问题、创新搜索的时间认知决策等三个方面主题，并探讨了三者之间围绕时间线索构成的逻辑关系，最终构建一个"管理认知—搜索行动—创新结果"的综合研究模型。

纵观现有研究成果及理论发展动向，我们认为未来可以在以下几个方面深化研究：

第一，创新搜索的时间边界探索。现有研究主要将创新搜索的时间维度等同于知识的新旧程度，探讨不同搜索战略对获取新旧知识的影响以及后者对创新绩效的作用，但是这些研究均是基于高技术行业（如制药、机器人行业等）所得出的结论并不一定适合我国大多数传统制造类行业。因此，未来研究应该基于本土不同行业及企业特征，一方面运用管理问卷及专利数据探索不同搜索速度与时机对其搜索新知识或旧知识的影响，以及这种影响在创业企业或成熟企业之间是否存在差异；另一方面采用案例或内容分析等定性研究方法深入剖析基于时间维度的知识搜索模式内涵、特征及对创新的影响，并弥补现有专利数据和问卷调查较少关注默会知识的不足。

第二，创新搜索的时机选择问题。时基竞争模式下，创新搜索速度受到相对较高的关注，但是当前关于搜索速度对企业创新的影响机制尚未明确，企业相对竞争对手在搜索时机选择方面的研究刚刚起步（邬爱其和方仙成，2012）。未来应该结合行业特征和企业特征探讨搜索速度对结果影响的差异性，立足竞争视角综合考虑企业"从哪儿搜索"和"何时搜索"的问题，并借助非合作博弈理论、纵向案例跟踪、时间序列数据等方法揭示企业创新搜索速度或时机选择的演进规律。

第三，创新搜索的时间认知研究。虽然现有研究认识到创新搜索受到管理者对主观时间认知的影响，但是时间压力的性质（如挑战性时间压力与阻碍性时间压力）、感知强度及所处的情境对创新搜索活动的影响机制仍值得探讨。跨越管理者个体、高层团队及组织三个层面对时间的感知、注意力分配等因素影响搜索时机与知识年龄的机制还需要进一步研究，并且时间认知层面的前置因素对搜索行动与创新结果之间关系的权变作用机制还需细致探究。

第四，创新搜索的时间演化问题。有关过去、现在和未来的时序要素反映一个组织的搜索与学习状态转换（Nadkarni & Chen, 2014），但是现阶段创新搜索行为及绩效结果对企业下阶段创新搜索结果的影响很少有人研究。因此，未来的研究还可以通过构建仿真模型（如系统动力学模型）或纵向时间序列跟踪数据，探索基于上一阶段绩效结果反馈的搜索策略调整过程及不同阶段的创新搜索策略的动态演化规律。

第三节 平行搜索研究梳理

一、平行搜索概念及维度研究

平行搜索作为创新搜索领域的前沿课题，其概念从计算机算法及视觉搜索中衍生而来（赵空等，2010；韩振华和曹立人，2009；奉小斌，2016，2017），它在创新管理中特指相互独立的问题解决者为了解决类似的创新问题而同时相互竞争地进行创新搜索，强调知识搜索的动态性、开放性、竞争互动性和企业间联系（Katila & Chen，2008；Yoo & Reed，2015；项后军和江飞涛，2010）。与平行搜索相比，传统创新搜索研究存在两个潜在假定：一是基于行业市场的稳定性和线性预测的假定；二是假定产品创新是企业自发选择且与竞争对手搜索策略无关的结果（Boundareau et al.，2008；Adner & Snow，2010）。既往静态搜索研究倾向将核心企业知识搜索的"宽度、深度、新颖度、时间"等决策置于孤立的管理情境（Ahuja & Katila，2004；Pacheco－de－Almeida & Zemsky，2012；Adner & Snow，2010），低估了新创企业知识搜索引发集群在位企业的竞争反应，并且忽视知识搜索随企业间竞争互动关系发展的动态演化。

由于平行搜索的主体间是为了解决类似创新问题而进行竞争性搜索，因此，平行搜索的效果是自身搜索策略和相对对手搜索时机的函数（奉小斌，2015）。经济学家安索夫（Ansoff）和弗里曼（Freeman）等将技术创新战略分为技术领先战略、技术追随战略和技术模仿战略，安同良（2003）借鉴弗里曼等学者的研究（Freeman & Soete，1997），根据产业技术进化的类型、企业技术学习的过程，将企业技术学习战略分为领先战略与追随战略。基于此，卡蒂拉和陈（Katila & Chen，2008）从学习竞赛角度，将平行搜索时机分为领先、追赶和同步三种；由于新创企业与在位企业同步竞争难以在时间点上精准同步，并且同步搜索的企业资源和管理认知投入可能不抵收益，此后祖切尼和克里施默（Zucchini & Kretschmer，2011）、奉小斌（2015，2017）根据动态竞争理论，将同步搜索和追赶搜索统一归并为后动者跟随搜索策略。新创企业一方面发挥"竞争行为更灵活、行动更迅速"等优势避开在位者的正面冲击，并在搜索时机选择上抓住战略机遇快速将搜索的知识用于创新（Katila et al.，2012），另一方面考虑资源与成本约束，新创企业难以在创新搜索方面与在位企业保持同步，更佳选择是搜索成熟技术知识和定位竞争对手开拓的市场（Chen et al.，2005；Chen et al.，2010）。

为此，借鉴竞争者行为理论的先动者和后动者分类，并参考市场营销领域的先动型与反应型市场导向概念（彭正龙等，2015），本书从领先搜索和跟随搜索两个维度刻画新创企业的平行搜索行为。其中，领先搜索是指新创企业领先于竞争对手探索产品创新所需的市场与技术知识；跟随搜索是指新创企业针对对手的现有产品、技术或市场采取追随赶超策略，以获取成熟的产品或技术知识。领先搜索企业在技术搜索过程中，在工艺、技术、市场等方面力求拉开与对手的距离，取得较大的市场份额与较高的垄断利润。领先搜索战略常被高新技术产业、新兴产业以及技术密集且技术更新速度快的传统产业中的跨国企业采用（张耀辉等，2006）。企业在选择对领先搜索或跟随搜索策略时，不仅需要综合考量技术创新的成本、风险和收益，而且还应该从提高技术能力出发，注重技术领先对创新能力的积累（刘虹和李焯章，2004）。

二、平行搜索相关的动态理论基础

有关平行搜索的相关理论主要包括先动优势理论、动态竞争与竞争互动理论、时基竞争与学习竞赛理论等。

（一）先动优势理论

早在1985年，罗宾逊和弗内尔（Robinson & Fornell）就提出了先驱优势（pioneer advantage）概念。先动优势（first-mover advantages）最早由斯塔克伯格（Stackelberg）在研究寡头市场时就发现，一个厂商首先确定它的产量，那么该厂商就具有一种策略优势，即先动者优势，这个主题一直是战略管理、营销管理和经济学的研究热点。用来解释先动优势的理论主要来自两方面：一方面，经济理论基础用进入壁垒理论与企业效用函数解释先动优势；另一方面，行为理论主要用顾客锁定理论和消费者偏好理论来解释先动优势（Robinson & Fornell，1985）。宋等（Song et al.，1999）将先动优势界定为产品导入、新技术开发或新的广告营销等商业活动中，采取开拓性或抢先性的行动获得的优势。有学者（Lieberman & Montgomery，1988）将先动优势定义为开拓或抢先公司获得经济利润的能力，具体体现在先进入某一市场获得较高的市场占有率与销售回报，通过占有稀缺资源、顾客偏好、技术领先、消费者转换成本四个方面实现领先优势：首先，先动者优先获得稀缺资源，优先选择劳动力、原料、供应商、设备及有经验的管理人员，优先开发具有较大需求潜力的产品（Glazer，1985），还可以在市场上建立独特的市场地位，建立专有的分销渠道（Lilien & Yoon，1990）；其次，先动者通过先入为主效应，抢先与顾客建立伙伴关系并培养顾客偏好（Karde & Kalyanaram，1992），消费者积累对先动企业提供产品的使用经验形成特定的转换成本，或通过产品升级来锁定其产品市场的特征空间；再次，率先开发新产品的企业大多在技术上领先，获得技术专有权将给后进入者设置了较高的进入壁垒，还有新产品的技术标准会巩固领先进入企业的地位（Kerin, Varada-rajan & Peterson，1992）；最后，消费者转换成本（consumer switching costs）① 有助于构建领先进入者的先动优势，先动企业具有较高的市场份额与市场规模，这种优势能抵消先行的风险（Coeurderoy & Durand，2004）。还有研究指出，先动优势不一定长期存在，但从短期来看，先动优势的存在是相对于后动企业存在的。

后动优势（late-mover advantage）相对行业的先进入者，后发企业较晚进入可以通过观察先动者的行动及效果来减少行动的不确定性，从而获得领先者所不具备的竞争优势（如研发成本优势、行业风险掌控等）。利伯尔曼和蒙哥马利（Lieberman & Montgomery，1998）指出后动优势主要包括三个方面：即后动者的"免费搭乘"（free-riding）效应、先动者锁定了错误的技术或营销战略、在位者惯性②。托马斯（Thomas，1996）等学者对后动优势进行了分析，发现后动优势主要来源于：第一，领先者相对后动者要付出更多的成本与代价，且没有获得经验效应；第二，后动者更可能采用最先进的技术与设备；第三，顾客对先动者的忠诚度相对较低，后动者容易通过破坏性创新（disruptive innovation）③ 打开市场；第四，先动者获得的技术与经验容易被模仿与赶超。

对企业而言，究竟是先动优势还是后动优势，科林等（Kerin et al.，1992）强调取决于产品—市场中的权变因素（contingencies），这些权变因素影响先动优势的

---

① 消费者转换成本是指买方从一个产品或服务的供应商转向另一个供应商所付出的一次性成本。

② 由于沉没成本的存在，组织僵化，在位企业不愿引进新产品或改进产品，不愿改革，而后动者作为一个追赶者，时刻都想抓住机遇从而取代先动者的地位，因而对企业的组织结构、技术、产品等都进行大量的革新，从而在与先动者的竞争中占有优势。

③ 破坏式创新（亦称破坏性创新）是一种与主流市场发展趋势背道而驰的创新活动，它的破坏威力极为强大，一般成果的企业都难以适应这类创新带来的挑战（Christensen，1997）。因此，以现有企业心态与利益机制，确实很难突破这种破坏性创新所造成的两难困境，企业需要以体制外的方式来推动这种创新。

大小甚至将先动优势变为先动劣势。权变因素主要包括：影响经济的权变因素（如需求不确定性、市场容量、后动者反应时间等）、影响先占因素的权变因素（如产品的特性、需求不确定性与先占性投资）、影响技术因素的权变因素（如技术创新的特征、技术的非连续）、影响行为的权变因素（如产品特性、市场类型等）。李利恩和尹（Lilien & Yoon，1990）等学者提出，在动态环境下，企业应该平衡领先进入的风险与后进入错失机会的损失。利伯尔曼和蒙哥马利（Lieberman & Montgomery，1998）将资源基础理论与市场进入次序相结合，从而获得较为真实的进入次序效应（entry order effect）。布里曼（Bryman，1997）提出领先进入某个行业能否获得长期竞争优势存在争议，以往研究发现领先进入存在各种优势可能是存在方法论的错误，作者通过对美国动画产业的案例研究发现后进入者几乎占据了整个行业的优势地位。

国内学者吕振亚（2008）研究了领头企业对追随企业行动的预测，在有限理性条件下，引入基于时间顺序的斯塔克伯格模型，发现领头企业的先动优势将随着时间的推移逐步减弱，并逐步趋向领头企业和尾随企业双方产量的均等。在实证研究方面，古利平和张宗益（2006）通过对中国摩托车行业的先动者优势与后动者优势的分析，发现先动者优势表现在引进国外技术的时间先后上，与进入行业时间的关系不大，而且受到后进入企业自主技术创新的影响。张春玲（2008）通过对 VCD 产业的先动企业万燕和后动企业爱多的案例分析，发现以往的先动优势与后动优势研究不能解释同一个行业中不同企业在进入时机和竞争优势上的差异。尽管先动优势与后动优势为学者们研究不同企业的经营战略提供了较好的视角，但是先动优势概念尚无统一定义，实证研究数据大多来自美国的 PIM 数据库，很少控制公司间的行业差异（Langerak et al.，2008；王全意和樊信友，2011）。同时，传统的先动优势理论忽略了企业间的差异性，对如何将企业潜在的优势转化为现实的竞争优势研究不足。

（二）动态竞争与竞争互动理论

竞争问题一直是战略管理的核心议题，波特从产业组织理论视角提出企业的四种竞争战略（Porter，1985），核心竞争力学者强调企业的竞争优势来源于企业拥有不可模仿与替代的稀缺资源（Prahalad & Hamel，1990）。长期以来，新古典经济学聚焦的基本问题是稀缺资源如何在相互竞争的目标之间实现优化配置问题。演化经济学在继承熊彼特（Schumpeter）思想的基础上，认为企业需要依赖惯例来指导它们应对市场环境的不可预见性，这种惯例可能存在决策者过去的经验，或生产、研发、营销等活动中（谢洪明和蓝海林，2004）。奥地利经济学派（Austrian School）强调竞争过程发现偏好或需求甚至创造需求，企业竞争的实质是具有创新精神的企业家不断创造利润的动态平衡过程（Jacobson，1992）。在动态环境下，传统产业组织理论或资源基础观试图维持长久竞争优势受到挑战，这是因为动态竞争优势并不是基于对环境变化的事先预测（汪克夷和冯桂平，2004），而是基于对环境变化与竞争互动的动态响应。

在相对竞争对手的被动反应中，创新和速度成为竞争优势的来源，以陈明哲（Ming – Jer Chen）教授为代表的一批学者（Smith、Grimm、Macmillan、Miller等），通过美国国内航空业的跟踪研究，从竞争互动对偶、业务层级竞争、理论与研究方法和公司层级竞争四个方面对竞争行为进行了深入探索（Chen & Macmillan，1992；Chen & Miller，1994；Chen & Hambrick，1995；Chen，1996；Ferrier et al.，1999；等等）。1994 年理查德·戴维尼（Richard D'Avani）使用"超级竞争"（hypercompetition）[①]一词描述产业中竞争升级现象，并指出动态性是指以价格—质量定位为基础的加速竞争。乔治（George）等在其著作《动态竞争战略》进一步将这种现象总结为"动态竞争"，并详细描述如何构建动态竞争战略（见表 1 – 7）。动态竞争强调竞争的高强度和高速度，竞争对手间的战略互动节奏显著加快，企业竞争优势相对短暂。动态竞争的有效性不仅取决于时间领先性，更主要的是企业改变竞争规则、创造需求与预测对手行动的能力（D'Aveni，1994）。

表 1 – 7   产业中不同程度的竞争描述

竞争程度	低强度竞争	中强度竞争	高强度竞争	极端竞争
竞争特征	专利产生的法律独占； 持续多年的超额利润	围绕对手进行市场定位； 用进入障碍限制竞争对手； 竞争合作会产生长期优势	企业间竞争削弱对手优势； 创造与竞争对手匹敌的竞争优势； 在某个方面超越竞争对手	传统的竞争优势都不复存在； 展开激烈的价格竞争，直到可以获得超额利润；完全竞争并非低水平竞争
竞争状态	独占	垄断	动态竞争	完全竞争
参与者	一个参与者	少数参与者	几个参与者	趋势
利润结果	超额利润	持续利润	间断利润	没有超额利润

资料来源：乔治·S.D.，戴维·J.R.，罗伯特·E.G. 动态竞争战略 [M]. 孟立慧，顾勇，龙炼译. 上海：上海交通大学出版社，2003.

----

① 戴维尼的"超级竞争"观点指出，持续优势是不存在的，只有通过打破现状才能获得一系列短暂优势。因此，长期的成功需要动态战略，不断地去创造、毁灭又再造短期优势。

皮圣雷（2014）将动态竞争理论的研究视角大体归纳为一对一竞争关系视角、一对多竞争关系视角、多对多竞争关系视角以及基于制度理论的视角等。关于动态竞争的研究方法主要有：经济模式的博弈论、行为学理论及共同演化理论（蓝惠芳，2011）。首先，博弈论被引入企业间竞争行为的研究，强调企业的战略制定需要考虑对手的可能反应，根据对手的反应动态调整自己的战略和行动。其次，博弈论强调竞争者是完全理性且竞争双方信息对称的条件下才可能发生，学者们针对这个局限性引入行为科学方法，研究动态竞争的互动过程和竞争双方的行为特征（乔治等，2003）。最后，由于企业间互动呈现交叉状态，共同演化成为解决博弈论和行为科学不足的重要切入点，引入生物进化论聚焦相互依赖的行为、适应的速度和获得领先优势的重要性，对共同演化方法做了进一步的延伸。

竞争互动是动态竞争研究的核心内容，重点探讨企业间竞争行为间的内在规律，有赖于企业的具体行为（冯桂平，2010）。竞争互动视角将战略视为一连串"攻击"与"回应"的交替行动（Chen et al.，1992；田志龙等，2007），以不断采取行动使组织有能力应对不确定性及降低组织迷失。如杨等（Young et al.，2006）通过对美国41个行业7年间4876个竞争行动的收集整理与研究，归纳出价格行动、促销行动、新产品上市、扩大生产、法律信号等6大类型竞争行动。动态竞争中的竞争互动是多阶段、多回合的，领先战略可能被竞争对手模仿或攻击，资源和能力形成的竞争隔离机制（isolating mechanism）不再变得长久有效。一般来说，在企业交替竞争行动中，率先发起攻击的企业，其攻击行动所获得的效益取决于竞争对手的反击强度与反击速度（Ferrier et al.，1999）。一些学者（Smith & Grimm，1987；Chen，1996）认为根据竞争行为的特征可以预测对手回应，并提供了竞争行动的关键特征（如行为的规模、合作性），但并不是所有的进攻与回应竞争行为都相似，行为特征可称为竞争回应的预测变量（MacMillan，1983）。因此，学者们对影响动态竞争企业"攻击—回应"竞争行为的可能因素（如企业规模、竞争强度、竞争速度等）进行了研究，详细探讨了动态竞争中企业攻击与回应过程及其互动机制（Lee et al.，2000；Tsai et al.，2011；Hsieh et al.，2015）。其中，汪克夷和冯桂平（2004）、冯桂平（2010）将影响竞争对手的反应速度影响归纳为战略单元的重要性、组织的能力和推出新产品企业的威胁等三类，提出一个动态竞争的结构模型（见图1-8），并将竞争行动的重要特性概括为以下四个维度：行动数量、行动速度、行动多样性和行动差异性。陈等（Chen et al.，2007）最早对如何在众多竞争对手持续的竞争行动中实施最优竞争决策进行了探讨，认为竞争对手的攻击行动对企业竞争张力感知形成强烈的冲击，引发企业相应的战术回应。还有学者基于这种研究思路，考察市场多样性、资源禀赋、经验积累以及组织绩效等因素对企业竞争行动的影响（Chen & Danny，2012；陆亚东等，2013）。

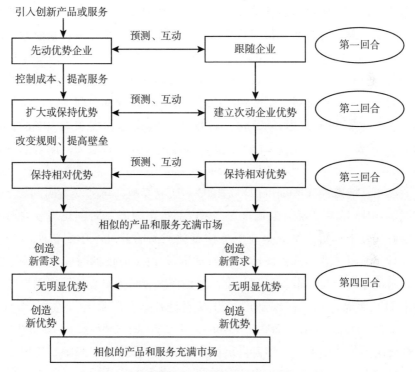

图 1-8　动态竞争中的竞争互动及竞争速度

资料来源：汪克夷和冯桂平（2004）。

　　随后，我国学者（蓝海林，2001）陆续引入动态竞争与竞争互动相关理论，国内学者借鉴国外学者采用的实证研究方法对特定行业（如啤酒行业、轿车行业、彩电行业）的竞争互动（进攻与反击行为）进行实证探讨；或者基于博弈论推导企业间围绕产量、价格、技术创新策略的博弈过程与均衡。谢洪明（2005）基于我国彩电企业竞争行为及所在战略网络的调查，分析了企业所嵌入的战略网络结构对企业间进攻回应行为的影响，发现不同网络的结构特性（如中心性、结构均衡性、网络密度等）对企业进攻回应行为有不同的影响。程聪等（2015）借鉴动态竞争理论中"觉察—动机—能力"模型，从身份域视角来探讨企业"攻击—回应"竞争行为，以阿里和腾讯在互联网支付等业务领域的系列竞争行为为例，发现身份域范畴内部的竞争行动主要由经济理性驱动，而企业身份域范畴外部的竞争行动则主要是由情感认知驱动。

（三）时间竞争与学习竞赛理论

为了响应瞬时变化的市场需求，竞争对手间的互动节奏明显加快，产品生命周期不断压缩，通过加速新产品开发抢占市场先机似乎已成为企业竞争制胜的利器（Mitchell，1991；Helfat et al.，2007）。斯托克（Stalk，1992）提出了"基于时间竞争"（time-based competition，TBC）的概念，有学者发现基于时间竞争的企业更关注时间、柔性和响应性，通过减少浮动时间提高产品与服务的速度（古家军和王行思，2013）。1998 年，雷蒙德和皮尔森（Raymond & Pearlson）发表了《零时间：21 世纪企业的概念结构》的论文，提出了零时间（zero time）和即时顾客化定制（instant customerization）的概念。在整个产品生命周期中，纳姆等（Nahm et al.，2003）研究发现，与"交货时间""生产提前期"相比，"新产品开发周期""新产品推出频率"对创新绩效的影响更大。因此，基于时间竞争的企业更加注重新产品的开发。压缩新产品开发周期，关键是缩短产品的工艺设计和产品试运行/改进阶段的时间。在传统管理领域普遍认定质量与成本是一对矛盾，但是在以时间为中心的管理思想中，采取若干 TBC 策略之后，加快新产品开发明显有助于降低开发费用（Stalk & Hout，1990；Droge et al.，2004；Flynn et al.，2010；Filho & Saes，2013）。

在时间竞争基础上，有学者提出快速决策，该概念最早来源于美国杜克大学的管理学者贝恩与沃普尔于 1982 年提出的快速决策分析法，布儒瓦和艾森哈特（Bourgeois & Eisenhardt，1988）认为决策速度是企业制定战略决策的核心内容。关于快速战略决策的测量主要有三种方法：一是测量整个决策占用的物理时间；二是用感知速度加以测量；三是测量决策速度的相对时间。艾森哈特等（Eisenhardt et al.，1988）、艾森哈特（1989）将影响战略决策速度的因素归纳为五大类：环境因素、组织因素（如组织结构和权力配置）、特定决策因素、高管团队因素（如高管团队特征、团队行为）和决策过程因素。苏阿里兹和兰佐拉（Suarez & Lanzolla，2007）提出基于动态环境的先行者优势模型，提出时间竞争企业能通过市场占有率得以体现。古家军（2009）认为，高度动态环境下，简单的模仿和拖延决策同样会随战略机会窗口的关闭而导致失败，而快速战略决策的企业能够抓住商机而抢占市场。

张耀辉等（2008）针对企业通过研发投入并未形成足够的利润这一现象，分析企业研发投入动力与技术领先战略，发现企业追求创新的长期利益在本质上是创新竞赛，但未必会导致过度的研发投入，企业追求创新的长期动机可以让企业主动地参与创新。创新竞赛在一定程度上解释了为什么企业面临研发风险和损失却必须投入的事实，并且创新竞赛形成的被动创新只解释了一种情况，而对那些长期研发投入战略与主动出击的企业行为，它缺少有效的解释力（张耀辉等，2008）。学者们对企业在创新收益不高的情况下进行研发投入的行为做了四种解释：第一，理性对抗，理性人[①]所包含的率先先动成为领先战略实施的依据，进而给企业带来针对行业对手行动感知的先知先觉优势；第二，企业规模足够大时，技术研发给研发项目及企业带来长期、潜在的影响，即内部溢出效应（spillover effect）[②]；第三，企业通过技术研发获得专利权实现对技术的直接控制；第四，技术研发用于与市场竞争对手的技术匹敌。

以往创新搜索的研究较好地回答了企业"到哪里学习"的问题，但是关于"企业如何学习""如何快速学习"等问题缺乏解释。针对这类问题，本书从时间竞争与知识搜索理论方面提供了很好的解释（Katila & Chen，2008；Katila et al.，2010；奉小斌和洪雁，2016）。一方面，知识搜索的各个过程阶段存在时间分布规律，通过压缩搜索过程或流程优化可以提高集群企业知识搜索的效率。根据阿胡贾和卡蒂拉（Ahuja & Katila，2004）、劳尔森和索尔特（Laursen & Salter，2006）等学者的研究可知，跨界搜索除了包括外部知识搜索与获取过程外，还在广义上包括知识整合、知识利用等基本活动与流程。知识搜索对企业搜索新的产品构思、寻找现有问题与新问题解决方法等方面相当重要，对知识搜索过程的优化也是企业构建动态能力的一种重要方式（Danneels，2008；Ozcan & Eisenhardt，2009）。另一方面，从时间竞争角度，结合知识的地理边界探讨企业采取什么类型的竞争性搜索行动（如领先搜索、同步搜索、追赶搜索）以形成即时竞争优势（Katila & Chen，2008），并探索企业采取此种搜索策略的影响因素。也有研究通过界定时间—成本的关系曲线和时间价格弹性的概念，重新从厂商与顾客角度构建 TBC 条件下的时间与成本均衡模型，较好地解释了上

---

① "理性人"假设（hypothesis of rational man）是指作为经济决策的主体都是充满理智的。
② 溢出效应（spillover effect）是指一个组织在进行某项活动时，不仅会产生活动所预期的效果，而且还会对组织之外的人或社会产生一定影响。

述权衡关系在 TBC 条件下的一致性（崔松等，2006）。姜军等（2006）从专利平台战略角度论述了技术创新创造时间竞争上可持续的、领先的、快速研发优势，这种优势使企业比竞争对手更迅速和更准确地开发新产品，并形成企业的核心竞争能力。德密特（Demeter，2013）通过对 750 家全球运营的企业数据研究发现，地理接近性对基于时间竞争的竞争者而言比其他企业显得更为重要，同时企业决策受到产品设计的模块化、订单策略与母公司所在地等因素的影响。

三、平行搜索的前因、后果与情境因素

（一）平行搜索的前因研究

以往学者们对于知识搜索前置因素的研究主要关注企业外部环境因素（如既往搜索经验、机会的可用性、环境动态性及同行对手的搜索策略等）及企业内部影响因素（如企业能力结构与组织文化特征）（Laursen & Salter，2006；袁健红和龚天宇，2011；何郁冰和梁斐，2017），但是这些研究均未将企业平行搜索时机选择作为重点考察要素。虽然创新领域的学者们已经探讨了搜索经验、吸收能力、外部网络、认知特征等因素对知识搜索的影响（Katila & Ahuja，2002；胡宝亮和方刚，2013；张峰和刘侠，2014；阮爱君和陈劲，2015），奥布里恩和大卫（O'Brien & David，2014）基于行为理论研究发现日本文化中的互惠性和嵌入性影响搜索决策，但是这些仍无法完全释疑新创企业究竟应该"何时"选择领先搜索策略、"何时"选择跟随搜索策略。

为此，探讨平行搜索的前因还得从竞争互动等相关领域进行整理，如波曼和加蒂格农（Bowman & Gatignon，1995）对影响竞争速度的关键因素进行了识别，具体包括所在行业的吸引力、市场增长率、顾客转换成本、组织的市场地位、市场份额、新产品开发时间、企业的市场地位、市场份额等要素，其中市场增长率及市场份额越大，反应速度越快；转换成本越高和新产品开发时间越长，反应速度越慢。鲍姆和考恩（Baum & Korn，1999）发现，竞争者较有可能进入一个规模较小企业为主的行业市场。杨等（Young et al.，2000）学者验证了在多点竞争下具有异质性资源的公司会采取更为积极的竞争行为，如采取更多的竞争行动或更快的回击。而后，米勒、陈等人通过对美国航空业的长期观察和竞争数据的收集，发现竞争对手是否回击的主要影响因素有三类：行动的性质、竞争对手的性质及竞争的性质。早期研究发现，在企业拥有信息

和资源优势较高时（Chen，1996），或者当竞争对手回应的可能性较低时（Chen & Miller，1994），企业较容易实施进攻的行动。陈等（Chen et al.，2007）基于竞争压力视角提出"察觉—激励—能力"思路，研究发现企业及竞争对手的竞争强度取决于相对规模、竞争回击数量及对手实力等因素及其交互作用。也有研究基于传统动态竞争的 SCP（结构—行为—绩效）或者 ABC（动因—行为—结果）研究范式，发现企业竞争行为受到环境的影响（Enderwick & Nagar，2011）。还有研究从高层团队异质性方面探讨竞争行为的影响前因，如哈姆布里克等（Hambrick et al.，1996）以美国 32 家航空公司的竞争性行为及响应为样本，发现团队功能背景、教育背景及公司年资多样化对企业竞争性倾向及竞争性行为响应强度相对越大，异质性高层经营团队采取竞争性响应速度相对较慢。总之，以往多从理性方面对企业竞争行为进行分析，比如战略导向、组织冗余、结构复杂性等变量组合来揭示一个企业竞争回应活动的特征，但是超级竞争环境中企业竞争行为往往受到诸多因素的制约（马东俊，2012）。

关于平行搜索的前因研究，奉小斌和洪雁（2016）、奉小斌和王惠利（2017）等研究还强调组织绩效反馈和即兴能力对企业平行搜索的驱动作用：第一，根据卡内曼和特维斯基（Kahneman & Tversky，1979）提出的展望理论（prospect theory），管理者在决策时受制于有限理性，倾向将企业历史绩效或对手绩效作为比较基准，根据结果反馈情况决定选择哪一类搜索策略。展望理论也强调，若企业回报低于参照点，管理者将倾向采取更加冒险的搜索策略，据此推断新创企业将接受具有一定风险的领先搜索策略（Kahneman & Tversky，1979；Greve，1998）。相反，如果新创企业历史绩效的反馈结果高于组织期望水平，意味着既往的行动能带来满意的结果，决策者避免高风险的搜索策略而保持稳健的搜索节奏（Arrfelt et al.，2013）。萨格（Salge，2012）指出组织创新搜索的时间持久性受到绩效反馈的影响。第二，关于创新搜索时间压力对搜索新旧知识和做出正确的搜索决策的影响，有学者研究发现极度竞争压力下的即兴表现对组织同时存在利弊（Crossan，Cunha & Vera，2005），未来需要探索创新搜索的时间压力和注意力对不同企业（如领先企业或跟随企业）创新搜索的驱动作用及对搜索与创新绩效之间关系的权变作用。还有研究发现时间压力与创新搜索存在倒"U"形关系（Chong et al.，2011），即在一定程度上时间压力有助于创新搜索，但当感知时间压力超越临界点之后会导致管理者认知冲突与效能感下降（Yang & Meyer，2015）。

(二) 平行搜索的后果研究

首先，基于时间竞争的产品创新研究中存在两类看似相悖的观点：一类研究强调快速搜索能获取创新先动者优势（first-mover advantage，FMA），如获得技术领先、经验、专利或标准、消费者依赖等优势占领市场，并较对手更快速地对外部环境做出反应；另一类研究对产品创新"快即是好"的观点提出质疑，认为管理者过分追求搜索速度可能导致缺乏对创新过程与时机的理性分析（曹瑄玮等，2011；Berends & Antonacopoulou，2014）。其实，产品创新速度之争还需从平行搜索角度解释，相对对手的搜索时差必然造成组织间产品创新的差异（Katila & Chen，2008），如"排斥效应"和"激化效应"两种截然不同的影响。

其次，与成熟企业相比，新创企业搜索与整合外部网络中隐性知识的能力明显处于劣势，这就要求新创企业强化与外部知识网络主体交互的强度和频率，建立差异化的搜索战略避开与在位企业在成熟技术和现有市场上的"非对称竞争"（Chen & Katila，2010）。卡蒂拉等（Katila et al.，2012）研究证实，创业型企业在现有市场上选择产品开发容易取得成功，但是在新市场中必须依赖快速的产品探索以应对不可预测的需求与竞争。现有研究虽然认识到创新搜索对新创企业创新绩效有促进作用，但是针对企业获取的外部"资源束"（resource bundle）如何加以整合产生创新能力的过程仍然不得而知，外部资源的简单堆积并不能在新创企业内部产生"质变"（Sirmon et al.，2007；蔡莉和尹苗苗，2009）。

最后，基于知识基础观的"知识战略—内部能力—绩效结果"理论范式，发现现有知识搜索作用路径的研究较多聚焦于吸收能力（付敬和朱桂龙，2014）、组织能力（O'Cass et al.，2014）或整合能力（魏江和徐蕾，2014），强调旧知识调用，并用静态能力将知识搜索与创新绩效加以关联。还有部分学者聚焦组织即兴对组织学习的影响过程，强调即兴能推动组织学习、知识革新与创新的发展（Crossan et al.，1996）。静态视角下对企业知识搜索作用机制方面的研究，强调知识搜索、获取、重组与利用全过程的线性联系，忽视了新创企业把握未曾预料的机会或提升即时处理问题的能力（韵江和王文敬，2015）。

(三) 平行搜索的情境因素研究

从战略群视角考察，同一战略群采用了同类的战略而整合同类型的资源，但不同战略群之间会因为资源相似性低而发生激烈的进攻与反击（Chen，1996）。埃里克·陈等（Chen et al.，2010）通过高科技企业的样本实证，发现当技术发展降低行业优势时，低绩效企业更可能通过研发行为干扰高绩效企业。有学者开始将市场重合度界定为企业与竞争对手之间已有的市场中共有市场的比重，如鲍姆和科伦（Baum & Kron，1996）选取美国加州 1978～1984 年民航线作为样本，发现企业间市场领地重合度影响企业进入或退出市场的行为。陈等（Chen & Macmillan，1992）提出四种竞争性行为的特质来预测企业竞争响应的可能性，这四种特性分别是：竞争影响力、攻击强度、执行条件及行动类型，结果发现竞争者数量越多、受到影响的市场对竞争者重要性越强时，竞争性响应的数目会越多。卫武（2009）将企业竞争行为界定为广度、范围、威胁性、复杂性、合作性和整合型六个特点，并证实这些因素对非市场、市场行为与企业绩效之间的关系具有调节作用。

已有对知识搜索与创新绩效间关系的权变研究表明，环境动态性（Yang & Li，2011；Cruz – González et al.，2015）、竞争强度（Yang & Li，2011；Abebe & Angriawan，2014）、技术跨界（Wu & Wu，2014）等外部因素的影响显著。但从内部因素来看，企业是决策者的注意力配置系统（Ocasio，2011），管理者在相关议题（如机会或威胁）和答案（如搜索提议）中有效配置注意力资源，可能影响企业对外部搜索时机的把握及创新绩效的提升（Nadkarni & Barr，2008；Eggers & Kaplan，2009）。马俊等（2007）认为，复杂环境下管理者较难通过有意识的认知做出正确判断，唯有通过对不同的决策组合进行尝试找出最优战略，但是在复杂环境下搜索知识随着环境的改变而逐步失效。吴建祖和曾宪聚（2011）指出关于企业竞争反应行为的研究主要包括市场信号理论与信息处理方法理论，前者认为市场信号影响企业高层对竞争对手市场行为的注意力配置及对这些行为的解释，并影响企业的竞争反应行为；后者认为管理者处理信息的方式影响企业竞争反应行为。马赛尔等（Marcel et al.，2011）研究了管理者的认知框架对企业竞争反应行为的影响，发现企业的管理者对市场攻击与企业绩效之间因果联系的主观判断不同，会影响管理者注意力配置和对市场竞争行动的解释。

以往学者对外部环境因素、组织因素等方面权变作用的研究相对较多，但对管理认知层面的因素尚且缺乏系统关注。

首先，管理认知理论强调企业对外部搜得知识的整合利用情况受到高层管理者对外部环境的感知与判断的影响，新创企业管理者对外部环境的解释差异必然带来截然不同的创新结果（Liu et al., 2013；奉小斌，2016），平行搜索亦然。认知学派的观点认为，企业存在两种不同类型的认知过程，它们是感知和设定，当信息流从客观到主观时前者发挥作用，反之设定发挥作用。

其次，奥卡西奥（Ocasio，1997）提出注意力基础观（attention-based view），指出尽管外部环境是影响决策的重要因素，但它首先受到决策者的关注才能进一步在决策中发挥作用。从这个意义上来讲，决策理论也可被称为注意力搜索理论（March，1994；吴建祖等，2009）。决策过程相对而言是一个对面临的情景进行过滤的过程，其结果取决于管理者注意力聚焦在哪些议题（issues）与答案（answer）（Ocasio，2011）。

最后，绩效反馈对企业平行搜索行为究竟有何影响存在争议，希金斯（Higgins，1997）等学者提出的调节焦点理论（regulatory focus theory）为解释这种争议提供了一个合理的分析框架。该理论从需要满足、目标匹配和结果类型等方面进行区分将个体动机分为促进焦点（promotions focus）和预防焦点（prevention focus）两类，并认为不同类型的调节焦点对知识搜索时机决策倾向及决策规律产生影响（Chen，2008）。综合来看，对新创企业而言，在实时绩效反馈结果的诱发下，管理者不同的情境调节焦点将对其搜索时机决策产生不同的影响（Nadkarni & Barr，2008；Salge，2012；奉小斌和洪雁，2016）。

四、平行搜索的动态演进及风险研究

（一）动态演进相关研究

有关平行搜索动态演进的研究主要集中在组织惯例和动态博弈两方面：

（1）学者们从组织惯例角度探讨企业决策行为的动态演进机制。有学者从惯例视角研究管理认知对企业行为或组织能力的影响机制（见图1-9），主流范式是"管理认知→企业行为→企业绩效"（Eggers & Kaplan，2009）。已有学者开始关注路径依赖、惯例、组织柔性等要素对企业获取与保持静态优势的作用，如加维蒂和莱温萨尔（Gavetti & Levinthal，2000）研究了管理认知和惯例间的关系，并将管理认知和惯例理解为"回顾过去"与"展望未来"的差别。惯例是基于经验的学习，具有"回顾过去"的特征，而认知提供一种展望未来的学习方式，这种方式基于战略决策者对事物的认知所作出的评价。惯例的概念源于演化经济学，管理认知决定企业信息的搜索、信息解释、信息过滤以及战略决策等（尚航标，2010）。如纳德卡尼和巴尔（Nadkarni & Barr，2008）经过实证研究认为，战略决策者的管理认知对某一个概念的聚焦程度，决定着企业对环境中概念变化的关注与理解，并影响企业对该概念变化的战略回应。该方面研究也存在一定的局限性，如动态环境下，市场不完备和有限理性决策对战略决策者管理认知有何影响，并且现有对企业战略反应速度的研究尚未纳入有限理性的分析。

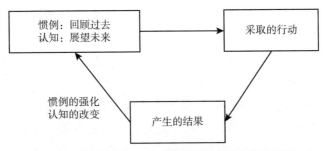

图 1-9　基于惯例视角的管理认知对搜索战略影响

资料来源：加维蒂和莱温萨尔（Gavetti & Levinthal，2000）。

（2）平行搜索的动态决策属于竞争互动理论的重要分支，学者们从博弈论角度进行此类研究探讨。竞争互动研究对手在同一市场上如何实施多次交锋问题（Karagozoglu & Fuller，2011），如陈和麦克米兰（Chen & MacMillan，1992）从博弈角度提出防御者的"进攻—反应"的博弈模型，考虑了一对一互动对手的回应。蓝惠芳（2011）从行为层面、结构层面和环境层面探讨企业间竞争互动的演进，郭毅等（2006）以中国液态奶市场为例，解释组织间的相互学习和交互模式不仅能使企业继续控制市场，还能进一步刺激消费与扩大需求。但是，以往博弈模型对企业竞争互动的研究，主要基于价格、产量和市场的决策，如伯特兰德（Bernard）模型、古诺（Cournot）模型、霍特林（Hotelling）线性市场模型、斯塔克伯格（Stackelberg）产量领先模型等（盛昭瀚和蒋德鹏，2002；谢识予，2002）。对产业内企业竞争互动的博弈研究，通常基于计算机模拟仿真或建立演化模型分析，但现有集群竞争的博弈模型较多假定企业间实力是相当的（高闯和潘忠志，2006；李庆满等，2013），并且搜索时机选择内隐在知识搜索策略中。然而，新创企业在竞争互动中面临较大的不确定性和创新压力，如有研究发现通过混合柔性技术博弈能提升新创企业的生存能力（曹国昭和齐二石，2015）。奉小斌和周佳微（2017）围绕集群新创企业与在位企业多阶段竞争条件下的"搜索—反应"问题，通过重复博弈和演化博弈建模发现新创企业平行搜索的动态演化规律和均衡路径。

（二）平行搜索风险相关研究

平行搜索虽然能够给新创企业带来一系列即时竞争优势，但因竞争行动容易招致对手的防卫或反击而存在各种风险（Chen & Hambrick，1995；Katila & Chen，2008）。一方面，企业跨界搜索过度导致"能力陷阱"或"失败陷阱"（Levinthal & March，1993；Ahuja & Lampert，2001）、知识搜索失效（Petruzzelli et al.，2011）、知识消化吸收障碍（Van Wijk et al.，2008）等各种风险。另一方面，在动态竞争中，竞争对手的搜索行动将给目标企业的搜索活动带来诸多不确定性，如新创企业受到内部在位竞争者利用本地网络优势对其进行知识封锁与绞杀、跟随模仿集群领导者的产品或技术而招致知识产权纠纷等风险（Szulanski，1996；李柏洲等，2014）。此外，在行业内部，由于在位者对核心技术、产品市场和关键供应网络的控制，在考虑成本约束下新创企业倾向选择成熟技术知识和定位竞争对手的现有市场，从而导致竞争对手与新创企业之间的非对称正面竞争（Ferrier et al.，1999；杨皎平等，2012）。但是，现有研究更多从探索与开发两类搜索失衡角度来探讨企业跨界搜索及其可能引发的风险，以奉小斌（2015）等为代表的学者，对考虑竞争对手搜索行动及回应下的平行搜索风险如何有效识别、度量进行了探索性研究。

第四节　总结与评述

综上所述，以往关于平行搜索相关研究至少在以下五个方面尚需拓展：

第一，现有对创新搜索的研究忽视了竞争情境下企业间平行搜索的动态性、开放性及竞争互动性等重要特征（Katila & Chen，2008），并且较少探讨管理者对外部环境解释与组织搜索时机选择的关系。平行搜索适应动态市场环境与非线性的竞争趋势，并将企业知识搜索的收益视为自身搜索策略及相对竞争对手搜索时机的函数（Boudreau et al.，2008；奉小斌，2015）。本书基于竞争互动视角，综合运用创新搜索、先行优势和后动优势、时间竞争等理论，探讨新创企业相对对手创新搜索行动的时机选择对新创企业的产品创新绩效的影响，深入挖掘平行搜索概念内涵及维度结构及其对创新绩效的影响机理。此外，在实践中管理者每天需要对不同事件或发展趋势作出自己的评价，以解决组织面临的问题或决定组织发展战略对策（Dutton et al.，1983）。管理者解释是管理者通过一系列选择性认识和简化手段来理解外部环境的过程（Dutton & Jackon，1987）。杜顿和杰克逊（Dutton & Jackson，1987）最早在战略管理领域总结了"威胁解释"与"机会解释"。在此基础上，查托帕德亚等（Chattopadhyay et al.，2001）研究了组织冗余资源、组织的战略类型与管理者解释等变量如何影响创新策略。然而，在前人关于管理者解释与组织战略的应对策略研究中，少有研究探讨管理者对外部环境的解释与组织外部创新搜索策略的关系。

第二，已有研究围绕"搜索什么知识""到哪搜索知识"以及"如何搜索知识"等问题做了系统探究，但很少从搜索时机（或时间）角度探究相对竞争对手的平行搜索对创新绩效的影响机制及中介路径（奉小斌和王惠利，2017），并且考虑管理者对外部环境的解释及行业竞争强度情形下，新创企业何时搜索知识有待进一步挖掘。同时，在不确定环境下，企业可能更多依赖临场发挥和适时行动来解决突发问题（即预想之外的事件）（李笑男和潘安成，2010）。信息技术打破了注重计划制定与实施的传统组织决策行为，建立在认知心理学基础上的传统组织决策行为理论越来越难以解释企业的战略行为（Ezzamel & Willmott，2010）。而且，现有组织行为理论过分强调决策分析与实施的线性联系，严重制约了企业新机会创造和柔性能力提高（Sull，2007），并导致组织错过未曾预期的机会或未能及时处理未曾预期的问题，进而使问题恶化（Miner et al.，2001）。组织即兴（organizational improvisation）普遍存在于预料之外的自发性组织行为，组织行动和组织认知活动的同步性（Vera & Crossan，2005），为揭开平行搜索对产品创新绩效影响的"黑箱"提供了新视角。新创企业平行搜索对产品创新的影响具有情境依赖性，尤其管理者认知因素在上述关系中是否有权变作用尚需实证检验。

第三，尽管众多学者都认同创新搜索对企业创新的正面作用，但是很少有学者从高管团队调节焦点视角，探讨企业历史绩效反馈对搜索时机选择的影响。以往学者对创新搜索研究聚焦于客观时间（如产品上市速度、竞争行动速度、创新周期等）视角，对企业高管团队的主观认知因素相对研究较少，部分研究发现绩效反馈（Iyer & Miller，2008）、CEO 注意力焦点（Salge，2012）可能影响企业的搜索行为。关于绩效反馈对企业决策的影响存在截然不同的两派：一方面，马奇等提出的反复试验学习（trial and error learning）认为，不满意的绩效反馈结果会减少对原先行动的承诺，只有成功的行为才会被复制（Levitt & March，1988）；另一方面，承诺升级（escalation of commitment）研究发现，不满意的绩效反馈结果会导致持续或增多对现行活动的投入（Staw & Ross，1989）。这导致绩效反馈对企业知识搜索行为究竟有何影响存在争议。调节焦点理论为解释这种争议提供了一个合理的分析框架，鉴于平行搜索及其决策选择机制的研究尚缺乏，因而本书将结合企业高管团队对历史绩效的关注与调节焦点理论，揭示新创企业平行搜索促进产品创新的机理。

第四，新创企业平行搜索已经引起学术界关注，但是国外有关新创企业搜索的研究大多局限于专利引用数据而国内依赖问卷调查数据，专利引用及申请情况并不能客观表征平行搜索的水平、方向及动态演化规律。以往博弈模型对企业竞争互动的研究，主要基于价格、产量和市场的决策，如伯特兰德（Bernard）模型、古诺（Cournot）模型、霍特林（Hotelling）线性市场模型、斯塔克伯格（Stackelberg）产量领先模型等（盛昭瀚和蒋德鹏，2002；谢识予，2002）。而后，有研究提出纵向差异化与质量竞争等模型，诸多学者通过放宽原始模型的假设条件，如考虑消费者不同偏好、消费者分布密度、技术创新等条件下企业竞争互动的决策问题（胡荣等，2010）。同时，以往针对集群网络的研究发现其具有自组织能力、开放的、动态演化的适应性系统，但是企业竞争互动的研究较多假定企业间实力是相当的，并且企业平行搜索的时机选择内隐在创新搜索策略中。新创企业与在位企业的互动随竞争关系发展而动态演化，为了揭示博弈情境下新创企业如何选择搜索时机，本书将综合运用博弈论建模与模拟仿真方法探索新创企业平行搜索的动态演化机理。

第五，以往研究假定产品创新是企业自发选择搜索策略的结果，搁置了集群企业间的平行搜索等隐性竞争互动（Boudreau et al.，2008），但新创企业平行搜索或将引起在位企业的一系列反应，这些反应又会对新创企业的搜索行为及决策产生重要影响。新创企业平行搜索过度可能导致"能力陷阱"或"失败陷阱"，同时在位企业对新创企业的封杀等风险仍然比较普遍。现有研究更多从探索与开发两类搜索失衡角度来探讨企业创新搜索及其可能引发的风险（奉小斌和陈丽琼，2010），对考虑竞争对手搜索行动及回应下的平行搜索风险缺乏有效识别、度量（Boudreau et al.，2008），并且对如何防范风险缺乏系统性研究。本书将借助 FEMA 及案例分析方法，探究新创企业平行搜索的风险识别、度量及其控制机制。

第二章

新创企业平行搜索对产品创新
绩效的影响研究

第一章的平行搜索文献综述为本书研究奠定了良好的理论基础，针对新创企业平行搜索对产品创新绩效的影响机制问题，本章首先提出平行搜索对产品创新绩效的直接作用以及管理者解释、竞争强度、管理者解释与竞争强度交互对平行搜索与产品创新绩效关系的调节作用，其次收集 215 份浙江战略新兴产业中的新创企业样本数据进行实证分析，进而验证本章所提出的 8 个理论假设。

第一节 研究目的与问题提出

新创企业为我国沿海地区产业集群转型升级注入了新动力，企业嵌入集群本地网络与外地网络的各种联系为其搜索与整合产品创新所需知识提供了先天优势（戴维奇等，2012）。在当前我国经济结构调整和传统产业转型升级的形势下，部分新创企业为避免产品同质化竞争，突破自身资源束缚，主动嵌入集群网络搜索并整合产品创新所需的新知识。囿于集群浓厚的竞合氛围，新创企业面临的创新问题复杂度和时间压力在集群竞赛中日益凸显，企业在创新过程中对外部知识的搜索时机（timing）选择备受关注（Boudreau et al.，2008）。新创企业创新搜索的有效性一定程度上取决于其对竞争对手行为的观察（Wu & Wei，2013），这种综合考虑竞争对手搜索时机，及时对外部搜索环境做出动态预期和对搜索时机作出调整的知识搜索策略亦即平行搜索（parallel search）（Katila & Chen，2008）。平行搜索强调围绕产品创新的学习竞赛，在此过程中新创企业相对对手的搜索时机选择成为一种突破非对称竞争的动态策略。

　　知识搜索对企业产品创新的重要作用已经得到诸多学者的证实，如卡蒂拉（Katila）、劳尔森（Laursen）、吴（Wu）等，并且复杂快变的环境使时机（timing）成为嵌入在搜索战略中的一部分（Katila，2002）。基于时间竞争的产品创新研究中存在两类看似相悖的观点：一类研究强调快速搜索能获取创新先动者优势（first-mover advantage，FMA），如获得技术领先、经验、专利或标准、消费者依赖等优势占领市场，并较对手更快速地对外部环境做出反应；另一类研究对产品创新"快即是好"的观点提出质疑，认为管理者过分追求搜索速度可能导致缺乏对创新过程与时机的理性分析（曹瑄玮等，2011；Berends & Antonacopoulou，2014）。其次，产品创新速度之争还需从平行搜索角度解释，相对对手的搜索时差必然造成组织间产品创新的差异（Katila & Chen，2008），如"排斥效应"和"激化效应"两种截然不同的影响。除此之外，在知识搜索过程中，管理者对外部环境的不同认知，以及焦点企业应对竞争的能力殊异，均会产生不同的创新结果。动态环境下的集群新创企业竞争呈现主动进取、承担风险等鲜明特征，陈等（Chen et al.，2010）少数研究尝试探讨新创企业如何与在位企业竞争，但对搜索时机欠考虑。

　　从上述研究可知，虽然结合时间维度探讨知识搜索的研究已取得一定进展，但集群为观察新创企业平行搜索活动提供了得天独厚的情境，平行搜索也为考察集群微观层面创新活动提供了新视角。首先，鉴于创新搜索研究中以目标企业为中心的潜在理论假定，较多考虑企业知识搜索的内容维度（即"搜索什么"）、认知维度（即"如何搜索"）及搜索空间（即"到哪搜索"），较少关注企业"何时搜索"的搜索时机选择问题（奉小斌，2016）。而在集群环境中，市场重合与资源相似特征加剧企业竞争互动程度，新创企业相对于竞争对手的搜索时机选择对其产品创新的影响有待深入探讨。其次，管理认知理论强调企业对外部搜得知识的整合利用情况受到高层管理者对外部环境的感知与判断的影响，新创企业管理者对外部环境的解释差异必然带来截然不同的创新结果（Liu et al.，2013），平行搜索亦然。再次，基于战略匹配相关理论可知，组织外部搜索战略的成效还取决于行业竞争情境（Abebe & Angriawan，2014），但竞争强度对不同搜索策略的影响机制尚未清晰。最后，行业竞争强度影响管理者对外部环境的感知判断（Warrts & Wierenga，2000），两者之间对平行搜索影响产品创新绩效的关系是否存在联合调节作用值得探讨。综上所述，本章将从组织内部的管理者解释和组织外部的竞争强度角度，探讨不同的平行搜索策略对产品创新绩效的作用机制及影响的边界条件，以期能够拓展创新搜索理论和指导新创企业制定产品创新战略。

第二节 新创企业平行搜索对产品创新绩效的影响假设

一、平行搜索对产品创新绩效的影响

平行搜索是指竞争主体间为了解决类似创新问题而相互竞争进行的知识搜索，其搜索效果是自身搜索策略和相对对手搜索时机的函数（奉小斌，2015，2017）。卡蒂拉和陈（Katila & Chen，2008）从学习竞赛角度，将平行搜索时机分为领先、追赶和同步三种；由于新创企业与在位企业同步竞争难以在时间点上精准同步，并且同步搜索的企业资源和管理认知投入可能不抵收益，此后祖切尼和克里施默（Zucchini & Kretschmer，2011）根据动态竞争理论①，将同步搜索和追赶搜索统一归并为后动者跟随搜索策略。新创企业一方面发挥"竞争行为更灵活、行动更迅速"等优势避开在位者的正面冲击，并在搜索时机选择上抓住战略机遇快速将搜索的知识用于创新（Katila et al.，2012），另一方面考虑资源与成本约束，新创企业难以在创新搜索方面与在位企业保持同步，更佳选择是搜索成熟技术知识和定位竞争对手开拓的市场（Chen et al.，2005；Chen et al.，2010）。为此，借鉴竞争者行为的先动者和后动者划分理论，并参考市场营销领域的先动型与反应型市场导向概念（彭正龙等，2015），本章从领先搜索和跟随搜索两个维度探索新创企业平行搜索。其中，领先搜索是指新创企业领先于竞争对手探索产品创新所需的市场与技术知识；跟随搜索是指新创企业针对对手的现有产品、技术或市场采取追随赶超策略，以获取成熟的产品或技术知识。

新产品开发是一个组织动态学习的过程，通过问题解决方式的搜索可获得与产品开发相关的新知识和市场机会（Atuahene－Gima & Murray，2007）。动

---

① 动态竞争理论指出，产业领导者所获得的收益吸引其他竞争者采取反击行动，以替代领导者的地位。乔治等在《动态竞争战略》中将动态竞争描述为低强度竞争、中强度竞争、高强度竞争和极端竞争这四种状态。在相对动态环境下，竞争优势的建立主要不是基于对环境变化的事先预测，而是基于对环境变化和竞争互动的事后反应，而这种相对被动反应中，创新和速度成为竞争优势的重要来源。

态环境下，环境中的机会转瞬即逝，现有产品和服务推陈出新，企业从外部搜索汲取新知识的速度备受关注（Katila & Chen，2008；Fabrizio，2009；Wu & Wu，2014）。一方面，竞争对手之间的博弈、学习与模仿侵蚀企业的竞争优势，新创企业利用领先搜索时机避开在位者的正面冲击（Katila et al.，2012）。新创企业发挥灵活性优势，侦测腐蚀对手竞争基础的变化趋势，并采取突袭行动分散对手优势资源和延缓对手的反应（Boudreau et al.，2008；马东俊，2012）。领先搜索战略还能帮助新创企业获得新技术知识和扫描新的顾客偏好信息，通过形成更具差异性的问题解决方案，率先占领在位企业尚未涉足的细分市场（Yang & Li，2011）。另一方面，领先搜索有助于建立促进新产品开发的创新氛围，激发新创企业领先对手实施突变式创新（奉小斌，2015）。领先搜索行动引进大量行业外部的异质性知识和资源，并快速将之用于创造更具新颖性的产品，形成"进入者规则效应"为产品创新赢得了先动优势（Yoo & Reed，2015）。对领先搜索的新创企业而言，其速度体现在通过对环境、顾客的快速响应抢先发起挑战，通过对竞争对手的了解来预测其可能采取的反应，并提前采取必要的应对措施（蓝惠芳，2011）。

技术竞赛驱动集群内部竞争互动，集群内部企业间业务与战略的相似性引致激烈的竞争交互和组织间学习。集群内相似的语境使知识聚焦效应发挥得淋漓尽致，新创企业在技术或市场方面通过观察与瞄准竞争对手搭上产品创新的"便车"可能获得降低开发成本、规避风险、借势营销、规避竞争等多重收益（Yoo & Reed，2015），如计算机鼠标由施乐公司发明但苹果公司的获益比施乐更大。对采取跟随搜索策略的新创企业而言，其搜索速度体现在能快速利用先动者所创造的外部正效应，通过"创造性模仿"尽可能缩小与领先者的差距，然后再试图通过改变消费者需求或改变游戏规则获得新优势。一方面，新创企业通过跟随搜索获取集群本地网络中的隐性知识，增加对现有运营领域的熟悉程度，有助于形成更有效的创新要素组合和新的生产组织方式，增强产品改进的效率及解决复杂创新问题的能力（Jason et al.，2014）；另一方面，新创企业通过复制集群内领先企业的独特工艺和成熟技术，利用领先者给集群其他中小企业带来的正外部性，能够减少产品开发的成本与错误率、缩短研发周期，并降低新产品市场开拓风险（Wu & Wei，2013；O'Cass et al.，2014）。由于新创企业的破坏性创新的速度超过了低端市场顾客的使用速度，使得"相对差"的产品在一定程度上变得"足够好"（good enough），以"足够低"的价位满足消费者感知价值的标准（宋琳，2009）。基于此，本章提出如下假设：

假设 H1：新创企业领先搜索对产品创新绩效有正向影响。

假设 H2：新创企业跟随搜索对产品创新绩效有正向影响。

二、管理者解释对平行搜索与产品创新绩效关系的调节作用

在企业管理实践中，面对动态复杂的组织外部环境，管理者随时需要对不同事件或发展趋势做出自己的评价，以解决组织面临的问题或决定组织发展战略对策（陈璐，2012）。根据管理认知理论，可以将组织视为一个解释系统，管理者解释（Managerial Interpretation）就是管理者通过一系列选择性认识和简化手段理解外部环境的过程（Banerjee，2001；White et al.，2003）。管理者为了应对外部环境的模糊性及不确定性，试图通过意义构建（sensemaking）① 和释义（sensegiving）② 过程扫描从外部环境提取重要的管理线索，并根据自身的认知图式对周围信息加以分类整理，在给予不同分类赋予解释标签的基础上形成战略应对措施（Liu et al.，2013）。这种认知分类体系能帮助管理者更有效地储存信息并辅助其就战略决策问题展开与他人的讨论（Sharma，2000）。管理者对外部环境的解释依赖于管理者的知识和经验基础，还依赖于管理者运用相关知识思考问题的方式以及据此做出取舍的考量，所形成的解释往往具有可重复的特性（Dutton et al.，1983；尚航标和黄培伦，2010）。

杜顿和杰克逊（Dutton & Jackson，1987）将管理者对外部环境的解释分为"威胁解释"（threat interpretation）与"机会解释"（opportunity interpretation），高层管理者基于当前事件特征与记忆中机会与威胁典型特征的相似度进行机会与威胁程度的判断。消极或积极的情绪关联（negative-positive）、损失或赢利考虑（loss-gain）、可控或不可控感知（uncontrollable-controllable）三大特征诱发管理者对环境做出机会或威胁的判断，"机会解释"和"威胁解释"属于一个连续统一体上的两端，"机会解释"在某种程度上将外部环境视为积极的，获利的可能性很大，且容易控制，"威胁解释"则与之相反（Dutton & Jack-

---

① 意义构建（sensemaking）由布兰达·德温（Brenda Devin）提出来，该理论认为信息研究应由来源强调转向使用者强调，该理论侧重了解使用者如何解读他们目前所处情境，过去经验以及未来可能面临的情境，以及使用者在所处情境中如何建构意义以及制造意义。

② 释义（sensegiving）最早由韦克（Weick）的释义理论首次提出，它是一种试图影响他人朝某个特定的方向去释意的行为。释义理论主要探讨当人们面临动荡与复杂的环境，经历不确定的状况，人们会在环境中察觉和萃取特定线索，并依自身所持的信念、心理、习惯、常规、内情等去解释线索。

son，1987；White et al.，2003）。将外部环境问题解释为机会或威胁的过程，不仅有助于减少管理者对外部技术与信息的不可预测性，也发挥企业的优势联结将企业的选择性认知通过社交活动或正式交流传递给相关方（Sharma，2000）。面临外部复杂的环境，管理者有可能同时体验到积极的或消极的情绪，管理者的机会或威胁感知也可能同时存在（Folkman & Lazarus，1985）。

当新创企业外部环境被管理者解释为机会时，管理者倾向于采取积极的、冒险的、创新性的搜索决策。一方面，机会认知唤起管理者的积极情绪，增强管理者对未来盈利与战略掌控的信心，加大突破性创新的投入（Ginsberg & Venkataraman，1992；Dutton，1993；White et al.，2003），并促使领先搜索在公司内部获得更大程度的支持。机会预期将管理者的关注点转移到行业新兴技术和公司未来业绩，诱使管理者选择比集群内部其他对手相对领先的搜索战略（Marcel et al.，2011），快速瞄准新的细分市场及拓展现有知识搜索的范围，加快外部技术/市场知识转化为创新产品的速度（Henttonen & Ritala，2013）。另一方面，当管理者面临机会解释时，通过更快识别与理解外部环境增加对外部知识的搜索强度和频次，并积极做好应对环境不确定性的策略（Waarts & Wierenga，2000）。沙尔马和尼关（Sharma & Nguan，1999）通过对生物科技企业的实证研究表明，在不确定环境中，当管理者具有较高的风险偏好时，管理者的机会预期将转化为积极的环境应对策略。新创企业通过快速搜索建立一种与外部资源接触的侦察机制，方便企业利用领先搜索战略准确感知市场变动信息和形成多样化的创新解决方案，从而领先对手开发新产品满足市场需求（张文红等，2014）。基于此，本章提出如下假设：

假设 H3：管理者解释对领先搜索与产品创新绩效的关系起到正向调节作用，即当管理者解释外部环境为机会时，领先搜索与产品创新绩效关系增强。

当外部产品和技术的不确定性较大，管理者从外部环境感知到威胁，此时集群新创企业倾向采取规避风险、保守稳妥的搜索策略以确保创新成效（Dutton & Jackson，1987）。第一，威胁感知导致企业放缓对外部知识的搜索节奏，管理者将资源分配在周期更短、成本效率更理想的产品项目中，通过采取低风险的跟随搜索战略集中获取集群内部对手相近或相似的知识来实施模仿创新（Ozer & Zhang，2015）。根据杰克逊和杜顿（Jackson & Dutton，1988）提出的"威胁偏见"（threat bias）观点，管理者在区分外部环境的机会或威胁过程中，并非完全取决于简单的大脑信息处理模式。管理者对可能存在威胁的参考信息更为敏感，当所获信息不明确时，管理者也倾向于将其视为威胁，这种导向更容易使新创企业管理者选择保守的跟随搜索。第二，根据注意力基础观（attention-based view），管理者对外部环境的威胁感知直接影响他们对战略决策的影响，基于对知识搜索及产品创新风险规避的考虑，管理者倾向加强对竞争对手现有产品和技术知识的开发（Cruz－González et al.，2015）。面对外部威胁时，威胁感知使管理者产生焦虑与压迫感（Staw et al.，1981），管理者倾向通过减少创新的不确定性以降低可能存在的不可控风险，将损失降到最低而非将收益最大化（Sharma，2000）。新创企业在搜索与获取集群外部知识过程中需要投入较长时间进行摸索与试错，对外部产品或技术的模仿式创新降低了搜索成本和搜索结果的不可预测性（Wu & Wu，2014）。基于此，本章提出如下假设：

假设 H4：管理者解释对跟随搜索与产品创新绩效的关系起到负向调节作用，即当管理者解释外部环境为威胁时，跟随搜索与产品创新绩效关系增强。

三、竞争强度对平行搜索与产品创新绩效关系的调节作用

权变理论指出，当组织能力和组织活动与外部环境匹配时，组织绩效才能实现最佳（Yang & Li，2011）。关于环境与绩效的关系，存在两大流派：环境决定观认为行业条件影响战略决策，环境管理观认为组织可以采取不同的战略响应行业条件的变化（Cruz－González et al.，2015）。在组织搜索领域的研究中，为了解释有关变量间的动态影响机制及边界条件，诸多环境因素作为调节变量被引入实证研究中。相对环境不确定性而言，市场竞争强度范围较窄，可以更准确地反映出集群内部的竞争对手数量、价格/非价格竞争程度与产品模仿程度。竞争强度是指一家企业在行业中所面临的竞争压力大小，在竞争强度高的情形下，企业的创新成果可能很快被竞争对手模仿（李文君和刘春林，2011；张文红等，2014）。行业竞争强度衡量的是行业内一家企业对竞争对手生存机会的影响程度（Barnett，1997），这会影响到公司的战略选择（Teece et al.，1997）。

根据战略权变理论，作为一项复杂的企业策略或行为，外部搜索的有效性会受到市场环境的显著影响（Cohen & Levinthal，1990；董振林，2017）。市场竞争强度较高时，行业内价格、促销及产品模仿等竞争活动激烈，顾客需求偏好变化较快，新创企业管理者难以把握市场变化的速度及发展方向（Yang & Li，2011）。新创企业因自身资源匮乏且风险承受能力偏弱，当面临激烈的行业竞争时，采取相对冒进的领先搜索将使企业遭遇对手的关注与攻击，此时新创企业选择保守的、低成本的跟进型搜索战略更为稳妥（Zucchini & Kretschmer，

2011）；当竞争程度处于中等时，企业倾向利用前摄性的市场感知能力监测不同产品市场或识别外部环境中的机会（Yang & Li, 2011）；但是当市场竞争相对稳定时，对跨地域技术或市场知识的领先搜索可能帮助管理者在技术与市场波动中捕捉到新机会，率先推出新产品在主流市场中确立领先地位（Cruz‐González et al., 2015）。基于此，本章提出如下假设：

假设 H5：竞争强度对领先搜索与产品创新绩效关系起到负向调节作用，即当竞争强度越强时，领先搜索与产品创新绩效关系减弱。

产业集群嵌入加剧产品市场和技术市场的竞争强度，激发新创企业模仿对手产品以获得相当的竞争地位。在竞争强度较高时，新创企业需要将高成本和高风险的探索性学习转化为成本风险低的利用性学习，将有限资源配置在开发企业内部已经存在但易被忽略的机会（彭正龙等，2015）。新创企业强化集群内部联系的同时，必须建立差异化的搜索战略避开与在位企业的竞争，当竞争对手研发出新技术或新工艺时，在对手产品知识领域附近跟随搜索容易推出更具竞争力的改进型新产品。如果企业专注于与某些特定渠道的深度知识搜索，获得更多的是对现有知识的深化（Dyer & Nobeoka, 2000），由此可以促进企业产品成本的下降及运营效率的提升。相反，市场竞争强度较低时，新创企业对集群内部在位企业的持续跟踪学习，容易因市场空间和知识基础的重叠形成"功能性锁定"和"认知锁定"，限制新创企业对外部新技术或新市场领域的探索，并忽略外部市场或顾客偏好的急剧变化（Wu & Wei, 2013）。基于此，本章提出如下假设：

假设 H6：竞争强度对跟随搜索与产品创新绩效关系起到正向调节作用，即当竞争强度越强时，跟随搜索与产品创新绩效关系增强。

四、管理者解释与竞争强度的双重调节作用

在传统的动态竞争 SCP（结构—行为—绩效）或 ABC（动因—行为—结果）范式下，企业的竞争行为受到环境的影响（Yang & Li, 2015）。同时，市场信号理论认为，竞争环境中的市场信号影响高层对竞争对手行为的注意力配置以及对这些行为的解释，并进一步影响企业对竞争对手的反应（Marcel et al., 2011）。因此，在前文分别考察竞争强度、管理者解释对新创企业平行搜索与产品创新绩效关系的单一调节作用的基础上，本章将进一步考察在竞争强度不同的情况下，管理者对环境的解释对二者关系的联合调节效应。

行业竞争强度一定程度上反映了企业生存的风险程度，外部事件特征影响

管理者的机会或威胁感知，进而作用于企业的竞争反应（Waarts & Wierenga，2000）。当行业竞争强度较大，意味着集群内部企业间产品差异化程度较小，企业对市场和客户的争夺相对激烈，外部环境中的竞争威胁在新创企业管理者眼中倾向被放大（Waarts & Wierenga，2000）。同时，囿于知识搜索的资源和能力有限，且出于搜索成本和风险规避的考虑，新创企业在动态竞争条件下难以通过"事前决策"制定前瞻式竞争战略（Cruz－González et al.，2015），此时管理者倾向于制定保守、跟进型的，而非冒进、领先型的创新搜索策略。根据"威胁偏见"（threat bias）观点，当管理者面临威胁时，容易形成刻板效应，倾向采取规避风险的、保守稳妥的战略决策以减少损失（Staw et al.，1981；Jackson & Dutton，1988；Sharma，2000）。集群内部竞争强度对管理者解释外部环境具有一定的强化效应，新创企业的特性使其战略决策者对外部环境的感知与理解环境变化更为敏感，从而削弱领先搜索与产品创新绩效的关系，增强采取跟随搜索战略的决心。基于上述分析，结合假设 H3、假设 H4、假设 H5、假设 H6 的推导，本章提出如下假设：

假设 H7：竞争强度和管理者解释对领先搜索与产品创新绩效关系起到联合调节作用，即当竞争强度越强时，管理者解释对领先搜索与产品创新绩效关系的调节作用越小。

假设 H8：竞争强度和管理者解释对跟随搜索与产品创新绩效关系起到联合调节作用，即当竞争强度越强时，管理者解释对跟随搜索与产品创新绩效关系的调节作用越大。

综合上述理论分析，可以得出如图 2－1 所示的概念模型。

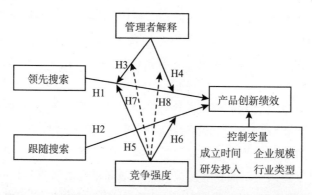

图 2－1　新创企业平行搜索对产品创新绩效影响的概念模型

第三节 研究方法

一、研究样本和数据采集

本书通过抽样调查获取样本，具体抽样程序遵循荣泰生（2005）提出的抽样程序。首先，抽样母体定义为浙江省内新能源、新材料、生物医药、软件等战略新兴产业集群中的新创企业，主要考虑到科技型企业知识学习与创新活动更为显著（Liu et al.，2013）。本书采取问卷调查方式搜集数据，调查样本选取符合以下要求：①新创企业从建立到稳定成长通常需要 5~8 年，故将成立 8 年以内的新创企业作为本研究的调查对象；②企业业绩保持稳定增长，对产品创新有实质性投入；③未来具有一定的增长潜力。其次，本研究的抽样框根据浙江省质监系统和经信委系统集群新创企业名录构成，并且抽样单位定位在企业层面的研究，问卷发放对象主要为企业高管团队或研发经理。再次，抽样方法遵循简单的随机抽样原则（王重鸣，2001），鉴于大样本调研难度较大，本土情境下多种因素限制研究者进行完全随机抽样，本书选择便利抽样为主，并制定了详细的问卷调查计划（涵盖调研时间、电话预约等方式确定企业联系人、问卷发放与回收方式、问卷填写要求及问卷发放过程中可能出现的问题及应对策略）。最后，鉴于 SEM 建模需要一定数量的样本，巴戈齐和易（Bagozzi & Yi，1988）认为样本数量不少于 50 个，最好达到估计参数的 5 倍以上。参考侯杰泰等（2004）建议结构方程建模需要 100~200 个样本，同时考虑黄芳铭（2003）也指出样本太大也会使最大似然估计方法（maximum likelihood，ML）变得非常敏感，并使拟合度指标变差。为此，本书预期确定 200 个左右的有效样本。

2014 年 6~10 月，我们随机向企业高管团队或研发经理发放 600 份问卷，剔除填写不完整和有规律的无效问卷后得到 215 份有效问卷，有效回收率为 35.833%。期间通过三种途径发放问卷：第一种是现场发放，此类问卷主要针对项目团队深度访谈或培训企业发放，并现场向被调查者解答疑问，该部分发放问卷 60 份，回收 52 份；第二种通过 E-mail 等方式发出调查问卷 300 份，通过反复邮件沟通与电话跟催，回收 134 份；第三种委托同学、朋友、亲友协助发放问卷，共发出调查问卷 240 份，回收样本 87 份。根据问卷填写是否完整、问卷填写是否存在雷同、问卷填写是否呈现明显规律等特征筛选有效问卷，我们对回收到的 273 份问卷进行检查，剔除了 58 份不符合要求的问卷，最终得到有效样本 215 份。样本企业的主要特征见表 2 - 1，从表中可知样本的分布状况为：大部分样本企业属于 500 人以下的中小企业，少于 300 人以下的新创企业较为典型；大部分被调查企业成立时间为 3 ~ 5 年，且研发投入大于 3% 的企业较多，这可能跟调查对象为高新技术产业集群中的新创企业有关；样本企业的行业主要分布在物联网及服务器、软件及电子商务等战略新兴产业。

表 2 - 1   样本企业的主要特征

特征变量	企业特征	企业数	百分比（%）	特征变量	企业特征	企业数	百分比（%）
企业规模	少于 300	97	45.116	行业类型	物联网及服务器	23	10.698
	300 ~ 500	73	33.953		软件及电子商务	46	21.395
	500 ~ 1000	34	15.814		节能环保	29	13.488
	大于 1000	11	5.116		生物医药	24	11.163
	合计	215	100.000		新材料	28	13.023
成立时间	0 ~ 3 年	45	20.930		高端装备	21	9.767
	3 ~ 5 年	105	48.837		新能源及节能	17	7.907
	5 ~ 8 年	65	30.233		其他	27	12.558
	合计	215	100.000		合计	215	100.000
研发投入	小于 2%	35	16.279				
	2% ~ 3%	78	36.279				
	大于 3%	102	47.442				
	合计	215	100.000				

注：根据问卷调查结果统计。

由于调研采用实地调查、电子邮件、邮寄等多种方式收集与发放问卷，为此需要检验这些调查方法对样本的独立性、有效性等是否产生影响，以验证所有调查是否来自同一样本母体（张玉利和李乾文，2009）。本章通过两种方法对样本数据检验无应答偏差。首先调查问卷拒绝填答者，结果并未发现因问卷设计不妥或者对问卷中相关变量测量的异议等而被拒绝填答的情形。其次，根据阿姆斯通和欧维顿（Armstrong & Overton，1977）建议采用模拟外推法（extrapolation method）检验未回答问卷在背景资料方面的差异性，具体操作是将后面回收的一半问卷与前面回收的另一半问卷进行方差检验。为了评估非被试者可能引起的偏差，通过对参加调查和没有回应的企业进行 T 检验，未发现两类企业在规模及企业年龄上有显著差异。

由于调查问卷题项大部分采用李克特量表测量，问卷填写者需要根据自己对题项的主观评价完成问卷，这难以避免出现数据结果偏差影响问卷测量的客观性和准确性（奉小斌，2013）。本书借鉴弗勒（Fowler，1988）的建议，从四个方面采取措施降低回答者偏差[1]对本研究的影响：第一，尽量选择在被调查企业工作两年以上的高层管理者或研发经理填写问卷；第二，本问卷所涉及的题项时间跨度不超过三年；第三，本问卷强调学术性，并承诺为问卷填写者提供信息的保密责任与义务；第四，本问卷广泛征求学术界和实业界的专家意见，并根据预测试情况调整与优化问卷表述和措施，排除表述不清或存在歧义的题项。

共同方法变异（common method variance，CMV）是因为数据来源或评分者一致、相同的测量环境、项目语境或项目本身特征所造成的自变量与因变量之间的人为共变（Podsakoff et al.，2003），这种自变量与因变量之间的人为共变会对研究结果及结论产生误导（周浩和龙立荣，2004）。在预防共同方法变异问题（CMV）上，首先将调查问卷设计为两个独立部分：第一部分主要包括自变量和调节变量，第二部分为因变量，被调查企业中至少邀请两名中高层管理人员参与，随机安排他们完成问卷内容。事后采用 Harman 单因素[2]检验来判断是否存在严重的共同方法变异，通过对所有自变量、因变量进行因子分析，结果得到了 5 个特征根大于 1 的因子，共解释了 74.210% 的总变异，其中最大因子的解释力仅为 28.142%。因此，可以判定 CMV 对本章研究结果没有产生很大的影响。

---

[1] 回答者偏差最常见的是社会称许性（social-desirability bias），指个体对社会赞赏、社会认同的渴望与追求（Arnold & Reldman，1981）。

[2] 哈曼（Harman）单因素检验技术的基本假设是：如果方法变异大量存在，进行因子分析将会析出单独一个因子，或者析出一个能解释大部分变量变异的公因子（熊伟和奉小斌，2012）。

二、变量测量

本书尽量采用国内外现有文献已使用的量表，通过学术会议的专家讨论及问卷预测试等方式适当加以修订与完善。问卷量表开发过程中，遵循了常用的双向回译（back-translation）方法（Brislin，1986），首先将原始的英文测量题项交由两位精通语言并对中国国内相关领域研究有着丰富经验的研究人员翻译形成中文题项；其次，为避免文化偏差以确保问卷效度，邀请两位语言学博士独立将翻译后的中文量表重新回译为英文，并考察对比翻译前后的表述差异；最后，量表经过课题组成员反复讨论，问卷初稿在杭州某高校举办的中高层培训班和浙江某高校 MBA 学员中进行了小样本测试。结合相关文献最终确定平行搜索的 8 个测量条款，管理者解释、竞争强度和产品创新绩效分别为 4 个测量条款，量表采用 Likert 7 级，1 分表示"完全不符合"，7 分表示"完全符合"，具体每个变量的测量内容如下。

因变量。产品创新绩效难以用单一指标加以全面又准确地衡量，战略管理学者强调使用多个指标衡量创新绩效（Venkatraman & Ramanujam，1986）。学术界大多采用企业专利数据、新产品销售额或市场份额对产品创新绩效加以衡量，鉴于以往研究证实产品创新绩效的主观评价与客观评价具有显著相关性（Yang & Li，2011）。产品创新绩效参考布朗和艾森哈特（Brown & Eisenhardt，1995）、阿图亚涅－吉马和穆雷（Atuahene－Gima & Murray，2007），从创新质量与速度两个方面测量产品创新绩效[①]，并结合相对于竞争对手的比较，具体包括：目标企业相对于竞争对手"新产品具有更大的新颖性""新产品的开发速度非常快""新产品开发数量非常多""产品上市成功率更高""新产品成本更低"和"新产品产值占销售比重更高"6 个测量题项。为了确保测量的效度，本书还要求被调查者报告企业每年实际开发新产品数量及平均开发周期这两个数据，通过相关分析发现这两个数据分别与被调查者主观评价数据显著相关（分别为 $r_1 = 0.37$，$p_1 < 0.01$；$r_2 = 0.34$，$p_2 < 0.01$）。

解释变量。新创企业有必要综合考虑到竞争对手搜索时机与战略，并及时对外部搜索环境作出动态预期和调整的知识搜索方式，亦即平行搜索（parallel

---

[①]　鉴于中小企业中专利指标数据相对较少，尤其发明专利更为稀缺，本书对新创企业产品创新绩效的测量更多测量其他结果性指标。

search）。关于创新搜索的测量，卡蒂拉和阿胡贾（Katila & Ahuja，2002）利用企业重复利用前五年专利数据的次数总和比上当年专利数量来测量知识搜索深度；搜索广度则采用企业当年引用专利中新出现引用专利数量与当年专利的数量的比值进行测度；劳尔森和索尔特（Laursen & Salter，2006）通过对企业利用 16 种外部知识源的情况统计，来测度企业知识搜索的深度与广度，前者是指企业利用知识源的程度，后者是指企业利用知识源的数量。但是，使用专利或专利引用情况作为产品创新和知识搜索的表征指标存在一些重要缺陷，例如，专利反映发明活动的同时，也反映了企业对技术的独占性（Teece，1986；Chesbrough，2003）；而且，在中国情境下，许多中小企业处于对自身技术或商业机密的保护而不愿意申请专利，所以专利申请与引用情况只能部分反映企业知识搜索活动情况（Laursen & Salter，2006；陈学光等，2010）。因此，本书对平行搜索的测量借鉴了劳尔森和索尔特（2006）、卡蒂拉和阿胡贾（2002）、丁树权（2007）、陈学光等（2010）等研究。

为此，本书参考朱朝晖和陈劲（2008）、奥卡斯等（O'Cass et al.，2014）研究，综合考虑竞争对手在现有产品或市场上的搜索状况，分别采用 4 个题项测量领先搜索（LSearch）和跟随搜索（FSearch），其中领先搜索用"在新市场和新顾客群体中发现新机会""开发竞争对手所不具备的产品特征""发现满足顾客需求的新方式""发现对手不具备的产品开发新工艺"测量；跟随搜索用"加强公司现有产品在市场中的竞争地位""追随对手改进现有产品的生产效率""追随对手改进现有产品的质量""追随对手改进现有产品的开发过程"测量。

调节变量。管理者解释（MI）采用阿图亚涅－吉马和杨（Atuahene－Gima & Yang，2008）、陈璐（2011）的量表，他们的量表在怀特等（White et al.，2003）基础上增加了两个反映环境控制程度知觉的题项，与杜顿和杰克逊（Dutton & Jackson，1987）所定义的"机会解释"和"威胁解释"更相匹配。将管理者对外部环境的"机会解释"和"威胁解释"视为连续统一体（continuum）上的两端，分别用"总体环境对公司发展是积极的""公司能够从市场获得巨大收益""公司能够利用现有资源控制外部局势""市场的总体环境对公司是机会"加以测量，总体评价符合程度越低（如"不符合""完全不符合"等）表示管理者对外部环境的威胁解释，反之为机会解释。竞争强度（CI）参考杨和李（Yang & Li，2011）的量表，主要从"所在行业竞争激烈""行业内企业开展价格战""行业新企业进入容易""本行业产品容易被对手模仿"四个方面测量。

控制变量。根据现有研究，①企业员工数（*Size*）一定程度上反映其规模，不同规模企业对创新绩效产生不同影响，用员工总数取自然对数加以控制；②企业成立时间（*Age*）长短会对创新绩效产生影响，采用其自然对数作为控制变量；③企业研发经费投入强度（R&D）直接关系到企业的吸收能力大小，以研发投入占销售额的比重取自然对数作为控制变量（Jason et al.，2014）；④考虑到平行搜索及产品创新在不同行业（*Industry*）的差异性，参考以往研究重点考察本章研究中的信息技术行业（0）与非信息技术行业（1）之间产品创新绩效的差异性（Lee et al.，2011）。

三、样本的信度与效度

（一）CFA 指标选择

为了构念模型的合理性与有效性，本书根据以往研究采用拟合指数评价和选择模型。在验证性因子分析（CFA）过程中，通过分析模型拟合程度来判断测量模型的有效性。通常，研究者使用较多的绝对拟合指数有 χ^2（chi-square test）、χ^2/df（df）、RMSEA（Root Mean Square Error of Approximation，近似误差均方根）、GFI（Goodness – of – Fit Index，拟合优度指数）和 AGFI（Adjusted Goodness – of – Fit Index，修正拟合优度指数），相对拟合指数主要有 NFI（Normed Fit Index，标准拟合指数）、TFI（Tucker – Lewis Fix Index，非规范拟合指数）、CFI（Comparative Fit Index，比较拟合指数）等（侯杰泰等，2004）。在验证性因子分析与 SEM 建模前，需要筛选模型的整体拟合度指标，本章采用以下几个指标：

卡方指数（χ^2）。χ^2 指数是各种拟合指数的基础，其他各种指数多是它的各种形式的修正。χ^2 指数可用来恰当反映模型的拟合优度，但是当参数过多（或过少）时，样本容量直接影响 χ^2 值及其检验结果（侯杰泰、温忠麟和成子娟，2004）。为了降低对样本数量的敏感性，有学者建议用 χ^2/df 指标来评价模型拟合度，当 χ^2/df 指标值介于 2～5 时，可以接受模型。

近似误差均方根（RMSEA）。在众多指数中，RMSEA 由于受样本容量 N 的影响较小，对错误模型比较敏感，并惩罚了复杂模型，是一个比较理想的拟合指数（侯杰泰等，2004）。一般认为，当 RMSEA 的值不超过 0.05 时，表示理论模型可以接受，模型匹配良好（Steiger，1989）；大于 0.05 且 0.08 时，表明模型拟合较好；而 RMSEA 大于 0.08 小于 0.10，则认为模型拟合一般；大于 0.10 则表示模型拟合较差（黄芳铭，2005）。

拟合优度指标（GFI）和调整拟合优度指数（AGFI）。GFI 类似于回归中的可决系数 R^2，可以据此判断理论模型的变异数与共变数可解释观察资料的变异数与共变数的程度。但是，由于 GFI 也会受到样本容量大小的影响，因此需要同时考虑调整拟合优度指数（AGFI）（黄芳铭，2005）。巴戈齐和易（Bagozzi & Yi，1988）研究认为，当 GFI 和 AGFI 的值大于 0.90，可以判断假设模型拟合良好并且可接受。

标准拟合指数（NFI）、非规范拟合指数（TFI）和比较拟合指数（CFI）。NFI 是理论模型相对于基准模型 χ^2 减少的比例，但是容易受到样本容量的限制（黄芳铭，2005）；TLI 是 Tucker – Lewis 系数，也叫作 Bentler – Bonett 非规范拟合指数（NNFI）。TLI 接近 1 表示拟合良好。而 CFI 是与独立模型比较来评价拟合程度的。一般认为，上述三个指标的值均要大于 0.90 才表示假设模型可以接受（Bagozzi & Yi，1988；侯杰泰、温忠麟和成子娟，2004）。

本书拟采用的拟合指标体系及其相关临界值如表 2 – 2 所示。

表 2 – 2　　　　　　　　　模型整体拟合度评判指标及其标准

类型	简称	指标全称	取值范围	评判标准
绝对拟合指标	χ^2/df	Normed Chi-square	>0	• 其值小于 1.0 时表示模型拟合过度；1.0 ~ 2.0 表示模型拟合良好；大于 2.0 或 3.0，表示模型拟合较差
	RMSEA	Root Mean Square Error of Approximation	>0	• 0.05 ~ 0.08 表示模型拟合不错；0.08 ~ 0.10 时表示模型拟合中度，大于 0.10 时表示模型拟合不好
	GFI	Goodness of Fit Index	0 ~ 1, 可能 <0	• 其值需大于 0.9，越接近 1 越好
相对拟合指标	NFI	Normed Fit Index	0 ~ 1	• 其值大于 0.9，越接近 1 越好
	TLI	Tucker – Lewis Fix Index	0 ~ 1	• 其值大于 0.9，越接近 1 越好
	CFI	Comparative Fit Index	0 ~ 1	• 其值大于 0.9，越接近 1 越好

资料来源：根据巴戈齐和易（Bagozzi & Yi，1988）、黄芳铭（2005）等资料综合整理。

（二）测量效度

收敛效度又叫聚合效度，主要是指不同观察变量是否可以用来测量同一个潜变量，即测量同一潜变量或维度的各个题项之间的相关性。对收敛效度的检验主要通过平均变异数抽取量（AVE，average variance extracted）进行测量，AVE 是可以观察到项目的总变异量被潜变量解释的百分比，其要求测量条款的解释力大于误差的方差（Carmines & Zeler，1979；Fornell & Larcker，1981）。一般认为，AVE 的最低标准为 0.50，表示误差的解释小于测量条款（Bagozzi & Yi，1988）。AVE 的计算公式如下：

$$AVE = \frac{\sum \lambda^2}{\sum \lambda^2 + \sum \varepsilon_j} \tag{1}$$

其中，λ 是测量题项在潜变量上的标准因子载荷量，ε_j 是第 j 项测量项目的测量误差。对因子载荷而言，测量的有效性要求其超过一定的标准，并且在统计上达到显著水平，一般推荐的标准化因子载荷最低水平为 0.40（杨志蓉，2006）。因此，参考拟合指标的可接受标准、标准化因子载荷和 AVE 的临界标准，进行 CFA 分析以检验各个潜变量的收敛效度。

区分效度是指变量的维度结构中某一维度与其他维度在特质方面的差异程度（冯海龙，2009），即不同的测量题项是否测量不同维度。对区分效度的检验有多种方法，如潜变量相关系数法、AVE 的均方根法、因子分析法等（张玉利和李乾文，2009；奉小斌，2016）。借鉴弗内尔和拉克尔（Fornell & Larcker，1981）等研究，我们将不同潜变量 AVE 的均方根与不同变量直接的相关系数进行比较，以检验变量测量的区分效度。如果潜变量与测量条款之间的共有方差大于其他潜变量共有的方差，即两个潜变量之间的相关系数小于 AVE 均方根，即可判断测量具有区分效度（Bagozzi，Fornell & Larcker，1981）。本章研究主要对平行搜索、产品创新绩效、竞争强度和管理者解释进行区分效度分析。

（三）信度与效度检验

本书以 Cronbach's α 系数对量表的信度加以检验，如表 2 - 3 所示，各因素的 α 系数均大于 0.700 的临界值，说明量表具有较好的信度。采用 AMOS 7.0 软件对平行搜索、管理者解释、竞争强度和产品创新绩效分别进行验证性因子分析（CFA），拟合结果如表 2 - 3 所示，各个模型 χ^2/df 值小于 2，GFI、

NFI、TLI、CFI 等拟合指标值均大于推荐值（0.900），RMSEA 小于推荐的标准值 0.100，各个因子载荷系数范围远高于 0.400 的建议标准，且均在 $p < 0.001$ 的水平上具有统计显著性，AVE 均大于 0.500，这说明平行搜索、管理者解释、竞争强度和产品创新绩效具有良好的结构效度。同时，整体测量模型和数据的匹配度很高（$\chi^2/df = 1.819$，$p = 0.000$；GFI = 0.912；NFI = 0.922；TLI = 0.924；CFI = 0.936；RMSEA = 0.058），所有条款的 t 值都显著大于 2，这说明本章的多题项构念具有聚合效度。

表 2 - 3　　　　各个变量的 Cronbach's α 值和 CFA 模型拟合结果

变量	题项数	Cronbach's α	χ^2/df	GFI	NFI	TLI	CFI	RMSEA	CFA 因子载荷范围	AVE
LSearch	4	0.873	1.517	0.924	0.922	0.910	0.913	0.051	(0.671, 0.833)	0.541
FSearch	4	0.861	1.602	0.932	0.915	0.923	0.906	0.064	(0.588, 0.812)	0.572
MI	4	0.835	1.437	0.926	0.931	0.923	0.930	0.046	(0.675, 0.792)	0.544
CI	4	0.848	1.421	0.928	0.923	0.927	0.925	0.042	(0.641, 0.778)	0.548
PIP	6	0.847	1.820	0.903	0.914	0.915	0.928	0.070	(0.556, 0.856)	0.606

结合相关系数可以判断，各个变量之间的相关系数最大值为 0.451，而各个变量的 AVE 平方根远大于变量间的相关系数，表明变量测量具有较好的区分效度。

第四节　研究结果与分析

一、模型构建

大量研究已证实企业知识投入与创新绩效呈现正向关系（马艳艳等，2014）。

$$Y_i = A_i (X_i)^{\varphi} \tag{2}$$

其中，Y_i 表示企业产品创新绩效，X_i 表示创新要素投入，A_i 表示创新效率。A_i 是集群新创企业平行搜索与管理者解释和竞争强度以及其他控制变量的函数，可表示如下：

$$A_i = f(LSearch_i,\ FSearch_i,\ MI_i,\ CI_i,\ X_i) \tag{3}$$

为了检验集群新创企业平行搜索对产品创新绩效的影响，本章根据上文假设和公式（2）、（3），构造了多元回归分析模型来检验变量之间的相互关系。模型建立如下：

$$
\begin{aligned}
PIP_i = {} & \beta_0 + \beta_1 LSearch_i + \beta_2 FSearch_i + \beta_3 MI_i + \beta_4 CI_i + \beta_5 LSearch_i MI_i \\
& + \beta_6 FSearch_i MI_i + \beta_7 LSearch_i CI_i + \beta_8 FSearch_i CI_i + \beta_9 MI_i CI_i \\
& + \beta_{10} LSearch_i MI_i CI_i + \beta_{11} FSearch_i MI_i CI_i + \beta_{12} Size_i + \beta_{13} Age_i \\
& + \beta_{14} R\&D_i + \beta_{15} Industry_i + \varepsilon_i \quad i = 1,\ \cdots,\ n
\end{aligned} \tag{4}
$$

其中，PIP 为产品创新绩效，LSearch MI、FSearch MI 分别表示领先搜索和跟随搜索与管理者解释的交互项，LSearchCI、FSearchCI 分别表示领先搜索和跟随搜索与竞争强度的交互项，MICI 为管理者解释与竞争强度的交互项，LSearchMICI、FSearchMICI 表示管理者解释和竞争强度对领先搜索和跟随搜索的联合调节效应，ε 为随机误差项。

二、描述性统计

本书研究主要利用 SPSS 21.0 统计软件对研究变量进行简单描述性统计和 Pearson 相关分析，从表 2 - 4 可知，本章的自变量和因变量之间存在着较高的显著相关性，为了获得更为稳健的实证证据，下文将借助回归分析检验相关假设。

表 2 - 4　　　　　　　　　　变量描述性统计及其相关矩阵

变量	Mean	SD	1	2	3	4	5	6	7	8	9
1. PIP	4.438	0.452	(0.847)								
2. LSearch	4.512	0.363	0.415***	(0.873)							
3. FSearch	4.315	0.407	0.451***	0.233***	(0.861)						
4. MI	4.417	0.478	0.307***	0.178**	0.093	(0.835)					
5. CI	4.405	0.432	0.132*	0.126*	0.052	0.179**	(0.848)				
6. ln（Size）	6.521	0.775	0.082	0.029	-0.046	0.012	0.023	—			

续表

变量	Mean	SD	1	2	3	4	5	6	7	8	9
7. ln（Age）	4.301	0.813	0.053	−0.066	0.081	−0.064	0.021	0.143*	—		
8. ln（R&D）	1.667	0.448	0.072	0.103	−0.024	0.102	0.067	0.052	0.076	—	
9. Industry	0.557	0.229	−0.144*	−0.128*	0.078	0.034	0.075	0.054	0.019	−0.106	—

注：① $*p < 0.05$，$**p < 0.01$，$***p < 0.001$；②对角线上括号内数值为 Cronbach's α 系数。

三、层级回归分析

在进行多元层级回归分析前，对所有自变量进行中心化处理，然后计算出自变量平方项与调节变量的乘积项，以减少自变量之间的多重共线性（Aiken & West，1991）。回归分析三大基本问题检验结果发现，所有 VIF（方差膨胀因子）值均小于 5，各回归模型的散点图均呈现无序状态，回归模型的 DW 值均接近于 2，因此表明各模型不存在回归三大问题。

表 2－5 是回归分析结果，在回归分析中分析了 5 个模型。模型 1 仅包含了控制变量（企业规模、成立时间、研发投入和行业类型），结果显示方程显著（$R^2 = 0.091$，$F = 3.264$，$p < 0.01$）；模型 2 在模型 1 基础上加入平行搜索及调节变量，结果显示该方程显著（$R^2 = 0.227$，$F = 6.242$，$p < 0.001$），这说明模型 2 比模型 1 的解释度更高；模型 3 和模型 4 分别在模型 2 基础上加入管理者解释和竞争强度的调节交互项，两个方程均达到显著水平，其中模型 3 的解释度提高到 0.293，模型 4 的解释度提高到 0.281，模型 5 将管理者解释和竞争强度的调节交互项以及两者的联合调节作用纳入模型，结果显示该方程显著（$R^2 = 0.368$，$F = 9.041$，$p < 0.001$）。

表 2－5　　产品创新绩效的回归分析：管理者解释和竞争强度的调节作用

变量	模型 1	模型 2	模型 3	模型 4	模型 5	VIF
企业规模（Size）	0.044	0.063	0.061	0.054	0.028	1.126
成立时间（Age）	0.013	0.017	0.016	0.013	−0.016	1.071
研发投入（R&D）	0.026	0.015	0.025	0.029	0.020	1.081
行业类型（Industry）	−0.131*	−0.106	−0.084	−0.092	0.067	1.091
领先搜索（LSearch）		0.306***	0.253***	0.234**	0.171**	1.061
跟随搜索（FSearch）		0.338***	0.261**	0.208**	0.132*	1.086

续表

变量	模型 1	模型 2	模型 3	模型 4	模型 5	VIF
管理者解释（MI）		0.221 **	0.158 **	0.132 *	0.144 *	1.254
竞争强度（CI）		0.074	0.076	0.071	0.052	
LSearch × MI			0.195 **		0.142 *	1.858
FSearch × MI			−0.162 *		−0.090	2.129
LSearch × CI				−0.168 **	−0.127 *	1.971
FSearch × CI				0.151 *	0.103	2.914
LSearch × MI × CI					−0.114	1.562
FSearch × MI × CI					0.129 *	2.726
R^2	0.091	0.227	0.293	0.281	0.368	
ΔR^2	0.091	0.136 ***	0.066 **	0.054 **	0.087 **	
F	3.264 **	6.242 ***	9.510 ***	8.465 ***	9.041 ***	

注：被解释变量为产品创新绩效；表中回归系数为标准化回归系数；＊表示 $p < 0.05$，＊＊表示 $p < 0.01$，＊＊＊表示 $p < 0.001$（双侧检验）；DW = 1.923。

　　假设 1 和假设 2 认为平行搜索对产品创新绩效具有正向影响，模型 2 的结果表明领先搜索和跟随搜索对产品创新绩效的影响为正且显著（$\beta_1 = 0.306$，$\beta_2 = 0.338$，$p < 0.001$），因此假设 1 和假设 2 得到验证。假设 3 和假设 4 认为管理者解释积极调节领先搜索与产品创新的关系，消极调节跟随搜索与产品创新的关系，模型 3 的结果表明领先搜索与管理者解释的交互项系数为正且显著（$\beta = 0.195$，$p < 0.01$），跟随搜索与管理者解释的交互项系数为负且显著（$\beta = -0.162$，$p < 0.05$），因而假设 3 和假设 4 得到验证。假设 5 和假设 6 考察竞争强度对平行搜索与产品创新之间关系的调节作用，模型 4 的结果表明领先搜索与竞争强度的交互项系数为负且显著（$\beta = -0.168$，$p < 0.01$），跟随搜索与竞争强度的交互项系数为正且显著（$\beta = 0.151$，$p < 0.05$），因而假设 5 和假设 6 得到验证。

　　模型 5 的结果表明竞争强度和管理者解释与领先搜索的双重交互项系数为负，但这一影响在统计上并不显著（$\beta = -0.114$，$p > 0.05$），这表明管理者解释对竞争强度的冲击作用有所削弱；竞争强度和管理者解释与跟随搜索的双重交互项为正且达到显著水平（$\beta = 0.129$，$p < 0.05$），因此假设 8 得到验证。假设 7 没有得到验证的原因可能在于，新创企业管理者对外部环境和行业竞争的侦测能力有限，竞争强度通过管理者感知并及时调整领先搜索策略的响应机制未必健

全，同时在此情境下新创企业的领先搜索成果容易被对手模仿。正如本书作者调研中所见，浙江省某高端制造集群中，叉车制造行业市场竞争达到白热化程度，创业5年的A叉车企业管理者对行业发展态势与宏观环境的感知缺乏清晰认知，对某个系列产品的市场搜索决策滞后于竞争对手，从而导致流失部分潜在客户。

四、调节效应分析

为了更直观地揭示交互效应，借助道森（Dawson，2014）等研究提出的简单斜率检验原理，借助画图程序①绘制管理者解释、竞争强度对平行搜索与产品创新绩效关系的调节效应图，分别以管理者解释和竞争强度的均值为界，将大于和等于均值的样本数据分类为高调节组，小于均值的样本数据归类为低调节组，分别绘制交互作用图。

图2-2所示为管理者解释对新创企业领先搜索和跟随搜索与产品创新绩效关系的调节作用，在管理者解释水平较高时（即机会解释），领先搜索对产品创新绩效有正向作用；相反，当管理者解释水平较低时（即威胁解释），跟随搜索与产品创新绩效关系呈正相关，再次验证假设3和假设4成立。与此类似地，可以借助图2-3（a）和图2-3（b）进行调节效应分析，从而验证假设5和假设6成立。进一步地，为揭示管理者解释和竞争强度对平行搜索的联合调节效应，通过绘制调节效应图（见图2-4）可知，竞争强度越高时，集群新创企业采取跟随搜索对产品创新绩效有正向作用，假设8得到验证。

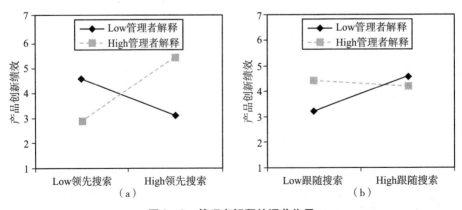

图2-2　管理者解释的调节作用

---

① 详细工具见：http://www.jeremydawson.com/slopes.htm。

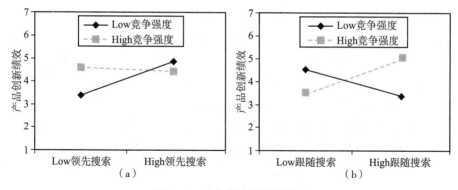

图 2 – 3　竞争强度的调节作用

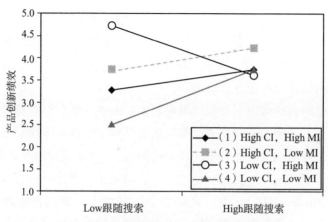

图 2 – 4　管理者联系和竞争强度的联合调节作用

第五节　研 究 小 结

　　本章借鉴组织搜索理论、动态竞争理论及管理认知理论，从领先搜索和跟随搜索两个维度探讨平行搜索的作用机制，并综合考虑管理者对外部环境的解释及竞争强度对新创企业平行搜索决策的影响机理，以我国沿海发达地区的集群新创企业为样本进行实证检验（见表 2 – 6），得到如下结论：（1）平行搜索对产品创新绩效有着正向影响；（2）管理者对外部环境的机会解释正向影响领先搜索与产品创新绩效的关系，管理者对外部环境的威胁解释负向影响跟随搜索与产品创新绩效的关系；（3）竞争强度负向调节领先搜索与产品创新绩效的关系，正向影响跟随搜索与产品创新绩效的关系；（4）竞争强度与管理者解释对跟随搜索与产品创新绩效具有联合调节效应，具体而言，当集群外部竞争强度越高时，管理者对外部坏境的威胁解释更为明显，基于风险规避和损失最小化等考虑更倾向于选择跟随搜索。

本章的理论贡献主要在于三个方面：

第一，本章在传统知识搜索理论研究基础上将搜索时机纳入分析框架，有望弥补以往研究只关注静态的搜索范围、知识基特征、知识类型等因素的缺陷（Katila & Chen，2008；Katila et al.，2012；Wu & Wei，2013）。一方面，本书将企业创新搜索问题置于竞争互动情境下，考察新创企业如何选择搜索时机策略而避开与在位企业的同质化和不对称竞争，从理论上回答了新创企业相对于在位竞争者"何时搜索知识"的问题。以往知识搜索的研究以企业自我为中心，在做出搜索决策时并没有考虑竞争对手的潜在回应，但实证表明：企业采取跟随型搜索策略将会带来更多改进型新产品，而超前搜索策略将会产生更具创新性的新产品（Katila & Chen，2008）。本章研究基于竞争互动理论，将新创企业搜索时机选择置于竞争情境下，充分考虑竞争对手对目标企业搜索选择的影响及搜索时机的竞争，并探讨领先搜索和跟随搜索分别对新创企业产品创新的影响。另一方面，长期以来竞争互动的研究主要针对显性的市场行为（如价格挑战、广告活动、服务竞争、兼并收购等），忽视潜在的技术/市场知识搜索等较为隐蔽的竞争行为，这对动态竞争领域的研究拓展也是非常不利的（Wiggins & Ruefli，2005）。在"超级竞争"环境下，新创企业创新搜索战略的有效性不仅取决于时间的领先性，更主要的是预测竞争对手反应和选择竞争性搜索策略的能力（D'Aveni，1994；冯桂平，2010；程聪等，2015），并通过持续新产品开发响应市场的动态需求。

表2-6　　　　　　　　　本章研究假设检验结果汇总

假设编号	假设内容	结论
H1	集群新创企业领先搜索对产品创新绩效有正向影响	支持
H2	集群新创企业跟随搜索对产品创新绩效有正向影响	支持
H3	管理者解释对集群新创企业领先搜索与产品创新绩效的关系起到正向调节作用	支持
H4	管理者解释对集群新创企业跟随搜索与产品创新绩效的关系起到负向调节作用	支持
H5	竞争强度对领先搜索与产品创新绩效关系起到负向调节作用	支持

续表

假设编号	假设内容	结论
H6	竞争强度对跟随搜索与产品创新绩效关系起到正向调节作用	支持
H7	竞争强度和管理者解释对领先搜索与产品创新绩效关系起到联合调节作用，即当竞争强度越强时，管理者解释对领先搜索与产品创新绩效关系的调节作用越小	支持
H8	竞争强度和管理者解释对跟随搜索与产品创新绩效关系起到联合调节作用，即当竞争强度越强时，管理者解释对跟随搜索与产品创新绩效关系的调节作用越大	支持

第二，尽管环境动态性对企业知识搜索的影响受到广泛关注，但是新创企业高层管理者对外部环境的理解与解释对知识搜索的影响并没有系统研究（Liu et al.，2013）。本章研究结合管理认知和战略管理相关研究，发现管理者对外部环境的解释间接影响组织搜索时机的选择，并将管理者对外部环境的解释视为从"威胁解释"到"机会解释"的一条连续谱，揭示管理者解释对领先搜索和跟随搜索与产品创新绩效关系的不同作用机制，即"机会解释"下选择领先搜索对产品创新更有利，"威胁解释"下选择跟随搜索有助于产品创新。具体而言，其一，"机会解释"对领先搜索的正向调节作用，与陈璐（2011）等研究极为相似。陈璐等（2011）研究发现"管理者机会解释对企业外部知识搜索的广度与深度均有显著正向作用"。机会解释意味着更强的可控性（Jackson & Dutton，1988），但也可能获得收益而不是陷入危险。在机会的框架效应下，管理者倾向于采取进攻行动而意识不到自身的冒险行为（Thomas et al.，1993）。其二，本章研究发现"威胁解释"对跟随搜索的影响与查托帕德亚等（Chattopadhyay et al.，2001）研究保持一致，后者发现管理者的威胁解释可能导致"刻板效应"，揭示出有限理性的新创企业高层管理者根据自身的认知图式选择外部环境信息，并间接影响企业制定相应的行动方案。由于风险一定程度上与收益存在正相关性，新创企业面临威胁情形时选择跟随，可能导致企业错过动态环境中的某些机遇（陈璐，2011）。上述结论表明，新创企业应对外部竞争环境的创新策略并不是直接受到环境的影响，而是取决于管理者对外部环境的解释。本章研究验证了"管理者对环境的解释影响管理者行动"的认知—行动观点（曹瑄玮等，2011），拓展了"机会—威胁"认知框架在平行搜索领域的应用，丰富了管理者解释理论和组织搜索理论。

第三，基于战略匹配相关理论可知，组织外部搜索战略的成效还取决于行业竞争情境（Abebe & Angriawan，2014），但不同研究对竞争强度的作用存在较大差异（张文红等，2014）。本章研究不局限于对平行搜索与产品创新之间建立直接关系，特别分析竞争强度在其中的影响，明确平行搜索的外部作用边界。研究结果发现，竞争强度和管理者解释对跟随搜索与产品创新绩效关系起到联合调节作用，即当竞争强度越强时，管理者解释对跟随搜索与产品创新绩效关系的调节作用越大。这一发现拓展了瓦茨和威仁加（Waarts & Wierenga，2000）对竞争反应与环境方面的研究。基于三维交互效应的考察发现行业竞争强度影响管理者对外部环境的感知判断，本章研究将新创企业管理者因素与产业集群特征有机结合衔接，为全面解释集群新创企业平行搜索决策及其对产品创新的影响机制提供了新的研究方向，深化了对集群新创企业的外部创新情境及内部资源能力的认识。

实践上，本研究对新创企业具有三个方面的管理启示：首先，平行搜索对集群新创企业实现产品创新具有战略意义，企业需要从搜索时机角度重新审视创新搜索策略的选择。对新创企业而言，领先搜索有利于其实施激进式创新，加速开发全新产品和提高产品的市场先占优势，然而跟随竞争对手搜索能够为新创企业降低创新风险和节约产品创新成本，并有利于导入渐进式创新产品。其次，动态环境下新创企业管理者需及时了解政治、经济、法律等宏观政策，通过宏观环境形势的判断与行业内技术市场动态的把握，提升对行业和组织环境的正确感知与解释能力。最后，集群竞争环境对新创企业平行搜索效果存在较大影响，新创企业管理者要学会根据行业竞争态势、技术与市场的动态变化选择合宜的平行搜索策略，获取持续竞争优势。

当然，本章研究也存在一些不足：首先，基于沿海发达地区的集群新创企业的样本数据检验假设可能存在一定局限，未来应该扩大样本搜集的范围及行业，进一步验证本章研究结论的稳健性；其次，产品创新绩效的测量数据可能没有反映外部知识源搜索对产品创新结果影响的"时滞效应"，未来有条件情况下尽量借助纵向数据或企业专利数据验证本研究假设；最后，本章研究限于研究条件主要考虑一对一的竞争对手反应，而集群情境下具有许多异质性的竞争对手，未来研究应该将平行搜索拓展到基于多点竞争互动理论的动态搜索博弈情境（Katila & Chen，2008），考察平行搜索对产品创新绩效的动态影响机制。

第三章

新创企业平行搜索对产品创新
绩效的影响路径

前一章围绕新创企业平行搜索对产品创新绩效的直接影响与权变影响开展
实证研究，一定程度上揭示了平行搜索策略选择对产品创新绩效的影响机制，
但尚未揭示平行搜索影响的中介路径以及调节效应发挥作用的具体阶段。本章
基于"知识—能力—绩效"理论逻辑构建以即兴能力为中介和管理注意力为
调节的多重调节中介效应模型，利用多元层级回归、总效应调节模型和综合调
节回归分析等方法对本章提出的假设模型加以检验，并对检验结果加以讨论。

第一节　研究目的与问题提出

在组织创新过程中，企业已有的知识及技能具有实施基础，但对组织知识
基及惯例的调用存在一定的复杂性（韵江和王文敬，2015；吴建祖和肖书锋，
2016）。当前竞争环境日新月异，理论界对于组织及其内部成员如何抓住稍纵
即逝的机会创造新知识这一问题还尚未引起足够的重视，很重要的一个原因是
组织实现战略变革不能仅仅通过组织学习，还需依赖其他因素。知识的实时创
造与临场发挥被认为是启动组织学习的必要过程，且国外研究者针对"新知识
的创造性发挥"提出了一个新概念——组织即兴（organizational improvisation）。
库哈（Cunha，1999）等学者将组织即兴定义为"随着行动的开展组织及其成
员利用资源对行动概念化的过程"。当前，我国新创企业所处的生存环境极具
动荡性，企业创新知识搜索活动难循事先拟订的计划实施。在此情境下，新创
企业创新活动呈现出对知识搜索的时间敏感性，管理者也因此面临一个新挑

战：如何在企业知识搜索互动过程中，有效运用实时创造与临场发挥来为本企业赢得持续竞争优势（Hmieleski & Corbett，2013；黎赔肆和焦豪，2014；奉小斌和王惠利，2017）。

知识基础观（KBV）认为知识是企业创新的战略资源之一，开放式创新理论强调企业从外部获取知识的重要性（阮爱君和陈劲，2015），沿着该理论逻辑学者们探索了企业平行搜索与创新绩效的关系。基于知识基础观的"知识战略—内部能力—绩效结果"理论范式，发现现有知识搜索作用路径的研究较多聚焦于吸收能力（付敬和朱桂龙，2014）、组织能力（O'Cass et al.，2014）、整合能力（魏江和徐蕾，2014）、能力重构（胡畔和于渤，2017；叶江峰等，2016）、双元能力（肖丁丁和朱桂龙，2017），强调旧知识调用，并用静态能力将知识搜索与创新绩效加以关联。还有部分学者聚焦组织即兴对组织学习的影响过程，强调即兴能推动组织学习、知识革新与创新的发展（Crossan et al.，1996）。已有对知识搜索与创新绩效间关系的权变研究发现，环境动态性（Yang & Li，2011；Cruz – González et al.，2015）、竞争强度（Yang & Li，2011）、技术跨界（Wu & Wu，2014）等外部因素的影响显著。但从内部因素来看，企业是决策者的注意力配置系统（Ocasio，2011），管理者在相关议题（如机会或威胁）和答案（如搜索提议）中有效配置注意力资源，可能影响企业对平行搜索时机的把握及创新绩效的提升（Nadkarni & Barr，2008；Eggers & Kaplan，2009）。

尽管相关研究已取得丰硕成果，然而"新创企业不同的搜索时机选择如何影响产品创新绩效"这一问题尚待解答（曹瑄玮等，2011），竞争互动视角下企业搜索时机的作用机制和边界条件也不明晰。一方面，静态视角下知识搜索作用机制研究，强调知识搜索、获取、重组与利用全过程的线性联系，忽视了新创企业把握未曾预料的机会或提升即时处理问题的能力（韵江和王文敬，2015）。时基竞争（TBC）背景下，即兴的非预期性与创造性在新创企业平行搜索活动中表现尤为突出（Moorman & Miner，1998a；Vera & Crossan，2005），即兴能力理论为揭示平行搜索作用机制"黑箱"提供了新思路。另一方面，基于李等（Li et al.，2013）学者的管理认知理论，新创企业外部知识搜索是一项主动地监测、评估新知识和信息认知的活动，但现有研究过分强调搜索成功的客观因素而忽视管理者在搜索过程中的注意力配置，并且创新过程中即时性与创造性的发挥还取决于管理者对注意力的分配（Vera & Crossan，2005）。总体而言，关于平行搜索时机对即兴能力的影响、平行搜索时机如何通过即兴能力影响产品创新绩效的连接机制的论述还不多见，并且管理注意力在上述关系中的影响也很值得深入研究。

基于上述背景，本章立足竞争互动视角探讨新创企业平行搜索时机选择对产品创新绩效的影响机制。为了揭示内在作用机理，本章从即兴能力方面提出平行搜索时机与产品创新绩效之间关系的中介作用，构建起"搜索时机—即兴能力—创新绩效"的理论逻辑，并考察管理注意力在上述关系中的权变作用，进而通过新创企业的调查数据检验上述假设。研究结果不仅能拓展知识搜索与创新绩效关系的理论视野，还能将知识搜索理论从静态客观视角拓展到动态认知视角，同时对新创企业时基竞争与创新实践提供指导。

第二节　研究假设

一、即兴能力对平行搜索时机与产品创新绩效关系的中介作用

即兴（improvisation）一词源自"proviso"（事先约定），加上前缀"im"，原意是指未经事先规划的行动，最先在音乐、教育和精神病治疗等领域应用，后被韦克（Weick，1998）首次引入管理学领域。即兴能力是组织即兴的具体化（Bergh & Lim，2008）。目前学者们对组织即兴能力的界定大多是"分主题即兴"，研究相对分散，部分学者从计划与执行同时发生的角度来界定组织即兴，如摩尔曼和密内尔（Moorman & Miner，1998a，1998b）将组织即兴界定为"创作和执行在时间上的集中程度"。伯利纳（Berliner，1994）认为组织即兴是"根据未曾预料到的想法对先前的创作和设计进行改编，而且是在特殊的执行条件下进行的改编，并给产品带来独特的特征"。但是，库恩哈（Cunha et al.，1999）学者将"特殊的执行条件"修改为"利用现有资源"，并且建议从能力角度出发强调即兴是一种基于以往实践与重构现有运营能力的一种有意图的创造新事物能力（即兴能力）。这种界定与雷波尼（Leybourne，2006）"基于时间压力，将现有资源与直觉的利用与创造力有效结合，来解决所面临的问题"异曲同工。

组织层面即兴能力是个体即兴行为的系统整合，表现为成员通过非正式形式对难以预料事件采取的积极行动（Moorman & Miner，1998b）。从组织即兴

学习角度理解，即兴能力能够自发配置资源建立起新的营运能力响应紧急与不可预测的环境变化。本章研究综合以往学者对此概念的界定，将即兴能力定义为"用创新的、自发的方式管理未预料到的事件的能力"（Magni et al.，2013；奉小斌和王惠利，2017）。针对即兴能力维度划分，部分学者强调创造与执行的同时发生这一角度归类为"立即反应"（Moorman & Miner，1998a；Weick，1998；Vera & Crossan，2005），强调即兴活动中许多活动必须在线执行。而这种实时的、短暂活动中，组织的反应并不是预先设计的，说明即兴活动具有一定的创造性，因而部分学者强调"意图创造"是即兴活动的一个隐性特征（韵江和王文敬，2015）。即兴能力的两个突出特征包括立即反应（letting go）和意图创造（making do）：前者是指组织在计划步骤或执行中遇到突发事件，在时间压力下根据现有信息立即执行的能力；后者指组织执行任务时，对原来执行方式加以修正，有意识地进行创新与采取新行动（Vera & Crossan，2005）。虽然即兴能力偏离了组织现有实践或知识而产生新知识，但它因无法预先计划故不等同于创新。以往学者发现即兴能力对组织的影响有利也有弊，关键在于如何管理与引导，正确引导可以使组织员工根据经验与掌握的信息采取对组织最有利的行动（Samra et al.，2008）。

传统组织决策理论认为，组织认知活动先于组织行动，但即兴能力强调组织行动和组织认知活动的同步性，即从组织行动中产生新的行动方向与创造新的认知（Cunha et al.，2014）。马鸿佳等（2015）研究发现，在低动态环境下，即兴能力与动态能力均对竞争优势有正向的影响作用，但在高动态环境下，即兴能力对提升企业竞争优势起到了主要作用。面对外部的环境动态性和知识易逝，新创企业通过紧急情形下对新知识的即时搜索来弥补旧知识调用滞后的缺憾，并在外部知识搜集、分析与决策中采取"边行动边决策"的即兴模式（韵江和王文敬，2015）。囿于资源与能力匮乏，新创企业依赖即兴能力重新配置资源应对环境变化，实现以更快速度和更低成本促进外部知识转化为内部创新（Moorman & Miner，1998a；Hmieleski & Corbett，2008）。因此，本章研究将平行搜索理论与即兴能力理论结合起来，尝试探讨新创企业平行搜索如何通过即兴能力影响产品创新绩效。

在时间压力下，新创企业搜索时机与即兴能力中的立即反应和意图创造之间似乎存在天然联系（Crossan et al.，2005）。一方面，领先搜索强调赢得创新先机或对未知领域的探索，新创企业通过扫描与整合新获得的技术与市场信息，结合知识搜索经验对创新问题重新判断，在解读环境的同时审视即时行动方案（Cunha et al.，2014）。领先搜索触发企业及时识别变化中蕴藏的机会与威胁，根据环境信息调整优化行动方向，并迅速配置资源应对当前状况（曹瑄玮等，2011）。另一方面，组织即兴能力作为一种具有实时性、试验性的短期学习形式，经验学习与创造在同一时间发生（Vera & Crossan，2005）。在领先搜索战略中，当面临环境非常事件或缺乏完备的行动计划时，新创企业不得不摒弃原有的经验通过"边想边干"或"边干边想"完成知识获取与转化（Weick，1998）。相对于领先搜索，跟随搜索虽然能规避部分搜索风险和降低搜索成本，但也面临先行者创新频繁及后来者激烈抢占市场两方面的时间压力。因此，跟随搜索在获取行业领域的成熟知识或隐性知识后，一是在复制领先企业经验或程序性知识的基础上，发挥新创企业在不确定性较低环境下的修饰性即兴能力（ornamented improvisation），提高组织即兴的有效性和速度（McKnight & Bontis，2002；Crossan et al.，2005）；二是管理者通过营造试验文化鼓励改进流程或提高效率，利用时间紧迫感触发组织突破思维惯例与提高组织即兴的新颖性（韵江和王文敬，2015），带来独特的技术创意或问题解决方案。

虽然学术界关于即兴能力对组织绩效的影响存在不同意见，但多数认同即兴能力对创新绩效有积极作用（Eisenhardt & Tabrizi，1995）。企业对先前的计划或执行方案进行修改，通过实施适应性行为提升产品的新颖性与创造性，如维拉和克罗森（Vera & Crossan，2005）认为组织成员的创造性改变促进创新绩效。学者们将创新定义为对现有实践和知识的背离，即兴包含一定程度的创造或设计，所以即兴是创新的一种形式，而且是一种特殊类型的创新（Miner et al.，2001）。即兴也仅仅是众多创新形式中的一种，创新可以通过即兴来达到，也可以通过实现计划来达到。即兴能力提高组织对新知识的吸收以及市场/运营柔性，阿克古和林恩（Akgün & Lynn，2002）通过对354个新产品项目的调查，发现即兴能力对新产品快速上市有显著促进作用，并在此后研究中发现即兴对研发周期与新产品成功均有影响（Samra et al.，2008）。对于资源短缺和面临不确定动态环境的新创企业，即兴能力可以帮助它解决突发问题，使创业计划与执行同时进行循环式意义创造（Cunha et al.，2014），运用管理者的创造性与经验处理突发情况。"立即反应"与"意图创造"两大特征被认为是促进组织创新的有效影响方式，立即反应影响企业的创新动机及心智模式，创造性拼凑通过整合、阐释与利用现有资源解决客户需求呈现出更显著的创新结果（Cunha et al.，2014）。基于此，本章研究提出如下假设：

假设 H1：即兴能力在新创企业领先搜索与产品创新绩效之间发挥中介作用，即领先搜索正向影响即兴能力，而即兴能力正向影响产品创新绩效。

假设 H2：即兴能力在新创企业跟随搜索与产品创新绩效之间发挥中介作用，即跟随搜索正向影响即兴能力，而即兴能力正向影响产品创新绩效。

二、管理注意力的调节作用

西蒙（Simon，1947）首先提出有限理性（bounded rationality）假设，对决策者而言信息并非稀缺资源，处理信息的能力才是稀缺资源。注意力是高层管理者最稀缺的资源，由于注意力的有限性、易逝性、高替代性等特征，组织决策的成败取决于管理者注意力聚焦与配置（March，1994）。管理学的注意力与经济学的注意力存在显著差别，经济学中基于理性人的假设对注意力的分析采用分析物品的方法（Ocasio，1997；Davenport & Beck，2000），而管理学中基于有限理性假设，从认知科学角度考察注意力及其配置。在此基础上，奥卡西奥（Ocasio，1997）提出注意力基础观，指出尽管外部环境是影响决策的重要因素，但它首先受到决策者的关注才能进一步在决策中发挥作用。从这个意义上来讲，决策理论也可被称为注意力搜索理论（March，1994；吴建祖等，2009）。决策过程相对而言是一个对面临的情景进行过滤的过程，其结果取决于管理者注意力聚焦在哪些议题（issues）与答案（answer）（Ocasio，2011）。这里的议题是指组织基于对环境的认识需要决策的问题，如机会、威胁等，而答案侧重指备选行动集合，如提议、惯例、项目、规划、流程等。与西蒙只强调决策者个人注意力配置对决策的影响不同，奥卡西奥强调企业是决策者的注意力配置系统，企业决策者的行为处于一定的组织环境中，只有把决策者个人的认知与组织结构结合，才能深入揭示个人、组织和环境之间的交互影响（吴建祖等，2009）。

以往研究大多从内容与过程两个角度界定注意力，前者强调它是与决策相关的占主导地位的刺激因素（stimulus），后者将注意力界定为对刺激因素的关注、编码、解释与聚焦（刘景江和王文星，2014）。认知神经科学领域的学者通过脑成像技术识别出了个体的三种注意力：选择性注意力（selective attention）、注意性警觉（attentional vigilance）和执行性注意力（executive attention）（Posner & Rothbart，2007）。在对跨国公司的研究中，总部或母公司对海外子公司的注意力配置，以及总部的国际注意力配置受到学者关注，并认为母公司对海外子公司的注意力包括支持性注意力（supportive attention）、可见注意力（relative attention）和相对注意力（visible attention）三个维度（Ambos & Birkinshaw，2010；Ambos et al.，2010）。根据管理者对企业外部或内部对象或事务的关注程度，将高层管理者的注意力焦点分为外部与内部两种（Yadav et al.，2007），前者主要指管理者对外部顾客、供应商、行业变化等的关注程度，后者指对组织机构、员工、内部管理等的关注程度。管理者外部注意力与内部注意力是相互独立的，一方面的增加并不表示另一种注意力的减少（张昊等，2014）。虽然正常情况下管理者应该对内部与外部施加等量的注意力，但是由于受到内外部环境的差异影响，管理者的注意力在组织内部与外部之间的配置存在偏向性，尤其企业陷入危机时更多关注外部环境。信息丰富的情境中，管理者面临大量信息，只能有选择地关注信息并做出决策（Bouquet et al.，2009）。注意力在组织内部或外部环境的配置差异反映组织作为一个解释系统的特征，这种差异影响管理与组织认知，进而影响战略行动的制定与实施效果（Nadkarni & Chen，2014；吴建祖和关斌，2015）。纳德卡尼和巴尔（Nadkarni & Barr.，2008）通过将战略决策的经济学观点与认知科学观点结合，为本章研究提供了一个更加全面、科学地理解高管团队战略决策的框架，并为注意力基础观研究提供了新的洞见与方法。

　　开放式创新背景下，企业的创新资源或创意广泛来源于外部利益相关方，过于关注内部将会使企业忽视外部的创新机会与顾客需求的变化（张昊等，2014）。新创企业管理者的注意力具有选择性特征，当面临众多刺激因素时，会将注意力重点配置给予刺激因素相关的任务，这种选择性配置注意力能提高获得有利于判断与行动信息的速度和准确性（Davenport & Beck，2000）。管理者选择聚焦的各个事件取决于个体、组织或产业如何在外部环境中界定这些事件的作用（Fiske & Taylor，1991）。聚焦内部使得管理者对外部信息沟通存在隔离，导致企业对外部新机会反应迟缓，或受资源约束与威胁刚性效应等影响忽视外部环境相关的关键因素（Li et al.，2013）。对于领先搜索的企业，即使从外部发现新机会，一旦新机会在创新调用中的绩效不佳可能导致内部管理分歧或压力，进而使员工逃避探索性搜索的风险，不愿尝试新的方法解决问题（Nadkarni & Chen，2014）。新创企业管理者将注意力聚焦组织内部还会分散企业对外部资源及知识的搜索精力，并不利于公司发现新的细分市场，放缓将外部技术/市场知识转化为内部创造力的速度（Li et al.，2013）。

　　过于关注短期绩效的新创企业，其管理者对绩效低于期望水平（aspiration

level）时，会增加企业问题搜索注意力的配置（Vissa et al.，2010）。还有研究发现，高绩效会提升高管团队注意力的连续性，尤其对企业挖掘性活动的注意力配置（Buyl & Boone，2011）。内部或外部焦点显示的是高层管理者在空间维度上的自由选择权，其在内外部焦点上的关注度差异将影响战略行动及实施（方盼攀，2013）。更多内部注意力的管理者容易将自己与外界瞬息万变的信息隔离，并对新机会的反应变得迟缓。即使管理者接受了外部的信息并进行新机会的引进，内部注意力导向的管理者相对呈现出保守的管理风格（Hambrick et al.，1998）。然而，采取跟随搜索的企业主要通过获取与对手相似的技术或市场知识来实施模仿创新，聚焦企业内部的管理者将外部创新搜索活动与内部股东利益和企业制度衔接，使得企业职能部门间沟通与协作更为顺畅。同时，内部导向的管理者更关注短期绩效，集中资源整合利用搜索到的知识，迫于产品周期更短、成本效率更理想的创新压力，企业内部更容易形成针对外部环境中的机会或威胁采取一致的立即行动或创新解决方案（Yoo & Reed，2015）。

基于此，本章研究提出如下假设：

假设 H3a：管理者内部注意力负向调节领先搜索与即兴能力的关系，即管理者内部注意力处于高水平时，降低领先搜索对即兴能力的正向影响。

假设 H3b：管理者内部注意力正向调节跟随搜索与即兴能力的关系，即管理者内部注意力处于高水平时，增强领先搜索对即兴能力的正向影响。

创新机会与新知识人多涌现在企业外部，需求的不确定性、技术的复杂性及竞争强度都对企业知识搜索时机产生影响（Chandy et al.，2003；Yadav et al.，2007；张昊等，2014）。高层管理者对新技术、新市场的关注而产生更多的紧张情绪，将促使其更好地识别环境中的创新或创业机会，从而激发企业相应的行为（王琼，2013）。管理者对外部环境更大的关注焦点，使企业对顾客需求、市场趋势或竞争行动有深刻的认识和预判，推动企业更快速整合外部知识或技术创新（Liu et al.，2014）。李等（Li et al.，2013）研究发现，高管团队对外部新颖、生动及丰富信息的跟踪与搜索，降低企业陷入"能力陷阱"的风险，并提升对突发问题的解决能力。采取领先搜索的新创企业出于本能更加关注行业技术变革和市场动向，当管理者将注意力重点配置在外部需求、行业变化等方面时，企业能更快、更大胆地将搜索到的知识用于技术或工艺改进，在不断试错的过程中进行原创性产品开发，同时结合行业和市场发展趋势来推动组织层面上的创造能力和动态响应能力（Harmancioglu et al.，2010）。

同时，外部注意力导向的管理者强化了跟随搜索型新创企业对行业环境的洞察力及危机意识，竞争对手的技术封锁和市场竞争压力鞭策企业对搜索的成熟知识或技术进行模仿与超越，并通过开发满足顾客潜在需求的产品赢得细分市场的竞争性进入（Wu & Wu，2014）。对外部环境的关注使管理者更直接地感受到来自竞争者的压力或者客户的压力（Narver，Slater & MacLachlan，2000）。外部注意力主导也在一定程度上降低了组织搜索成本和搜索结果的不可预测性，使得企业对外部不确定环境的感知、解释与应对也更加理性（Cruz - González et al.，2015）。高层管理者对未来更多地关注将使企业整体对未来事件产生更强的意识和预期，这使企业在面对内外界的变动时能及时应对，比如新机会的产生或危机的来临等（王琼，2013）。基于此，本章研究提出如下假设：

假设 H4a：管理者外部注意力正向调节领先搜索与即兴能力的关系，即管理者外部注意力处于高水平时，增强领先搜索对即兴能力的正向影响。

假设 H4b：管理者外部注意力正向调节跟随搜索与即兴能力的关系，即管理者外部注意力处于高水平时，增强跟随搜索对即兴能力的正向影响。

虽然创新过程中即时性与创造性发挥了一定作用，管理者聚焦内部使得企业各种资源被广泛应用于创新活动，但过于聚焦内部限制新创企业同时整合现有资源与外部新资源应对外部不确定性（Caldwell & O'Reilly，2003）。内部焦点的管理者容易将自己与外界瞬息万变的信息隔离，从而使其对新机会的反应变得迟缓。即兴能力依赖的创造性学习并不一定带来创造性的结果，其结果取决于组织成员对复杂与模糊情境的尝试（Drazin et al.，1999）。聚焦组织内部将使得管理者对外部变化缺乏敏感性，忽视组织员工即兴产生的具有潜在市场价值的新想法，期望新产品包含更多创意而延误上市时机，并且时间压力引发的焦虑感会降低员工对创新效能的关注（Crossan et al.，2005）。这是因为对新机会的关注将导致企业内部一定程度的分裂，内部焦点的管理者相对会显出保守的管理风格，从而拒绝冒险及不确定的创新项目（Hambrick，Nadler & Tushman，1998）。同时，高层对内部的聚焦将倾向对现有资源进行调用，而创新项目需要同时兼顾内外部资源的整合协调（Vissa et al.，2010；方盼攀，2013）。相反，管理者对外部倾注更多关心，基于对外部即时环境信息的感知与理解，新创企业内部更容易对未来创新方向及竞争行动达成共识，在最短时间内整合创新所必需的各种有形和无形资源，并找到富有创造性的解决方法（Marcel et al.，2011）。外部注意力还促进管理者站在外部顾客需求角度积极干预或调解公司各个部门间的矛盾，创造性地解决未预期的创新问题与即时捕捉稍瞬即逝的商机，使组织不间断地推出更低成本或更具新颖性的产品或服务

（Caldwell & O'Reilly，2003）。基于此，本章研究提出如下假设：

假设 H5a：管理者内部注意力负向调节即兴能力与产品创新绩效的关系，即管理者内部注意力处于高水平时，降低即兴能力对产品创新绩效的正向影响。

假设 H5b：管理者外部注意力正向调节即兴能力与产品创新绩效的关系，即管理者外部注意力处于高水平时，增强即兴能力对产品创新绩效的正向影响。

综合上述理论分析，可以得出如图 3 - 1 所示的概念模型。

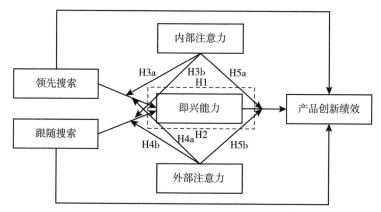

图 3 - 1　新创企业平行搜索时机对产品创新绩效的中介影响模型

第三节　研 究 方 法

一、变量测量

本章研究尽量采用国内外现有文献已使用的量表，通过学术会议的专家讨论及问卷小样本测试等方式适当加以修订与完善。量表经过课题组成员反复讨论，问卷初稿在杭州某高校举办的总裁培训班和 MBA 学员中进行了小样本测试。结合相关文献最终测量条款、量表采用 Likert 7 级，1 分表示"完全不符合"，7 分表示"完全符合"。

解释变量。组织语境下个体行为与组织行动之间通常表现出内在一致性本质，且维拉和克罗森（Vera & Crossan，2005）开发的即兴能力多维量表较摩尔曼和密内尔（Moorman & Miner，1998a）开发的单维度量表具有更高的内部一致性，本章研究主要参考维拉和克罗森（2005）从"立即性"与"创造性"两个子维度来测量即兴能力，立即性用"组织员工在执行任务过程中能够边思考边行动""组织能够立即觉察工作中出现的突发问题""组织对于未预料到的事件，能够立即处理"3 个题项测量，创造性用"组织能够在新的工作过程中识别出对其发展有利的机会""组织会尝试新的方法解决问题，发现新的解决方式""组织员工尝试新主意时，愿意承担风险""组织员工在完成工作时展现出原创性"4 个题项测量。

调节变量。以往研究采用计算机技术从企业年报、高层对外演讲稿、会议记录等二手文件中提取关键词的方法，统计关键词出现频次测量管理者的不同类型注意力（张昊等，2014）。内容分析方法首先应根据研究问题确定一系列与注意力配置有关的关键词，之后通过对企业的相关文件档案进行内容分析（如致股东信、公司年报、董事会会议记录等），得出关键词的出现频次（Kaplan，2008；Tuggle et al.，2010）。这种方法虽然广泛得到应用，并不一定反映不同类型企业在不同时间点的真实行为与管理者的注意力配置（Li et al.，2013），并且对我国大多数尚未上市的新创企业并不适合。问卷测量法相对容易量化调查结果，且便于统计处理与分析，在管理注意力的实证研究中也被广泛应用，如波奎特等（Bouquet et al.，2008）、许晖和郭净（2013）。鉴于此，本章通过一手调查问卷直接测量管理者的注意力，参考张昊等（2014）通过测量管理者对组织机构、员工/职位、股东董事会及内部管理的关注来衡量内部注意力，通过测量管理者对外部顾客的需求及购买率、供应商原料供求、行业变化情况的关注程度来衡量外部注意力。

控制变量。现有研究表明：①企业员工数（Size）一定程度上反映其规模，不同规模企业对创新绩效产生不同影响，用员工总数取自然对数加以控制；②企业成立时间（Age）长短会对创新绩效产生影响，采用其自然对数作为控制变量；③企业研发经费投入强度（R&D）直接关系到企业的创新能力大小，以研发投入占销售额的比重取自然对数作为控制变量（张文红等，2014）；④考虑到知识搜索及创新在不同行业（Industry）的差异性，参考以往研究重点考察本章中的信息技术行业（0）与非信息技术行业（1）之间创新绩效的差异性（Lin & Li，2013）；⑤对创业企业而言，高层管理者所积累的经验来自何种行业对其认知和处理问题产生一定的影响（张昊等，2014），本章研究将管理者的个人行业背景异质性定义为三类：同质行业、同类异质行业及异类异质行业，采用 Blau 指数的计算获得高层管理者行业经验的异质性。

$$H = 1 - \sum_{1}^{3} P_i^2 \tag{1}$$

H 为异质性指标，P_i 是指行业背景属于第 i 个领域的高管团队成员所占比例，H 取值处于 0~1 之间，H 越大表示高管团队的行业经验异质性越强，反之异质性越弱。

二、数据分析方法

本章采用 SPSS 21.0 和 AMOS 7.0 对样本数据进行分析检验。首先，通过信度分析与 CFA 验证性因子分析对量表的信度与效度加以检验；其次，对样本数据进行 AMOS 7.0 路径分析验证直接作用和中介作用假设；最后，利用拔靴法同时纳入即兴能力的中介作用和管理注意力的调节作用加以检验。

第四节　研究结果与分析

一、样本的信度与效度

本章研究以 Cronbach's α 系数对量表的信度加以检验，如表 3 - 1 所示，各因素的 α 系数均大于 0.70 的临界值，且 CITC 数值均高于 0.60，说明量表具有较好的信度。

表 3 - 1　　　　　　　　　各个变量效度检测结果

变量	指标数	α 信度系数	CITC 数值区间	KMO 值	EFA 最小载荷	累计方差解释率（%）	CFA 因子载荷范围	指标相关系数置信区间
领先搜索	4	0.873	(0.713, 0.853)	0.860	0.743	69.138	(0.671, 0.833)	(0.516, 0.721)
跟随搜索	4	0.861	(0.694, 0.842)	0.844	0.671		(0.588, 0.812)	(0.594, 0.747)

续表

变量	指标数	α信度系数	CITC数值区间	KMO值	EFA最小载荷	累计方差解释率（%）	CFA因子载荷范围	指标相关系数置信区间
即兴能力	7	0.904	(0.776, 0.889)	0.882	0.682	58.215	(0.684, 0.878)	(0.518, 0.860)
内部注意力	4	0.785	(0.601, 0.657)	0.715	0.605	63.147	(0.675, 0.792)	(0.578, 0.753)
外部注意力	4	0.806	(0.616, 0.634)	0.787	0.629		(0.641, 0.773)	(0.541, 0.675)
产品创新绩效	6	0.847	(0.618, 0.735)	0.838	0.584	57.582	(0.556, 0.856)	(0.762, 0.886)

因子分析模块发现，量表具有较好的收敛效度（KMO及因子负荷与累计方差贡献率均满足临界值 0.60、0.50 及 50% 要求）。采用 AMOS 7.0 软件对测量变量分别进行验证性因子分析（CFA），各个模型的拟合结果均符合 χ^2/df 值小于 2，GFI、NFI、TLI、CFI 等拟合指标值均大于或接近推荐值（0.90），RMSEA 小于推荐的标准值 0.10，各个因子载荷系数范围远高于 0.40 的建议标准，且均在 $p < 0.001$ 的水平上具有统计显著性，结合相关系数可以判断，各个变量之间的相关系数的 95% 的置信区间不包含 1，表明变量测量具有较好的结构效度与区分效度。

二、多元层级回归分析

采用层级回归分析检验假设，对自变量和中介变量进行中心化处理，具体分析结果见表 3-2。主效应用来检验搜索时机对产品创新绩效的影响，按照线性回归分析步骤，本章首先让控制变量进入到回归方程中，然后再将自变量纳入回归方程。从表 3-2 中可知，企业员工数、成立时间、R&D 强度等控制变量的影响并不显著，行业类型对产品创新绩效的影响为负且显著（β = -0.131，$p < 0.01$），说明信息技术行业的企业产品创新绩效更显著；高管团队的经验异质性对创新绩效具有正向影响（β = 0.089，$p < 0.05$）。模型 2 中加入自变量，发现领先搜索和跟随搜索对创新绩效的影响均为正，标准化回归系数分别为 0.301（$p < 0.001$）和 0.326（$p < 0.001$）。

表 3 – 2　　　　　　　　　　　　　假设检验结果

变量	模型 1	模型 2	模型 3	模型 4	模型 5	模型 6	模型 7
	产品创新绩效	产品创新绩效	即兴能力	即兴能力	即兴能力	产品创新绩效	产品创新绩效
控制变量							
企业员工数	0.044	0.061	0.013	0.014	0.008	0.036	0.035
成立时间	0.013	0.017	0.010	0.011	0.009	0.016	0.012
R&D 强度	0.026	0.018	0.096 *	0.076	0.056	0.024	0.020
行业类型	−0.131 **	−0.106 *	0.027	0.023	0.019	−0.083	−0.075
经验异质性	0.089 *	0.082 *	0.104 *	0.094 *	0.052	0.079	0.069
自变量							
领先搜索（Lsearch）		0.301 ***		0.294 ***	0.191 ***	0.246 ***	0.235 ***
跟随搜索（Fsearch）		0.326 ***		0.287 ***	0.131 **	0.212 ***	0.173 ***
调节变量							
内部注意力（IA）		0.283 ***		−0.126 **	−0.068	0.154 ***	0.124 **
外部注意力（EA）		0.215 **		0.260 ***	0.179 ***	0.103 **	0.135 **
中介变量							
即兴能力（ImA）						0.138 **	0.116 **
交互项							
Lsearch × IA					−0.174 ***		
Fsearch × IA					0.152 ***		
Lsearch × EA					0.130 **		
Fsearch × EA					0.098 *		
ImA × IA							−0.072
ImA × EA							0.121 **
R^2	0.061	0.175	0.087	0.146	0.183	0.194	0.203
F	3.264 **	8.481 ***	4.754 **	10.029 ***	19.077 ***	24.587 ***	31.068 ***
ΔF	—	21.253 ***	—	28.745 ***	50.369 ***	34.651 ***	19.614 ***

注：* 表示 $p < 0.05$，** 表示 $p < 0.01$，*** 表示 $p < 0.001$。

中介效应检验主要分析即兴能力在搜索时机与产品创新绩效之间的中介作用，通过依次在回归方程中加入控制变量、中介变量、自变量和中介变量等方式加以检验①。在主效应检验基础上加入模型检验自变量对中介变量的影响，结果显示领先搜索和跟随搜索对即兴能力均有显著正向影响，回归系数分别为 0.294（$p < 0.001$）和 0.287（$p < 0.001$）。然后将自变量、中介变量同时加入模型6，结果发现领先搜索对产品创新绩效的影响减少但仍然显著（$\beta = 0.246$，$p < 0.001$），跟随搜索对产品创新绩效的影响也显著减少（$\beta = 0.212$，$p < 0.001$）。根据中介效应的检验原理，可知即兴能力在搜索时机与产品创新绩效关系间具有部分中介效应，假设 H1 和假设 H2 获得完全支持。为了进一步检验中介效应的显著性，本书采用拔靴法②对中介作用进行显著性检验，结果表明即兴能力在搜索时机与产品创新绩效之间的中介作用是显著的。假设检验表明新创企业领先搜索和跟随搜索力度越大，企业的即兴能力发挥越好，而即兴学习的过程伴随着企业创新能力提升与企业产品创新绩效的提高。

调节效应用来分析管理注意力对搜索时机与即兴能力、即兴能力与产品创新绩效之间关系的调节作用，模型5中加入管理注意力与领先搜索和跟随搜索的交互项，发现内部注意力对领先搜索与即兴能力的关系具有负向调节作用（$\beta = -0.174$，$p < 0.001$），这说明企业管理者对内部注意力越多，领先搜索越不利于即兴能力的形成，即假设 3a 成立；内部注意力对跟随搜索与产品创新绩效的关系具有正向调节作用（$\beta = 0.152$，$p < 0.001$），假设 3b 成立。类似地，外部注意力对领先搜索和跟随搜索与产品创新绩效的关系影响均显著，据此可以判断假设 4a 和假设 4b 成立。模型7中加入管理注意力与即兴能力的交互项，结果发现外部注意力对即兴能力与产品创新绩效的关系具有显著正向调节作用（$\beta = 0.121$，$p < 0.01$），内部注意力对即兴能力与产品创新绩效关系的调节作用为负但并不显著（$\beta = -0.072$，$p > 0.05$），即假设 5a 没有得到验证、假设 5b 成立。这一定程度上说明新创企业追求超前、开拓、变革等创业精神提高了其对外部事物的包容性（黎赔肆和焦豪，2014），同时，新创企业对内部管理的关注具有双重效应：一方面，内部注意力过高并不限制企业对外部资源的整合利用，高层管理者鼓励员工创新解决问题；另一方面，内部注意力也不能限制即兴能力发挥作

---

① 巴伦和肯尼（Baron & Kenny，1986）提出的三步法检验中介效应较为常见，首先检验自变量与因变量之间是否存在显著关系，其次检验自变量对中介变量的影响是否显著，最后纳入自变量和中介变量同时对因变量的影响效应，如果此时直接效应显著说明存在部分中介，直接效应不显著说明存在完全中介效应。

② 拔靴法（Bootstrapping）是指利用有限的样本资料经过多次重复的抽样，重新建立起足以代表母体样本分布的新样本。

用，尤其互联网时代信息工具为企业关注突发事件或任务变更提供了便利。

三、有中介的调节效应分析

有中介的调节效应用来检验管理注意力与平行搜索时机之间的交互作用如何通过即兴能力的中介作用来影响产品创新绩效问题。本节参考爱德华兹和兰伯特（Edwards & Lambert，2007）提出的"总效应调节模型"和"综合调节回归分析"将中介和调节效应整合到同一个分析框架中，并采用拔靴法精确地刻画多个变量之间的复杂影响关系。总效应调节模型假设存在三条中介路径（前因→中介变量、中介→结果变量、前因→结果变量）均有可能受到调节变量的影响，该模型能准确地找出中介模型受到调节的路径。从表3-3可知：不同内部注意力情境下，领先搜索和跟随搜索对即兴能力的影响存在显著差异，分别为0.169（p < 0.001）和0.151（p < 0.001）。即当内部注意力较低时，领先搜索对即兴能力的影响较强（0.341），而内部注意力较高时领先搜索对即兴能力的影响较弱（0.172），因此可以推断内部注意力在领先搜索和即兴能力之间起到显著调节作用，这进一步验证了假设3a；同理，当内部注意力低时，跟随搜索对即兴能力的影响弱（0.325），而内部注意力较高时跟随搜索对即兴能力的影响较强（0.476），这进一步验证了假设3b。与此类似地，不同外部注意力情形下，领先搜索和跟随搜索对即兴能力的影响也存在显著差异，分别为0.215（p < 0.001）和0.122（p < 0.01），即假设4a和假设4b得到了进一步验证；不同内部注意力情形下，即兴能力对创新绩效的影响不存在显著差异，即假设4a没有得到验证，而外部注意力不同情形下即兴能力对创新绩效的影响差异达到显著，领先搜索模型中差异值为0.116（p < 0.01）、跟随搜索模型中差异值为0.385（p < 0.001），即假设4b进一步得到验证。

表3-3　　　　　　　　　　有中介的调节效应分析

调节变量	领先搜索（X）→即兴能力（M）→创新绩效（Y）				
	阶段		效应		
	第一阶段	第二阶段	直接效应	间接效应	总效应
	P_{MX}	P_{YM}	P_{YX}	$P_{YM}P_{MX}$	$P_{YX} + P_{YM}P_{MX}$
内部注意力低（−s. d）	0.341	0.144	0.082	0.049	0.131
内部注意力高（+s. d）	0.172	0.096	0.238	0.017	0.255

调节变量	领先搜索 (X)→即兴能力 (M)→创新绩效 (Y)				
	阶段		效应		
	第一阶段	第二阶段	直接效应	间接效应	总效应
	P_{MX}	P_{YM}	P_{YX}	$P_{YM}P_{MX}$	$P_{YX}+P_{YM}P_{MX}$
差异	0.169 ***	0.048	0.054 *	0.032	0.124 **
外部注意力低 (-s.d)	0.521	0.487	0.455	0.254	0.709
外部注意力高 (+s.d)	0.306	0.371	0.368	0.114	0.482
差异	0.215 ***	0.116 **	0.087 *	0.140 **	0.227 ***

调节变量	跟随搜索 (X)→即兴能力 (M)→创新绩效 (Y)				
	阶段		效应		
	第一阶段	第二阶段	直接效应	间接效应	总效应
	P_{MX}	P_{YM}	P_{YX}	$P_{YM}P_{MX}$	$P_{YX}+P_{YM}P_{MX}$
内部注意力低 (-s.d)	0.325	0.257	0.258	0.084	0.342
内部注意力高 (+s.d)	0.476	0.209	0.453	0.099	0.552
差异	0.151 ***	0.048	0.195 ***	0.015	0.210 ***
外部注意力低 (-s.d)	0.347	0.501	0.143	0.174	0.317
外部注意力高 (+s.d)	0.469	0.116	0.384	0.054	0.483
差异	0.122 **	0.385 ***	0.241 ***	0.120 **	0.121 **

注: * 表示 $p < 0.05$, ** 表示 $p < 0.01$, *** 表示 $p < 0.001$。

从间接效应和总效应来分析，一方面，不同内部注意力水平下，领先搜索和跟随搜索对创新绩效的总效应存在显著差异（分别为 0.124，$p < 0.01$；0.210，$p < 0.001$），高—低内部注意力情形下领先搜索和跟随搜索通过即兴能力对创新绩效影响的间接效应差异并不显著，其差异值分别为 0.032（$p > 0.05$）和 0.015（$p > 0.05$），但总效应的差异均达到显著，这一定程度上说明内部注意力对搜索时机与即兴能力之间的调节作用并未通过即兴能力间接对创新绩效产生影响；另一方面，不同外部注意力水平下，领先搜索和跟随搜索对创新绩效的总效应存在显著差异（分别为 0.227，$p < 0.001$；0.121，$p < 0.01$），高—低外部注意力情形下领先搜索和跟随搜索通过即兴能力对创新绩效的间接影响显著，且其间接效应的差异值分别为 0.140（$p < 0.01$）和 0.120（$p < 0.01$），这一定程度上说明外部注意力与平行搜索时机之间的交互作用需要通过即兴能力的中介作用实现。

第五节　研究小结

一、研究结论

尽管开放式创新理论引发学术界关于外部知识搜索对企业创新绩效提升的广泛关注（高良谋和马文甲，2014），但从平行搜索时机选择角度探讨知识搜索中介路径及权变作用的文献却很少。针对研究问题"新创企业平行搜索时机选择如何影响创新绩效"，本章研究借鉴组织搜索理论、即兴能力理论及注意力基础观理论，从领先搜索和跟随搜索两个维度探讨平行搜索时机影响创新绩效的作用机制，并综合即兴能力的中介作用及管理注意力在搜索时机与即兴能力、即兴能力与创新绩效关系中的调节作用，以我国沿海发达地区的新创企业为样本进行实证检验，得到如下结论：

第一，基于动态竞争理论将平行搜索时机概念分解为领先搜索与跟随搜索两个维度，并证实领先搜索与跟随搜索均显著影响产品创新绩效。本章研究已有的平行搜索理论基础上纳入搜索时机维度，在支持卡蒂拉和陈（Katila & Chen，2008）等研究结论的同时，也澄清了时间竞争研究中关于知识搜索时机对创新影响的相悖观点。研究结果还发现，跟随搜索对产品创新绩效的影响大于领先搜索，其原因可能是领先搜索对新创企业而言具有较大的风险与挑战（尹苗苗等，2015），这进一步拓展了"领先搜索影响企业获得先行者优势"和"跟随搜索获得对手的知识溢出"等论断（Berends & Antonacopoulou，2014）。本章研究将新创企业创新问题置于竞争互动视角下，考察新创企业如何巧妙选择平行搜索时机而避开与在位企业的同质化和不对称竞争，为解决当前政产学界普遍关注的新创企业创新问题提供新思路。

第二，新创企业需要在知识搜索过程中充分发挥即兴能力对旧知识调用与新知识创造性整合的关键作用，才能促进产品创新绩效的实质性提升。尽管在静态环境下即兴能力因缺少正式的计划性而备受争议（Crossan et al.，2005；Cunha et al.，2014），但当企业对外部环境状况不能成功感知时，即兴能力对企业创新的积极作用逐渐突显。从知识基础观来看，动态环境下新创企业必须重新配置知识吸收与整合能力，外部知识搜索的时间紧迫性促使组织即兴思考与学习，因此企业往往通过平衡发挥动态能力和即兴能力的作用来加快外部知识的搜索与转化效率（韵江和王文敬，2015）。本章研究结果表明，搜索时机和即兴能力是企业产品创新绩效的两个重要前因变量，并且创新绩效高的新创企业不仅善于利用组织积累的原有知识，还能够快速反应、有效利用现有资源实现新奇创造，这一定程度上印证马格尼等（Magni et al.，2013）提出的"组织行动和组织认知活动的同步性"结论。为此，在环境瞬息万变的今天，组织应重视发挥即兴能力对外部获取与原有知识整合的作用，清楚认识到即兴能力并非临时或偶然的，通过重复地和有意识地实践强化新创企业创造性解决问题与即时捕捉商机实现创新转化的能力。

第三，管理注意力在平行搜索时机、即兴能力与产品创新绩效之间发挥重要作用。高层管理者注意力是一种稀缺资源，管理者在众多信息中如何有效分配决定及其企业绩效（Cyert & March，1963）。已有研究指出，CEO 或高层管理团队将更多的注意力投入特定企业议题或项目，该议题或项目将获得更多的关注和参与，从而取得更好的绩效（Hambrick & Mason，1984）。相对而言，关注内部将更加支持现有企业的日常运营，而关注未来及外部则更有效刺激企业的创新绩效。若从考虑创新产出，高层管理者将更加偏爱未来及外部，从而相对忽略对内部的关注（方盼攀，2013）。本章研究结果显示，管理者对企业内部组织、员工、股东等的关注负向调节领先搜索与即兴能力的关系，却增强跟随搜索对即兴能力的影响；管理者对企业外部竞争对手、市场状况等的关注正向调节领先搜索和跟随搜索与即兴能力，以及即兴能力与产品创新绩效的关系。管理注意力对搜索时机与即兴能力之间关系的调节结果，充分反映出管理者注意力的作用机制差异，一方面，管理者对内部的过度关注，将引发新创企业选择跟随搜索策略，其原因可能是聚焦内部使得管理者对外部信息沟通存在隔离（Li et al.，2013）；另一方面，管理者对外部关注促进平行搜索与即兴能力的联结，并通过对外部即时环境信息的感知与理解强化外部知识整合与转化为对企业产品创新绩效有影响的新产品或服务。高层管理者在企业中特殊地位，将更多新兴市场环境对企业未来发展有利的因素有效告知员工（Ocasio，1997），这也有利于提高企业创新水平。同时，高层领导通过营造有利于创新的前景，从而增加员工对企业创新活动的支持与承诺（Elenkv et al.，2005）。本章研究还验证了纳德卡尼和巴尔（Nadkarni & Barr，2008）提出的"管理者对环境的解释影响管理者行动"的认知—行动观点，管理注意力在企业平行搜索时机战略选择及即兴能力发挥中的差别化影响，一定程度上说明管理者在动态环境下难以对内部与外部施加等量的注意力。

第四,本章研究将即兴能力的中介作用和管理注意力的调节作用整合入一个模型,更完整地揭示管理注意力究竟在哪个阶段发挥调节作用。通过总效应调节模型的分析,结果发现内部注意力的调节作用主要发挥在第一阶段——平行搜索时机对即兴能力的影响阶段,外部注意力的调节作用在第一阶段和第二阶段(即兴能力对创新绩效的影响)均发挥显著作用,即外部注意力与平行搜索时机之间的交互作用需要通过即兴能力的中介作用实现。这一发现较为详细地阐明了新创企业管理注意力可能对即兴能力产生影响,同时也能从理论上解释不同新创企业创新绩效的差异问题,这是对以往相关研究的延伸和拓展。

二、理论意义

本章研究通过对新创企业平行搜索时机、即兴能力、产品创新绩效及管理注意力的关联性研究,对相关理论进行了拓展与深化,其理论贡献主要体现在三个方面:

第一,基于"知识战略—内部能力—绩效结果"理论框架,开创性地构建了从知识搜索经由组织层面上的即兴能力直至创新绩效的逻辑链条,弥补了以往知识搜索与即兴能力之间理论链接不够紧密的不足。以往关于知识搜索对绩效作用的研究,通常将重点聚焦在两者之间的直接影响,即分析知识搜索策略(如搜索宽度和深度)对绩效的主效应(Wu & Wei, 2013;阮爱君和陈劲,2015)。尽管在开放式创新理论框架下,外部知识搜索对产品创新绩效的积极作用已得到证实,但是两者之间的内在机理与作用过程缺乏深入探讨。因此,本章研究将维拉和克罗森(Vera & Crossan, 2005)等对即兴能力的相关研究拓展至组织层面并在中国情境下加以实证,探讨平行搜索对产品创新绩效作用过程中的非计划性与创造性,并将平行搜索对产品创新绩效的简单线性关联作用拓展到复杂动态的即兴能力领域,从而极大地丰富了即兴能力和组织搜索理论。

第二,基于注意力基础观,探索管理者空间维度上的内部与外部注意力分配对搜索时机、即兴能力以及产品创新绩效之间的权变作用机制,拓展了对组织层面即兴能力与产品创新绩效的调节作用研究,同时也深化了平行搜索时机影响即兴能力的作用条件。以往演化经济学为基础的研究,强调企业在复杂多变的环境中获得成功的根本原因在于"好运气",从而忽视了企业管理者在管理中的大量有意识、有目的的认知行为(马俊等,2007)。管理注意力是管理者认知的重要环节，由于管理者关注点的范围和方向不同，聚焦过于集中时，有可能使企业拘泥于某种战略模式从而降低战略创新的可能性。企业注意力基础观视组织为一个注意力配置系统，承认组织决策者的注意力是有限的稀缺资源。从某种意义上说，理解企业的行为需要首先理解组织决策者如何分配他们的注意力（刘景江和王文星，2014）。情境注意力（即决策者关注什么议题及其解决，取决于他们所处的特定情境）促成特定的注意性选择，从而驱动组织行为和结果（Ocasio，2011）。本章研究立足权变理论视角，采用结构化实证研究手段检验了新创企业管理者不同的注意力配置水平时，搜索时机与即兴能力以及即兴能力与产品创新绩效间的复杂动态交互影响机制，增强了知识搜索研究的深度与难度，并进一步解开了知识搜索转化为产品创新绩效的过程"黑箱"。此外，本研究将平行搜索与创新绩效之间的外部权变因素拓展到企业内部管理者因素，在认识到外部环境对知识搜索的客观影响作用基础上，关注新创企业的管理者认知因素，为全面解释新创企业平行搜索时机决策及其产品创新绩效的影响机制提供了新的研究方向。

第三，本章研究通过总效应调节模型考察了平行搜索时机与产品创新绩效之间的作用机制，与单一研究中介作用或调节作用方法相比，能更全面、系统地考察中介变量和调节变量的复杂作用过程，并进一步分析内部注意力和外部注意力调节作用发挥的具体阶段。实证分析发现，内部注意力与平行搜索时机的交互作用主要发挥在第一阶段，而外部注意力与平行搜索时机之间的交互作用需要通过即兴能力的中介作用实现。这一结论说明领先搜索和跟随搜索的作用受到新创企业管理者外部注意力的影响，而且这种影响通过即兴能力中介作用间接实现的。这一定程度上也表明新创企业的即兴能力具有情境性，在不同管理注意力条件下，即使同一个新创企业针对不同搜索策略的实施效果也存在差异。

三、实践启示

实践上，本章研究对我国新创企业具有三方面的管理启示：

首先，开放式创新环境下，平行搜索对新创企业创新具有战略作用，新创企业需要从相对于竞争对手的时机选择角度重新审视知识搜索策略。以往研究认为新创企业相对在位竞争对手面临非对称竞争，本章研究启发新创企业从搜索时机角度突破在位企业的封锁与绞杀，找到适合企业的创新途径。具体而言，领先搜索有利于新创企业实施激进式创新，加速开发全新产品和提高产品的市场先占优势，跟随竞争对手搜索能够节约产品创新成本并尽快导入渐进式创新产品。

其次，在创新过程中，新创企业应该重视知识搜索转化为创新绩效中的即兴能力作用，通过构建学习型组织持续提升成员的执行力与创造性，迅速把握创新机会与整合利用内外部资源。动态竞争环境下，外部知识搜索面临非计划性与创造性，新创企业只有发挥即兴能力才能提升知识搜索的转化效果，并积累企业对动态环境的响应能力与持续竞争优势。

最后，新创企业管理者应该合理分配企业内部与外部注意力，既要加强组织内部管理和利益相关方的管理，又要将管理视野立足国际国内市场，把握行业发展趋势及技术前沿。面临外部搜索时机及即兴能力的变化，新创企业容易陷入创新的"成功陷阱"或"失败陷阱"，这要求新创企业管理者根据注意力配置情况适时调整平行搜索时机策略。

四、不足与展望

本章研究也存在一些不足：首先，样本数据具有一定局限性，以往对管理者注意力的研究特指公司 CEO 的资源配置，但是本章研究中受调查条件所限制，仅有60%左右数据是 CEO 直接提供。未来研究将更多搜集多所大学的 EMBA 及总裁班 CEO 的一手数据，并探讨高层团队特征和情境性调节焦点对研究模型的影响。其次，管理注意力量表为国外成熟量表，而国内新创企业的即兴能力较为复杂（如没有考虑 CEO 的时间管理能力及个人社会资本差异），未来研究可以深入探讨中国新创企业管理者的注意力维度及测量方法。最后，尽管本章研究探讨了新创企业的平行搜索、即兴能力及管理者注意力等问题，未来可对比新创企业与成熟企业进一步深化本章研究问题，并尝试用纵向案例或仿真方法揭示三者关系在时间维度上的演化规律。

第四章

新创企业绩效反馈影响平行搜索
时机决策的准实验研究

本书第二章和第三章围绕新创企业平行搜索对产品创新绩效的直接影响与间接影响开展实证研究，揭示了平行搜索对产品创新绩效影响机理、中介路径以及调节效应。本章基于绩效反馈理论和调节焦点理论，采用（情境调节焦点：促进/预防）×2（绩效反馈：绩效高于预期/绩效低于预期）完全随机准试验设计，从理论与实证角度分析绩效反馈对新创企业平行搜搜时机决策的影响机制，以及情境调节焦点对这种影响的调节作用，弥补以往用问卷调查或专利数据探讨平行搜索决策机制的不足。

第一节　研究目的与问题提出

尽管越来越多的新创企业重视平行搜索战略，但忽视了这些搜索行为产生的影响，导致企业的平行搜索活动面临较大的盲目性和不确定性。有关竞争与创新关系的研究指出，新创企业平行搜索时机的选择会受到在位企业"排斥"和"激化"两种截然不同的影响（Boudreau et al.，2008；Katila et al.，2012；奉小斌和洪雁，2016），为此，新创企业必须主动选择合宜的知识搜索时机以适应外部动态环境变化和克服创新问题的复杂性。以近年来处于共享经济风口的"共享单车"为例，资本疯狂扎堆进入共享单车领域导致新创企业和品牌井喷，据最新数据统计整个共享单车市场有超过70家企业，但主要市场份额陆续被小黄车（ofo）、摩拜单车等龙头在位企业占领，悟空单车、町町单车、小蓝单车、小鸣单车、小白单车等30多家新创企业在盲目跟随中纷纷倒下。相反，华为为了赶超三星、苹果等企业的技术创新业绩，先后发布 5G 的 SCMA、F-OFDM、Polar Code 等新技术，较好地通过行业对标实现技术从跟跑向部分技术领跑转变。根据卡内曼和特维斯基（Kahneman & Tversky，1979）提出的展望理论（prospect theory），管理者在决策时受制于有限理性，倾向将企业历史绩效或对手绩效作为比较基准，根据当前行为导致的结果反馈与预期结果的差距做出后续搜索时机决策（Cyert & March，1963）。由此可见，绩效反馈对新创企业的平行搜索时机决策有着重要影响。

从组织学习视角来看，迄今为止大部分绩效反馈作用的学术研究主要分为两派。马奇等学者在《企业行为理论》一书中提出的反复试验学习（trial and error learning）观点认为，不满意的绩效反馈结果会减少对原先行动的承诺，只有成功的行为才会被复制（Levitt & March，1988）。与此相反的是，承诺升级（escalation of commitment）研究发现，不满意的绩效反馈结果会导致持续或增多对现行活动的投入（Staw & Ross，1989）。这导致绩效反馈对企业知识搜索行为究竟有何影响存在争议。希金斯（Higgins，1997）等学者提出的调节焦点理论（regulatory focus theory）为解释这种争议提供了一个合理的分析框架。该理论从需要满足、目标匹配和结果类型等方面将个体动机分为促进焦点（promotions focus）和预防焦点（prevention focus）两类，并认为不同类型的调节焦点对知识搜索时机决策倾向及决策规律产生影响（Chen，2008）。综合来看，对新创企业而言，在实时绩效反馈结果的诱发下，管理者不同的情境调节焦点将对其搜索时机决策产生不同的影响（Nadkarni & Barr，2008；Salge，2012）。因此，有必要深入探讨绩效反馈与情境调节焦点对平行搜索时机决策的交互作用。

当前国内外学者对知识搜索的研究普遍采用专利引用或问卷调查方法（陈学光等，2010），以此探讨企业对外部知识源的利用及其与创新的关系，但这些研究方法均难以真切捕捉管理者对绩效反馈及竞争状况的感知。准试验研究作为揭示管理者决策心理过程的一种重要方法（刘景江和刘博，2014），有助于解释知识搜索中"情境感知—决策结果"的关联机制。因此，本章研究基于展望理论、绩效反馈理论和调节焦点理论，研究设计了一个 2×2 完全随机被试准试验，从理论与实证角度分析绩效反馈对平行搜索时机决策的影响，并从情境调节焦点视角进一步探索绩效反馈与平行搜索时机决策之间的关系。

第二节　研究假设

一、企业绩效反馈对平行搜索时机决策的影响

绩效反馈是管理决策的重要信息来源，新创企业管理者往往通过分析历史绩效和对手绩效水平制定平行搜索时机决策。按照企业行为理论的观点，新创企业面对不同的绩效反馈将有不同的行动意向（Vibba & John，2013）。例如，一项关于战略问题分类的研究认为，绩效反馈好的企业管理者对绩效达成更加自信，而绩效反馈差的企业通过触发管理者实施"问题式搜索"搜寻备选方案来弥补期望与实际之间的差距（Dutton & Jackson，1987）。若新创企业得到的绩效反馈低于预期水平，组织变革理论强调企业可能感知到更多的威胁，这将扣动管理者实施搜索策略与惯例变革的扳机，通过率先掌握行业尖端技术和占领市场制高点来改变现有绩效水平（Greve，1998；梅胜军等，2014）。展望理论也强调，若企业回报低于参照点，管理者将倾向采取更加冒险的搜索策略，据此可推断新创企业将接受具有一定风险的领先搜索策略（Kahneman & Tversky，1979）。相反，如果新创企业历史绩效的反馈结果高于组织期望水平，意味着既往的行动能带来满意的结果，决策者避免高风险的搜索策略而保持稳健的搜索节奏（Arrfelt et al.，2013），密切注视行业技术变革新动向并跟随对手模仿改进产品与调整市场战略。基于此，本章研究提出如下假设：

假设 H1：实际绩效高于预期绩效时，新创企业管理者倾向采用跟随搜索。

假设 H2：实际绩效低于预期绩效时，新创企业管理者倾向采用领先搜索。

二、情境调节焦点的缓冲作用

情境调节焦点理论旨在解释个体在目标实现过程中的动机及战略趋势的差异（Higgins，1997）。促进焦点强调晋升、成功、收益、希望等内容，而预防焦点强调责任、安全、损失规避等内容（Higgins，1998）。克罗维和希金斯（Crowe & Higgins，1997）在研究中指出，促进焦点个体在决策中具有冒险倾向并采取渴望接近策略达成调节匹配，而预防焦点个体具有保守倾向并采取谨

慎回避策略达成调节匹配。弗斯特等（Förster et al.，2003）研究也发现，促进焦点强调决策的速度与数量，而预防焦点强调决策的正确性和质量。情境调节焦点被看作是一个连续统一体，新创企业管理者就处于从促进焦点到预防焦点的某个位置上。情境调节焦点已被证实与新创企业的创新、前摄性、冒险等特征及搜索均有不同程度的联系（Lanaj et al.，2012）。例如，在创新方面，促进焦点与预防焦点相比，产生更多的备选方案和保持对变革的开放态度（Florack et al.，2013）。

二元创新理论发现，成功的新创企业致力于维持长期成功与短期收益之间的平衡，采用领先探索对企业长期创新具有重要意义，采用跟随模仿对企业提炼现有产品与工艺具有参考价值（Abebe & Angriawan，2014）。促进焦点管理者鼓励企业搜索外部知识，激发企业接近目标匹配，更聚焦于追求速度而牺牲准确性，对领先搜索的风险及不确定性有一定的容忍度。类似地，阿尔菲尔特等（Arrfelt et al.，2013）指出，促进焦点管理者尽可能寻求新知识或新的问题解决方案，从而吸引新顾客、导入新产品并改进相对往年或对手的财务绩效。一般而言，当绩效反馈高于预期目标时，企业倾向在现有知识基领域附近进行跟随搜索或通过重组与深度利用发挥现有知识的价值（Salge，2012）。但是，促进焦点管理者把好的绩效视作变革的机会，为了进一步挖掘现有技术或市场后发优势而进行探索式搜索，期望通过领先搜索追求更高的绩效水平。反复试验学习理论也假定，成功的行为将被复制，若新创企业原来采用领先搜索带来的收益高于预期，促进焦点管理者倾向保持原有搜索路径或组织惯例（Gavetti & Levinthal，2000）。相反，当历史绩效反馈结果低于预期目标时，此时促进焦点管理者由于自身具有更强的风险承受能力和对成功的期许，为了规避更大的行业威胁而采取领先搜索（Kahneman & Tversky，1979）。承诺升级理论也指出管理者的自我辩白（self-justification）动机导致其对领先搜索决策的承诺升级，并接受对企业长远有利的、具有较大风险的创新方案（Liberman et al.，1999）。基于此，本章研究提出如下假设：

假设 H3a：促进焦点负向调节企业绩效反馈与跟随搜索之间的关系。

假设 H3b：促进焦点正向调节企业绩效反馈与领先搜索之间的关系。

与促进焦点相反的是，预防焦点管理者回避目标的不匹配，注重外部知识搜索的安全性及收益回报的稳定性，并容易产生"禀赋效应"（endowment effect）（Kammerlander et al.，2015），即相对新的东西人们更偏爱已经拥有的东西。弗里德曼和弗斯特（Friedman & Förster，2001）在稳定与变革的研究中发现，预防焦点会诱发被试对风险回避的坚持。而克罗维和希金斯（Crowe & Higgins，1997）在另一项实验研究中发现了警觉策略，即更少的分类方法会增加被试正确聚焦的概率并减少误判的概率，这在预防焦点的被试中更容易表现出来。在新创企业中，当绩效反馈高于预期水平时，预防焦点管理者基于禀赋效应和维持现有市场地位考虑，更倾向选择风险较低和短期内收益回报稳定的跟随搜索策略（Chen，2008）。但是，在动态环境下，不确定性和高风险导致绩效低于预期水平属于大概率事件，即使是高预防焦点型的管理者发现完成目标的难度越来越大，此时会陷入一种"调节焦点失灵"情境（Baas et al.，2011）。在感知到完成目标任务的挑战之后，管理者的预防焦点受到外部激烈竞争的冲击，对低绩效的不满意和外部竞争地位的安全顾虑超越低水平的避免失败目标，容易使管理者从风险厌恶变为风险追求冒险（王菁等，2014），并且容忍领先搜索的风险和采纳创新方案。基于此，本章研究提出如下假设：

假设 H4a：预防焦点正向调节企业绩效反馈与领先搜索之间的关系。

假设 H4b：预防焦点正向调节企业绩效反馈与跟随搜索之间的关系。

综合上述理论分析，可以得出如图 4-1 所示的概念模型。

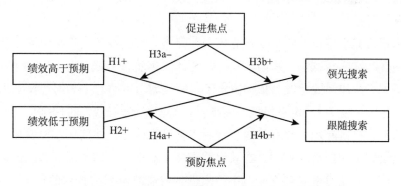

图 4-1　新创企业绩效反馈影响平行搜索时机决策概念模型

第三节　准实验研究方法

新创企业绩效反馈与平行搜索时机决策的关系会受到特定动机的影响，情境调节焦点在这个过程中发挥重要作用。鉴于新创企业绩效结果的复杂性与机密性，选择真实企业数据可能会带来较为严重的社会称许性偏差（social desirability)①，可能无法准确获取最真实的绩效反馈结果。准实验被认为是当今最实用的模拟市场分析方法，尤其是能够有效地辅助商业决策（陈晓萍等，2012）。因此，本章研究通过设计一项准实验，在模拟真实任务的过程中，对企业绩效反馈、情境调节焦点、知识搜索时机进行测量。

一、实验对象

为了获得更为真实的实证数据，本章研究选择具有一定工作经验、熟知企业决策情况的管理人员作为实验对象。一共有120名MBA、EMBA学员及参加中高层管理培训班的学员自愿报名参与实验，被试所在企业存续时间的均值略少于8年。被试所在行业覆盖制造、物流等传统行业和电商、物联网、文化创意等新兴产业。其中，男性71名，平均年龄为31.7岁（s.d. =4.10），平均工作年限为9.2年（s.d. =2.15）；女性49名，平均年龄30.5岁（s.d. =3.67），平均工作年限为8.1年（s.d. =2.14）。被试中企业高层管理人员和中层管理人员分别占43%和57%。

二、实验设计与步骤

本章研究采用2（情境性调节焦点：促进/预防）×2（绩效反馈：绩效高于预期/绩效低于预期）完全随机组间设计。实验任务模拟新创企业的特征，以公司上一阶段绩效状况为依据决定下一阶段相对竞争对手如何选择知识搜索时机。任务情境为："A公司是一家高科技新创企业，经常通过客户、供应商、竞争对手、科研院所、政府机构、行业协会等渠道搜索外部技术知识和市场知识。假设您是该公司的CEO，在获得假定的企业绩效反馈情况下考虑选择外部搜索时机：领先搜索（领先于对手探索创新所需的市场与技术的新知识），或跟随搜索（针对对手的现有产品、技术或市场采取追赶策略以获取成熟的产品或技术知识）。领先搜索较跟随搜索具有高风险高回报特征，但也具有更大的不确定性和存在损失的可能性。"

为提高外部效度，本实验采用双盲设计，专门请本书作者之外的、不了解所需检验的理论假设的一位博士研究生来执行实验。实验开始前向被试展示实

---

① 社会称许性偏差（social desirability）是指在进行问卷调查时所调查的对象一般都会在选择时往社会认同或符合当时社会道义的答案去回答，表现出的一种行为。

验操作说明，首先让被试在实验室独立填写促进焦点或预防焦点诱发材料。然后，分别以促进焦点和预防焦点的诱发效果均值为界，将促进焦点小组的被试分为高促进焦点和低促进焦点，将预防焦点小组的被试分为高预防焦点和低预防焦点。第一次试验将被试分为 4 组，每组 20 人，考虑到统计分析结论的稳健性，第二次补充 40 名被试，每组 10 人共 4 组，最终达到总体被试 120 名的试验样本要求。最后，分别让四组被试根据预设的情境填写搜索时机决策。

三、变量测量

企业绩效。根据实验设计内容，将企业界定为创业 8 年以内的新创企业，企业绩效设定为两个水平"高于预期"和"低于预期"。"高于预期"是指公司过去一年的业绩超过竞争对手和企业历史水平，利润达到 75 万，比既定目标高 50%；"低于预期"是指公司过去一年的业绩低于竞争对手和企业历史水平，利润仅为 25 万，比预期利润低 50%。

搜索时机。为了避免搜索决策的模糊性，同时方便被试做出搜索时机的合理决策，根据亚姆等（Yam et al.，2011）的建议将搜索的外部知识具体分为两类：市场知识和技术知识。要求被试分别针对这两类知识的搜索时机进行决策，然后在此基础上加以平均得到搜索时机。为了使测量更为直接且容易理解，搜索时机在具体测量时采用百分数。由于领先搜索和跟随搜索是管理者相对竞争对手而言在搜索时机选择上的一条连续谱，因此从 0%（遥遥落后）到 100%（遥遥领先）均等分为 10 个刻度供被试选择本企业相对竞争对手的平行搜索时机。只有当市场知识搜索和技术知识搜索两者得分均值大于或等于 50% 才表示采取领先搜索，反之为跟随搜索。

情境调节焦点。情境调节焦点属于一个人的心理状态，必须由情境线索诱发产生。参考希金斯（Higgins，1997）、刘景江和刘博（2014）等研究，本实验通过让被试描述理想自我（the ideal self）与应该自我（the ought self）来诱发被试的情境调节焦点。具体做法是，让被试在促进焦点材料中描绘自己对未来生活的憧憬与希望（条目越多越好），在预防焦点材料上描述自己在生活中应尽的责任与义务（至少描写 5 条）。采用弗雷塔斯等（Freitas et al.，2002）编制的情境调节焦点诱发效果的检验材料。促进焦点的操作定义为：企业追求成长，有远大理想，并认同员工的冒险行为。如果进入新的市场决策正确将可能获得 100 万元的利润，同时决策者个人也获得相应的回报。预防焦点的操作定义为：企业关注生存问题，强调成本控制与市场份额保护。如果进入市场决策错误，企业将会亏损 75 万元，个人的利益也会受损。被试在决定是否进入新市场时，从 0%（不可能）到 100%（非常可能）均等分出的 10 个刻度中做出选择。

第四节　研究结果与分析

一、情境焦点诱发效果检验

为了检验情境焦点材料对被试诱发的成功性，通过检验被试何时开始执行距今 3 个月期限的假定项目任务，对诱发效果进行方差检验。结果发现，预防焦点的被试在最先开始写项目报告的时间为 $M = 4.40$，$SD = 1.12$，比促进焦点的被试最先开始写项目报告的时间（$M = 6.82$，$SD = 1.27$）更早，$F(1, 118) = 35.41(p < 0.01)$，由此可以判断情境调节焦点诱发较为成功。

二、新创企业绩效反馈对搜索时机的影响

统计检验表明方差齐性，可以进行方差分析。表 4 - 1 与表 4 - 2 以绩效反馈为自变量，以搜索时机为因变量进行方差分析，结果表明：绩效反馈的主效应显著，$F(1, 116) = 11.58$，$p < 0.01$，绩效好的被试（$M = 4.13$，$SD = 0.42$）比绩效差的被试（$M = 7.65$，$SD = 0.62$）更倾向于选择跟随搜索，但是后者更倾向于选择领先搜索。由此，可以判断假设 1 和假设 2 得到验证。

表 4 - 1　　历史绩效、调节焦点各水平下搜索时机决策变化的描述统计

变异来源	变量水平	估计边际均值	标准误	95% 置信区间	
				下限	上限
历史绩效	差	7.65	0.62	6.43	8.87
	好	4.13	0.42	3.31	4.95
调节焦点	预防	5.35	0.39	4.59	6.11
	促进	6.42	0.34	5.75	7.09

续表

变异来源	变量水平		估计边际均值	标准误	95% 置信区间	
					下限	上限
历史绩效 × 调节焦点	绩效差	促进	7.70	0.41	6.89	8.50
		预防	6.32	0.30	5.73	6.91
	绩效好	促进	5.01	0.26	4.50	5.52
		预防	4.67	0.38	3.93	5.41

表 4-2　历史绩效和调节焦点的主效应及其交互作用的重复测量方差分析

变异来源	组间均方	组内均方	第一自由度	第二自由度	F 值	显著性
历史绩效	47.83	4.13	1	116	11.58	0.00
调节焦点	35.92	1.94	1	116	18.52	0.00
历史绩效 × 促进焦点	14.77	1.16	1	116	12.73	0.00
历史绩效 × 预防焦点	13.21	1.23	1	116	10.74	0.00

三、情境焦点对新创企业绩效反馈与搜索时机关系的调节作用

借鉴温忠麟等（2005）研究，当自变量和调节变量都是类别变量时做方差分析（ANOVA），两因素的交互效应即调节效应。基于实验情境中的每次判断，采用重复测量方差分析并计算估计边际均值，从表 4-1、图 4-2 与图 4-3 可以发现，不同绩效水平导致不同的搜索时机选择，估计均值差异达到显著。促进焦点与企业绩效反馈的交互作用显著（见图 4-2），$F(1, 116) = 12.73$，$p < 0.01$，进一步做简单主效应检验，结果显示：当被试处于促进焦点时，绩效反馈的主效应显著，$F(1, 116) = 14.25$，$p < 0.01$。高促进焦点的被试较低促进焦点的被试在企业绩效反馈好时，更不愿意选择跟随搜索；相反，企业绩效表现不好时，更倾向选择领先搜索。从图 4-2 中可以看出，促进焦点与历史绩效之间发生顺序性交互作用，两者的差异水平在不同绩效上有顺序变化，这表明促进焦点在上述关系中起到缓冲作用，假设 3a、假设 3b 得到验证。同理，预防焦点与企业绩效反馈的交互作用显著（见图 4-3），$F(1, 116) = 10.74$，$p < 0.01$，高预防焦点被试较低预防焦点的被试在企业绩效好时，更倾向选择跟随搜索，同时，企业绩效不好时，也倾向选择领先搜索，即假设 4a

和假设4b得到验证。

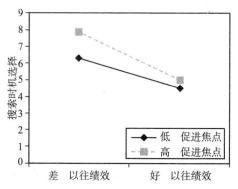

图4-2　促进焦点的调节效应

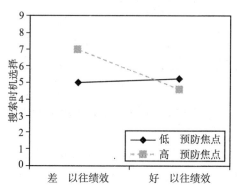

图4-3　预防焦点的调节效应

第五节　研究小结

本章研究通过诱发两类情境调节焦点（促进焦点和预防焦点），详细解释了"新创企业如何根据绩效反馈结果选择搜索时机"问题，考察了在不同情境调节焦点下绩效反馈对新创企业搜索时机决策的影响机制，取得了一些有意义的研究结论，丰富和拓展了现有理论。

一方面，研究发现知识搜索时机的不同选择策略会受到不同的绩效反馈结果的影响，这丰富了平行搜索的前因研究。以往研究侧重知识基特征、吸收能力、外部网络等因素（胡保亮和方刚，2013；阮爱君和陈劲，2015），本章研究基于展望理论侧重考察绩效反馈结果对新创企业管理者搜索决策的影响机制，并从理论上回答了新创企业相对于在位竞争者"何时搜索知识"的问题（Liu et al. , 2013；Berends & Antonacopoulou，2014）。具体地讲，企业绩效反馈高于预期目标时管理者不愿意冒险而选择跟随搜索，反之，绩效低于预期水平时会触发管理者开展领先搜索，这进一步拓展了艾耶和米勒（Iyer & Miller，2008）等学者对绩效反馈与创新关系的研究。研究结论支持了陈（2008）等关于"组织实际绩效高于或低于期望目标时，企业的研发搜索策略改变"的论断，并且弥补了以往知识搜索研究忽略与竞争对手的搜索时机做比较的不足。

　　另一方面，研究发现绩效反馈对知识搜索时机决策的影响会受到情境调节焦点的干扰，这拓展了绩效反馈的作用研究。组织行为和风险决策领域关于绩效反馈对未来行为的影响没有形成一致的结论，大量研究单一地将绩效反馈看作企业搜索"问题"的过程（Freitas et al. , 2002）。本章研究证实绩效反馈是企业变革的一个"契机"，差的绩效反馈直接触发决策者采取变革行动，促进焦点和预防焦点均会促进搜索策略变革。研究结论既澄清了"承诺升级理论"与"反复试验学习"两大研究流派的争论，又验证了"调节焦点失灵"和管理者"自我辩白"动机的存在，将希金斯（Higgins，1997）等关于调节焦点理论的研究进一步拓展到绩效压力较大的动态管理环境下，为管理决策提供了重要的理论参考。

　　除此之外，本章研究突破以往研究仅仅用专利数据、问卷调查等方法的局限，采用准实验设计，对知识搜索与绩效反馈领域的研究做了补充和完善。我们聚焦管理者对历史绩效和预期目标之间的差距，通过诱发情境调节焦点做出知识搜索时机决策，深刻揭示了"情境感知—决策结果"的心理过程。具体地讲，预防焦点较高情形下，绩效反馈高于预期导致企业采取跟随搜索，绩效反馈低于预期反而触发企业采取领先搜索策略；促进焦点较高情形下，绩效反馈低于预期触发领先搜索，绩效反馈高于预期跟随搜索决策放缓。管理者借助知识搜索时机决策更好地理解并解释组织与外部环境的复杂关系。

　　本章研究对我国新创企业具有三个方面的管理启示：首先，转型经济情境下，知识搜索对新创企业创新具有战略作用，同时新创企业还须认识到搜索时机选择的重要作用，管理者应将竞争对手纳入搜索视野重新思考平行搜索时机（领先搜索或跟随搜索）的决策。其次，企业历史绩效反馈结果对其搜索决策是一把"双刃剑"。好的绩效反馈结果仅推动企业跟随搜索，而差的绩效反馈结果反而为新创企业变革现有搜索策略提供了契机。管理者应密切关注企业的历史绩效水平以决定下一阶段的搜索时机。最后，情境调节焦点影响新创企业的搜索时机决策，管理者很有必要根据情境管理促进焦点与预防焦点，以便识别创新搜索的最佳时机，避免错误警觉。尤其在动态竞争及绩效下滑压力下，新创企业管理者应利用情境促进焦点，主动搜索外部的技术和市场知识，避免过度预防焦点使新创企业创新搜索陷入"能力陷阱"。

本章研究也存在一些不足：首先，研究样本未考虑个性特质、决策能力及决策风格对调节焦点诱发效果与搜索时机决策的影响，现实工作环境中各种因素相互影响且错综复杂，未来应充分控制混淆变量，以进一步提高研究结论的准确性。其次，特质调节焦点可能与情境调节焦点存在共依关系，鉴于研究目的本章研究侧重考虑情境调节焦点的影响，未来可以分析不同调节焦点类型的交互作用对搜索时机决策的影响。最后，本章研究是让被试在实验模拟情境中做出决策，未来应结合实地研究产生更真实的搜索决策情境，并借助质性研究来考察绩效反馈对搜索时机决策的影响机制。

第五章

新创企业与在位企业平行搜索
时机互动的博弈分析

本书第二章和第三章揭示了新创企业平行搜索对产品创新绩效的作用机制，第四章运用准试验方法验证绩效反馈对新创企业平行搜索时机的静态决策机理。本章围绕新创企业与在位企业平行搜索时机进行博弈，构建平行搜索时机互动的重复博弈和演化博弈模型，从而揭示新创企业平行搜索的动态决策机理。

第一节　研究目的与问题提出

囿于众多相似企业的地理集聚，激烈的竞争使得集群企业面临的创新问题复杂度增加，管理者不得不通过对动态环境的感知与解读权衡制定平行搜索战略（Boudreau et al.，2008）。在产业集聚环境中，市场重合与资源相似特征加剧竞争互动程度（Chen，1996），新创企业在竞争中呈现主动进取、承担风险和注重创新等特征（邬爱其和李生校，2012）。时间对新创企业搜索活动并不一定是机会，在模糊情境下实施快速搜索战略可能比较危险，相反等待积累更多的经验后再行动可能收益更大（Berends & Antonacopoulou，2014）。陈等（Chen et al.，2010）、卡蒂拉等（Katila et al.，2012）等少数研究从竞争搜索角度，尝试探讨新创企业如何与在位企业竞争，以及在不同类型市场中如何采取竞争行动，但对搜索时机的研究仅局限于市场进入次序或新产品导入速度。国外研究平行搜索的专利引用方法及国内的问卷调查方法，并不能揭示新创企业平行搜索时机的重复选择机制及动态演进规律（吴结兵和郭斌，2010）。为此，本章研究将集群内部在位企业的搜索时机选择纳入博弈分析，探索多阶段重复竞争下的"搜索—反应"问题，从而构建集群新创企业平行搜索时机选择的重复博弈与演化博弈模型。

以往博弈模型对企业竞争互动的研究，主要基于价格、产量和市场的决策，如伯特兰德（Bernard）模型、古诺（Cournot）模型、霍特林（Hotelling）线性市场模型、斯塔克伯格（Stackelberg）产量领先模型等（盛昭瀚和蒋德鹏，2002；谢识予，2002）。而后，有研究提出纵向差异化与质量竞争等模型，诸多学者通过放宽原始模型的假设条件，如考虑消费者不同偏好、消费者分布密度、技术创新等条件下企业竞争互动的决策问题（胡荣等，2010）。对产业集群内企业竞争互动的博弈研究，通常基于计算机模拟仿真或建立演化模型分析，但现有集群竞争的博弈模型较多假定企业间实力是相当的（高闯和潘忠志，2006；李庆满等，2013），并且搜索时机选择内隐在知识搜索策略中。然而，新创企业在竞争互动中面临较大的不确定性和创新压力，如有研究发现通过混合柔性技术博弈能提升新创企业的生存能力（曹国昭和齐二石，2015）。集群新创企业与在位企业的互动随竞争关系发展而动态演化，为了揭示重复博弈情境下新创企业如何选择搜索策略，刻画新创企业与在位企业搜索时机互动的演进趋势及稳定性，本章将采用重复博弈与演化博弈方法进行研究。

第二节　搜索时机的重复博弈分析

假定集群内只有两家企业，同时提供产品与服务，A 企业为新创企业，B 企业为在位企业，两者共同占有同一市场，市场份额取决于企业的搜索行动。两家企业的博弈支付矩阵如表 5-1 所示。由于集群内企业规模与技术实力存在差异，实力雄厚的企业获得较强的市场能力与创新能力（张宏娟和范如国，2014）。新创企业相比在位企业实力偏弱，通常利用知识搜索等无形竞争手段进行突破（彭伟等，2012）。现在两家企业为了降低产品成本与提高产品差异性进行知识搜索，由于领先搜索面临较大市场与需求的不确定性，其风险和成本远大于跟随搜索，为此假定 A 企业和 B 企业采用跟随搜索减去搜索成本后的基本收益分别为 π_1 和 π_2，领先搜索的收益增量分别为 d_1 和 d_2，但是企业领先搜索面临一个共同的风险收益系数 $\theta(0 < \theta < 1)$，领先搜索额外付出的成本分别为 c_1 和 c_2。同时，假定集群内部两家企业情形下一方采取领先搜索策

略，另一方采取跟随搜索策略，那么采取领先搜索的收益为 $\pi_i + \theta d_i - c_i$，跟随搜索的企业将额外获得 $(1-\theta)d_i$ 的知识溢出收益，$i=1$ 或 2。其中，$c_1 < c_2 < d_1 < d_2$ 且 $c_1 < c_2 < \pi_1 < \pi_2$，即新创企业和在位企业的领先搜索成本少于领先搜索的收益增量，并且领先搜索的成本小于跟随搜索的基本收益，这也是企业有领先搜索的动力来源。

表 5-1　　　　　　　　　两企业搜索互动的博弈分析

企业B ＼ 企业A	领先搜索	跟随搜索
领先搜索	$\pi_1 + \theta d_1 - c_1$，$\pi_2 + \theta d_2 - c_2$	$\pi_1 + \theta d_1 - c_1$，$\pi_2 + (1-\theta)d_1$
跟随搜索	$\pi_1 + (1-\theta)d_2$，$\pi_2 + \theta d_2 - c_2$	π_1，π_2

一、新创企业与在位企业静态博弈的支付矩阵

企业 A 选择领先搜索时，其收益为 $\pi_1 + \theta d_1 - c_1$，企业 B 选择领先搜索时，其收益为 $\pi_2 + \theta d_2 - c_2$，若采取跟随搜索两者收益分别为 π_1 和 π_2。

此时，企业 A 与企业 B 的搜索时机策略选择与风险系数大小相关，具体而言：

①当 $\theta d_1 - c_1 > 0$，且 $\theta d_1 - c_1 > (1-\theta)d_2$，即 $\theta > (c_1 + d_2)/(d_1 + d_2)$ 时，企业 A 选择领先搜索比跟随搜索更有利。

②当 $\theta d_2 - c_2 > 0$，且 $\theta d_2 - c_2 > (1-\theta)d_1$，即 $\theta > (c_2 + d_1)/(d_1 + d_2)$ 时，企业 B 选择领先搜索比跟随搜索更有利。

③当 $\theta > (c_2 + d_1)/(d_1 + d_2)$，企业 B 将选择领先搜索，此时若 $\theta d_1 - c_1 < (1-\theta)d_2$，即 $\theta < (c_1 + d_2)/(d_1 + d_2)$ 时，企业 A 选择跟随搜索最优，反之选择领先搜索最优。

④当 $\theta d_2 - c_2 < 0$，且 $\theta < (c_2 + d_1)/(d_1 + d_2)$，即 $\theta < c_2/d_2$ 时，在位企业 B 选择跟随搜索，此时若 $\theta d_1 - c_1 > 0$，新创企业 A 将选择领先搜索，反之选择跟随搜索。

当在位企业 B 发现，当采取领先搜索策略获益低于新创企业的跟随搜索收益时，即 $(\pi_1 + \theta d_1 - c_1) < [\pi_2 + (1-\theta)d_1]$ 时，在位企业将失去领先搜索的动力，可能对新创企业采取报复措施，在后续博弈过程中采取跟随搜索策略防

止新创企业"搭便车"的行为。

二、新创企业与在位企业重复博弈分析

现在将 A 与 B 两家企业的一次博弈拓展到集群环境中的重复博弈，在长期发展情况下鉴于资金的时间价值存在一个贴现系数 $\delta(0 < \delta < 1)$，使得下一年度的利润为当年利润的 δ 倍（于斌斌和余雷，2015）。新创企业 A 在重复博弈过程中所采取的博弈策略，基于每阶段的博弈收益及在位企业采取策略的估计而综合得到，下面分别计算当企业 A 采用领先和跟随搜索时的收益。

①当企业 A 重复 n 次采取领先搜索策略时，其收益是：

$$K' = (\pi_1 + \theta d_1 - c_1) + \delta(\pi_1 + \theta d_1 - c_1) + \delta^2(\pi_1 + \theta d_1 - c_1) + \cdots + \delta^n(\pi_1 + \theta d_1 - c_1)$$

$$= (\pi_1 + \theta d_1 - c_1)(1 - \delta^n)/(1 - \delta) = (\pi_1 + \theta d_1 - c_1)/(1 - \delta) \tag{1}$$

②当企业 A 重复采取跟随搜索策略时，其收益是：

若企业 B 采取领先搜索，则企业 A 的搜索为 $[\pi_1 + (1 - \theta)d_2]/(1 - \delta)$；

若企业 B 采取跟随搜索，则企业 A 的搜索为 $\pi_1/(1 - \delta)$

企业究竟采取领先搜索策略还是跟随搜索策略，取决于 θ 与 $(c_1 + d_2)/(d_1 + d_2)$ 的比较关系，其结论与静态一阶段博弈结果一致。

当在位企业 B 发现，当采取领先搜索策略获益低于新创企业的跟随搜索收益时，若在位企业持续选择领先搜索策略将给新创企业 A 带来跟随搜索的利好，但是，新创企业这种跟随搜索难以让在位企业信服，必然在第二轮博弈中企业 B 会倾向选择跟随搜索，此时只要 $\theta d_1 - c_1 > 0$，新创企业 A 选择领先搜索获益更大并向在位企业表明主动创新的倾向。如此，在第三轮博弈中，企业 B 又回到领先搜索，企业 A 观察到企业 B 的搜索策略会发现选择跟随搜索仍然是比较优的搜索策略，如此形成 A 与 B 分别采取"跟随—领先—跟随……"和"领先—跟随—领先……"的博弈策略，此时新创企业的收益为：

$$K' = [\pi_1 + (1 - \theta)d_2] + \delta(\pi_1 + \theta d_1 - c_1) + \delta^2[\pi_1 + (1 - \theta)d_2] + \delta^3(\pi_1 + \theta d_1 - c_1) + \cdots$$

$$= [\pi_1 + (1 - \theta)d_2](1 - \delta^{2n})/(1 - \delta^2) + \delta(\pi_1 + \theta d_1 - c_1)(1 - \delta^{2n})/(1 - \delta^2)$$

$$= [\pi_1(1 + \delta) + (1 - \theta)d_2 + \delta(\theta d_1 - c_1)]/(1 - \delta^2) \tag{2}$$

因为 $\theta > (c_1 + d_2)/(d_1 + d_2)$，新创企业 A 采用"跟随—领先"交替搜索策略的收益将比一直采用领先策略或跟随搜索的收益要高。

第三节　搜索时机的演化博弈分析

演化博弈建立在动态博弈基础之上，基于有限理性的博弈假设，强调均衡是学习调整的结果而不是选择的结果，这与新创企业知识搜索策略选择相吻合（斯密斯，2008）。与以往从宏观与中观视角研究集群创新不同，本章重点关注集群创新的微观企业基础，并引入重复博弈、有限理性假设与动态演化的博弈分析方法，阐述新创企业与在位企业搜索互动的内在机理，这有助于揭开企业创新行为的"黑箱"。集群网络下企业间地理、产业与资源临近，企业间的博弈行为具有长期性与重复性，新创企业经过长期的模仿、学习与调整最终趋于稳定，某种策略导致的均衡经受有限理性的干扰，即达到演化稳定策略（ESS）（盛昭瀚和蒋德鹏，2002）。集群企业由实力不对称的"在位企业"和"新创企业"构成，新创企业由于资源和实力有限具有跟随模仿的动机，这一定程度上侵蚀了先行创新者的收益。有限理性与柠檬市场（The Market of Lemons）① 效应导致在位企业减少创新投入，而新创企业若持续模仿可能导致区域陷入同质化困境，最终导致产业低端化与利润下滑（徐岩等，2011；奉小斌，2015）。集群内部搜索与跟随模仿的长期重复波动构成集群企业演化博弈的基础，本部分探讨不同情境下的搜索策略对创新收益的影响。演化博弈中，复制动态是描述某一特定策略在一个种群中被采用的频数或频率的动态微分方程，各个群体所用策略的比率动态变化方向与速度由群体中采用该策略的比例及采用该策略获得收益超过平均收益的幅度决定（张宏娟和范如国，2014）。

一、新创企业与在位企业演化博弈分析

假设新创企业 A 与在位企业 B，两者的博弈策略均为（领先搜索，跟随搜索）。假设企业 A 选择领先搜索的概率为 x，选择跟随搜索的概率为（1 - x）；在位企业 B 选择领先搜索的概率为 y，选择跟随搜索的概率为（1 - y），每次博弈过程中在位企业与新创企业随机配对博弈（Weibull，1998）。在表 5 - 2

---

① 柠檬市场也称次品市场，是指信息不对称的市场，即在市场中，产品的卖方对产品的质量拥有比买方更多的信息。在极端情况下，市场会止步萎缩和不存在，这就是信息经济学中的逆向选择。

的支付矩阵中，其他符号含义同表 5-1，β 表示当双方都采取跟随搜索策略时，盲目跟随模仿的损坏作用，$0 \leqslant \beta < 1$。新创企业 A 选择领先搜索和跟随搜索的期望收益分别为 U_1 和 U_2，平均收益为 $\overline{U}$。

$$U_1 = y(\pi_1 + \theta d_1 - c_1) + (1-y)(\pi_1 + \theta d_1 - c_1) \qquad (3)$$

$$U_2 = y[\pi_1 + (1-\theta)d_2] + (1-y)\beta\pi_1 \qquad (4)$$

$$\overline{U} = x \times U_1 + (1-x) \times U_2 \qquad (5)$$

同理，企业 B 选择领先搜索和跟随搜索的期望收益分别为 W_1 和 W_2，平均收益为 $\overline{W}$。

$$W_1 = x(\pi_2 + \theta d_2 - c_2) + (1-x)(\pi_2 + \theta d_2 - c_2) \qquad (6)$$

$$W_2 = x[\pi_2 + (1-\theta)d_1] + (1-x)\beta\pi_2 \qquad (7)$$

$$\overline{W} = y \times W_1 + (1-y) \times W_2 \qquad (8)$$

表 5-2　　　　　　　　两企业搜索互动策略选择的收益矩阵

企业 A ＼ 企业 B	领先搜索（y）	跟随搜索（1-y）
领先搜索（x）	$\pi_1 + \theta d_1 - c_1$，$\pi_2 + \theta d_2 - c_2$	$\pi_1 + \theta d_1 - c_1$，$\pi_2 + (1-\theta)d_1$
跟随搜索（1-x）	$\pi_1 + (1-\theta)d_2$，$\pi_2 + \theta d_2 - c_2$	$\beta\pi_1$，$\beta\pi_2$

根据 Malthusian 动态方程，某策略的增长率与其相对适应性是相等的，即个体适应度高出群体的平均适应度，那么随着时间 t 的推移，这个策略被选中的概率就会上升（谢识予，2002）。由此得到新创企业 A 和在位企业 B 的复制动态方程为：

$$\frac{dx}{dt} = x \times (U_1 - \overline{U}) = x \times (1-x) \times (U_1 - U_2)$$

$$= x \times (1-x) \times [\pi_1(1-y)(1-\beta) + \theta d_1 - c_1 - y(1-\theta)d_2] \qquad (9)$$

$$\frac{dy}{dt} = y \times (W_1 - \overline{W}) = y \times (1-y) \times (W_1 - W_2)$$

$$= y \times (1-y) \times [\pi_2(1-x)(1-\beta) + \theta d_2 - c_2 - x(1-\theta)d_1] \qquad (10)$$

令 $\dfrac{dx}{dt} = 0$，即当且仅当 $x = 0$，$x = 1$，$x = \dfrac{\pi_2(1-\beta) + \theta d_2 - c_2}{(1-\theta)d_1 + (1-\beta)\pi_2}$ 时，新创企业选择搜索互动策略的概率是稳定的；$\dfrac{dy}{dt} = 0$，即当且仅当 $y = 0$，

$y = 1$，$y = \dfrac{\pi_1(1-\beta) + \theta d_1 - c_1}{(1-\theta)d_2 + (1-\beta)\pi_1}$ 时，在位企业选择搜索策略是概率稳定的。由此可得到上述系统 5 个均衡点为 $(0,0)$，$(0,1)$，$(1,0)$，$(1,1)$，$\left(\dfrac{\pi_2(1-\beta) + \theta d_2 - c_2}{(1-\theta)d_1 + (1-\beta)\pi_2},\ \dfrac{\pi_1(1-\beta) + \theta d_1 - c_1}{(1-\theta)d_2 + (1-\beta)\pi_1}\right)$。

由于系统的平衡点并不一定是演化稳定策略（ESS），本章借助雅克比（Jccobian）矩阵的局部稳定分析方法研究方程（9）和方程（10）组成系统的稳定性（余斌斌和余雷，2015）。

$$
\begin{aligned}
J_E &= \begin{pmatrix} \dfrac{\partial}{\partial x}\left(\dfrac{dx}{dt}\right) & \dfrac{\partial}{\partial y}\left(\dfrac{dx}{dt}\right) \\[2mm] \dfrac{\partial}{\partial x}\left(\dfrac{dy}{dt}\right) & \dfrac{\partial}{\partial y}\left(\dfrac{dy}{dt}\right) \end{pmatrix} \\[3mm]
&= \begin{pmatrix} (1-2x)\times\big[\,\pi_1(1-y)(1-\beta) + \theta d_1 - c_1 - y(1-\theta)d_2\,\big] \\[2mm] y\times(1-y)\times\big[\,-\pi_2(1-\beta) - (1-\theta)d_2\,\big] \end{pmatrix} \\[3mm]
&\quad x\times(1-x)\times\big[\,-\pi_1(1-\beta) - (1-\theta)d_2\,\big] \\[2mm]
&\quad (1-2y)\times\big[\,\pi_2(1-x)(1-\beta) + \theta d_2 - c_2 - x(1-\theta)d_2\,\big]
\end{aligned}
$$

指出，若满足条件：$\text{Det } J_E > 0$，$\text{Tr}J < 0$，则复制动态方程的均衡就是局部稳定的或渐进局部稳定，该均衡点即为演化稳定策略（Weibull，1998）。根据演化博弈理论，由于 $\pi_2(1-\beta) + \theta d_2 - c_2$ 和 $\pi_1(1-\beta) + \theta d_1 - c_1$ 均大于 0，上述系统演化路径与均衡可能有以下两种情况（Weibull，1998）：

第一种情况：当 $0 < \pi_2(1-\beta) + \theta d_2 - c_2 < (1-\theta)d_1 + (1-\beta)\pi_2$，$0 < \pi_1(1-\beta) + \theta d_1 - c_1 < (1-\theta)d_2 + (1-\beta)\pi_1$ 时，系统局部演化的稳定性分析结果如表 5-3 所示。

表 5-3　　　　　　　　情形 1 下系统局部演化稳定性分析结果

平衡点	TrJ	Det J_E	稳定性结果
$(0,0)$	+	+	不稳定
$(0,1)$	−	+	ESS
$(1,0)$	−	+	ESS
$(1,1)$	+	+	不稳定
$\dfrac{\pi_2(1-\beta) + \theta d_2 - c_2}{(1-\theta)d_1 + (1-\beta)\pi_2},\ \dfrac{\pi_1(1-\beta) + \theta d_1 - c_1}{(1-\theta)d_2 + (1-\beta)\pi_1}$	0	−	鞍点

此均衡点处的 Jccobian 矩阵的特征值可以判断，$G\left(\dfrac{\pi_2(1-\beta)+\theta d_2-c_2}{(1-\theta)d_1+(1-\beta)\pi_2},\right.$ $\left.\dfrac{\pi_1(1-\beta)+\theta d_1-c_1}{(1-\theta)d_2+(1-\beta)\pi_1}\right)$ 为鞍点；$O(0,0)$ 和 $C(1,1)$ 为不稳定点，$B(0,1)$ 和 $A(1,0)$ 为演化稳定点。

图 5-1 中由两个不稳定的均衡点 O、C 和鞍点 G 连接的折线为系统收敛不同模式的临界线，初始状态在 OGCBO 区域时，系统收敛于（B2，A1）模式，即在位企业选择跟随搜索，而新创企业选择领先搜索，这种模式是一种不良"锁定"状态，这种模式演化稳定会导致其他模式逐渐消失（Weibull，1998）。相反，当初始状态处于 OGCAO 时，系统将收敛在（B1，A2）模式，即在位企业选择领先搜索，新创企业选择跟随策略，这种收敛状态较为理想。

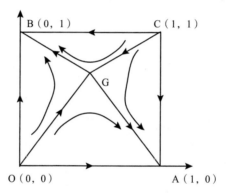

图 5-1　情形 1 下系统复制动态演化相位

第二种情况：当 $\pi_2(1-\beta)+\theta d_2-c_2>(1-\theta)d_2+(1-\beta)\pi_2$，$\pi_1(1-\beta)+\theta d_1-c_1>(1-\theta)d_1+(1-\beta)\pi_1$ 时，系统局部演化的稳定性分析结果如表 5-4 所示。

表 5-4　　　　　　　情形 2 下系统局部演化稳定性分析结果

平衡点	TrJ	$DetJ_E$	稳定性结果
(0, 0)	+	+	不稳定
(0, 1)	不确定	−	不稳定
(1, 0)	不确定	−	不稳定
(1, 1)	−	+	ESS

在第二种情况下，如图 5 - 2 所示只有（1，1）是演化稳定策略，其对应模式为（B1，A1），该模式是指在位企业和新创企业均采取领先搜索策略，而其他三个点是系统不稳定平衡点。

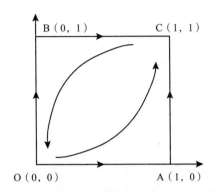

图 5 - 2　情形 2 下系统复制动态演化相位

二、新创企业与在位企业演化博弈的仿真分析

为了模拟参数 θ 或 β 变化对方程组（9）和方程组（10）的影响，本章运用经典 4 阶龙格库塔方法（Runge - Kutta）编程仿真，考察通过参数 θ 或 β 变化，观察演化博弈的演进轨迹。根据上文中参数的大小关系条件，假定 $\pi_1 = 100$，$\pi_2 = 200$；$d_1 = 80$，$d_2 = 150$；$c_1 = 10$；$c_2 = 50$。首先假定 x = 0.1，y = 0.1 不变，图 5 - 3 所示是 β 随 θ 取不同值（0.1，0.3，0.5，0.6，0.7 和 0.9）时演化方程的变化轨迹。从图中可以看出当领先搜索风险收益系数 θ 低于 0.6 时，在位企业倾向选择领先搜索，且新创企业在对手领先搜索概率低于 0.1 以下时，随着跟随模仿的风险系数增大到 0.9 时缓慢趋向（1，0），当新创企业在较高概率选择跟随搜索时演化结果趋向（0，1），符合上述演化稳定性分析的第一种情况；当 θ 大于等于 0.6 时，企业从对手处获得的知识溢出效应 $(1 - \theta)d_i$ 将迅速减少，新创企业与在位企业倾向选择领先搜索策略，当符合上述演化稳定性分析的第二种情况时，最终趋向（1，1）。

图 5 - 4 则是 θ 随 β 取不同值（0.1，0.3，0.5 和 0.9）时演化方程的变化轨迹，从图中可以看出 β 的增加对新创企业搜索时机选择的影响并不明显，无论在位企业是否选择领先搜索，新创企业对领先搜索保持较低水平的敏感性，此时的演化系统并没有稳定解。其他参数变动对演化结果的影响可以做类似的模拟。

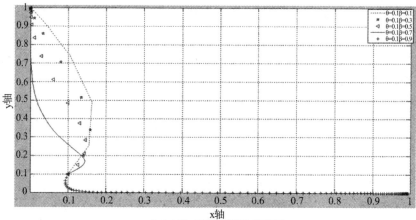

θ=0.1时，β变化的演化轨迹图

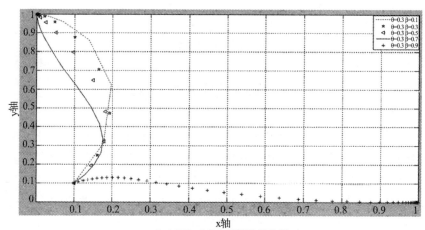

θ=0.3时，β变化的演化轨迹图

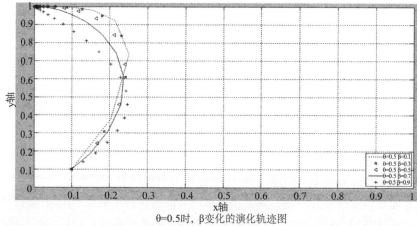

θ=0.5时，β变化的演化轨迹图

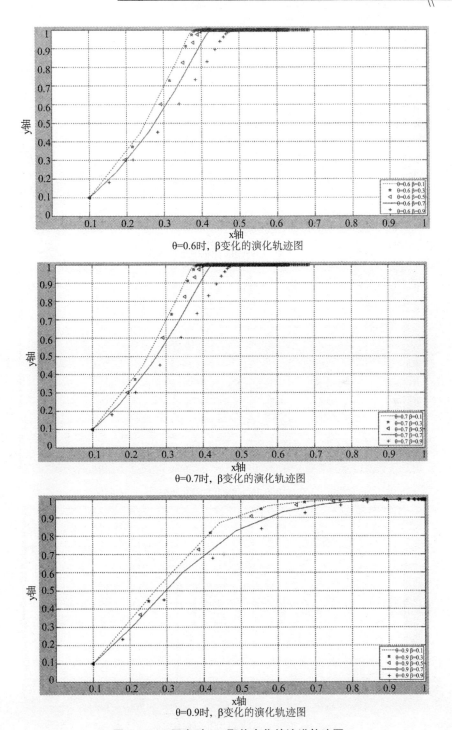

图5－3 θ固定时，β取值变化的演进轨迹图

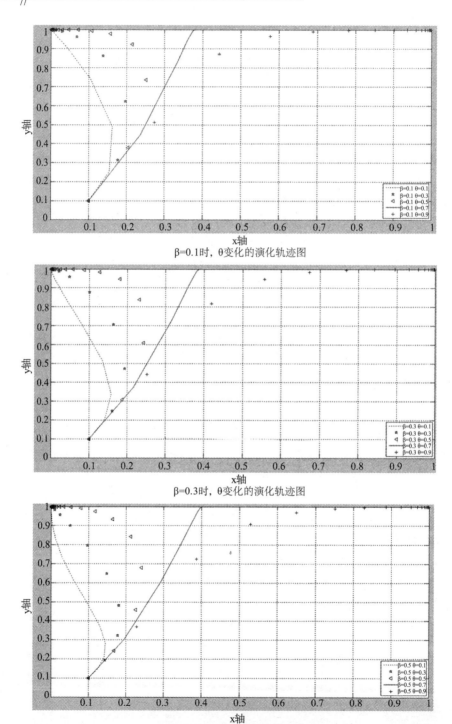

β=0.1时，θ变化的演化轨迹图

β=0.3时，θ变化的演化轨迹图

β=0.5时，θ变化的演化轨迹图

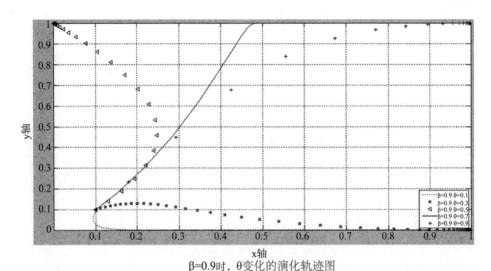

β=0.9时，θ变化的演化轨迹图

图 5-4　β固定时，θ取值变化的演进轨迹图

三、新创企业与在位企业演化博弈的结果分析

从以上动态演进过程可知，系统演化的长期均衡结果与博弈的支付密切相关，同时受到博弈发生的初始状态影响。首先，领先搜索带来的额外收益 d_1 和 d_2。当领先搜索给新创企业带来的额外收益越大时，就会吸引更多企业采取领先搜索，但领先收益或受到领先搜索风险收益系数 θ 的扰动（见图 5-3），只有领先搜索的收益足够大时，才能对新创企业实施领先搜索产生激励。其次，领先搜索所付出的成本 c_1 和 c_2。新创企业为领先搜索付出的成本越小时，搜索的门槛越低，倾向选择领先搜索策略的概率就越大。而新创企业领先搜索成本，又直接与企业所处的本地知识网络结构及知识服务型平台建设相关，本地知识网络相对开放，并且知识服务型机构完善的集群，企业领先搜索的成本相对较低。最后，跟随搜索的企业将获得知识溢出收益 $(1-\theta)d_i$，以及新创企业双方都采取盲目跟随模仿的损坏作用 β。新创企业领先搜索收益如果高于跟随搜索获得直接收益加知识溢出收益，那么其更愿意进行领先搜索，但是在跟随搜索获得收益高于领先收益时，双方也必须考虑同时采取跟随搜索策略时的损害作用的大小（见图 5-3）。

第四节　新创企业与在位企业搜索博弈的案例分析

一、新创企业与在位企业案例介绍

新创企业普遍具有技术创新能力低与创新资源匮乏等特征，但它们嵌入本地或区域集群网络中，更多依靠集群企业互动获取创新知识。集群情境为新创企业搜索外部知识提供机会（邬爱其和李生校，2012），先进制造业企业在技术搜索方面较为活跃，尤其在竞争性较为激烈的技术导向型企业中。企业通常在了解行业同类技术、供应商领域相关技术、竞争对手产品知识，以及顾客的需求与偏好知识等内容方面，主要采取领先搜索及跟随搜索两类策略。

新创企业从建立到稳定成长通常需要 5～8 年，故借鉴王（Wong，1993）等研究将成立时间 8 年内的企业界定为新创企业。A 公司系浙江东部地区某先进制造业的典型新创企业，公司正式成立于 2009 年，现主要从事叉车及物流搬运设备的研发、设计、营销等活动。公司系省级高新技术企业，受到地级市政府的重点支持，近年来致力于大吨位内燃叉车、高端高性能电动叉车等方面的技术研发及市场推广活动。本章分别以叉车行业典型的内燃叉车、电动叉车及仓储叉车等三大类产品的技术知识搜索为例，探讨 A 公司与同一集群在位企业 B 的竞争性搜索互动及其博弈收益。

在位企业 B 系中美合资企业，年设计生产能力 1.5 万台，拥有先进的部件加工中心、涂装流水线、总装流水线、整机性能检测线及各类叉车试验台，并配备全套的计算机控制系统。管理规范，工厂合理，产业工人本地化；地理位置优越，处于本地叉车制造基地中心，技术及配套资源丰富；产品精细化程度高，外观靓丽。B 公司较 A 公司在叉车制造经验积累以及资源整合方面具有先发优势，并且在行业内具有更大的话语权。

2013 年 6 月至今，本书作者与 A 公司就大吨位叉车研发的流程进行专项合作，合作期间课题组派出专家组对当地制造集群内部企业间搜索互动情况、内燃叉车、电动叉车及仓储类搬运车的研发情况、A 公司与 B 公司近年来的业绩等进行详细调研。

二、新创企业与在位企业搜索互动博弈

笔者通过查阅历史资料及检索 A 公司与 B 公司历年在技术与市场上互动的关键事件，梳理了两家企业围绕叉车技术的博弈过程。调研中发现，A 公司与 B 公司围绕三类产品在发展过程中采取针锋相对的搜索策略：

第一，在 A 公司创业初期，小吨位内燃叉车技术门槛相对较低，国内大部分叉车制造企业处于装配工厂的定位，发动机、变速箱及控制器等关键零部件依赖供应商，车体、车桥等部件通过自行加工完成。此时，B 公司在中小吨位内燃叉车和电动叉车领域应用国外合资技术已取得突出业绩，A 公司通过从 B 公司挖角技术、市场和生产人员，逐渐建立一个叉车制造团队进入 1~4 吨中小内燃叉车市场，先后成功开发出 1~1.8 吨、2~3.5 吨内燃平衡重式柴油叉车、1~1.8 吨、2~3.5 吨汽油 LPG 叉车、3~4 吨 TCF 内燃平衡重式柴油叉车等一系列中小吨位内燃叉车产品，并成功在激烈市场竞争中生存下来。

第二，A 公司发现叉车领域的利润跟吨位成正比关系，即大吨位的叉车技术含量较高，竞争相对小且利润高，于是通过顾客反馈、产学研合作等方式进入 5~10 吨位的内燃叉车领域，先后开发出 5~10 吨内燃侧面叉车、5~7 吨内燃柴油叉车等产品，并率先占领大吨位叉车的大部分省内市场，并在支架、缸底油路、密封垫等方面成功申请专利。此时，B 公司开始注意 A 公司在产品研发和市场方面的动向，强化在中小吨位内燃叉车市场渠道的控制。

第三，竞争对手 B 公司发现创业短短几年的 A 公司在大吨位内燃叉车市场的增长态势后，果断决定跟进大吨位叉车市场领域。面临对手咄咄逼人的竞争压力，A 公司决定布局电动叉车和仓储叉车领域寻找新的业绩增长点。A 公司通过展会、营销调查、技术人才引进等方式加强对电动叉车技术和人才的搜索，并通过专利数据库、对手产品分析、参与国家标准制定等方式储备仓储叉车技术。此时，竞争对手 B 公司一方面持续引进德国和日本的电控、尾气净化等技术，抓住 5~10 吨内燃叉车的核心市场和产品，另一方面发挥 1~4 吨电动叉车的领先进入优势，不断优化产品系列和产品性能，实现内燃叉车和电动叉车的双增长局面。

第四，在大吨位内燃叉车随着激烈市场竞争利润缩水情形下，B 公司面临行业市场的整体竞争冲击牢固稳住内燃叉车的市场份额并实现电动叉车的持续增长，A 公司为避免与 B 公司正面竞争果断选择进入 5~10 吨电动叉车领域，

通过大吨位电动环保叉车的开发引领技术与市场的发展，并在仓储叉车中搜索到民航领域的飞机牵引车、行李搬运车等细分市场机会。

第五，竞争对手对 A 公司在内燃叉车和电动叉车方面全方位跟进，于是 A 公司通过 48 吨位内燃叉车研发，吸收发动机供应商合作、外部机械自动化研究所合作等方式实现技术领先，公司对大吨位叉车的设计、制造设备及工艺方面知识搜索与人才储备方面达到集群区域领先水平。A 公司对电动叉车的开发起初采用跟随搜索进入市场，然后在大吨位（10 吨及以上）电动叉车方面采用领先搜索策略超过竞争对手 B 公司，最后导致对手 B 公司在大吨位电动叉车方面反而追赶新创企业 A 公司的局面。电动叉车巨大的市场发展潜力是任何一家叉车制造企业的"兵家必争之地"，A 公司通过营销公司调查、技术人才引进等方式加大搜索频次及强度，在核心人员保留、电控操纵系统、专利申请数量等方面始终保持行业前列（见图 5−5）。

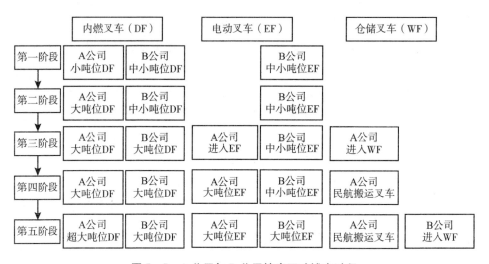

图 5−5 A 公司与 B 公司搜索互动博弈过程

三、新创企业与在位企业博弈收益

项目组通过行业协会历年出具的报告，对公司 A 与公司 B 在五个阶段的大致时间节点所对应三种业务的收入进行对比，结果见表 5−5。从表中可知，A 公司进入市场之前，B 公司在内燃叉车领域已经具有较大的规模优势，但是这几年随着叉车行业的竞争激烈及 2008 年金融危机之后中国制造业不景气等因素导致传统内燃叉车的增量增速放缓，竞争对手对市场的争夺导致企业规模难以较大幅度增长。A 公司与 B 公司的业绩随着行情和竞争策略而波动，在电动环保叉车领域由于市场竞争还处于合理范围，两家公司的业绩一直增长，仓储叉车领域因为属于一个细分市场领域，市场容量不大，大规模竞争对手尚未出现。

表 5 – 5　　　　　　　　　新创企业与在位企业博弈收益

博弈阶段	内燃叉车收入（亿元）		电动叉车收入（亿元）		仓储叉车收入（亿元）	
	A 公司	B 公司	A 公司	B 公司	A 公司	B 公司
第一阶段	0.9	8.4	0	1.3	0	0
第二阶段	2.5	8.2	0	1.6	0	0
第三阶段	2.7	9.5	0.4	1.9	0.3	0
第四阶段	2.3	9.1	1.2	2.4	1.2	0
第五阶段	2.9	8.4	1.4	2.7	1.3	0.5

资料来源：根据叉车行业年报数据统计。

第五节　研究小结

本章运用重复博弈及演化博弈研究新创企业与在位企业搜索时机互动，并借助模拟仿真方法揭示演化路径以及运用案例验证企业间搜索互动过程，得到以下结论：第一，新创企业领先搜索与搜索风险有着重要关联，并权衡搜索收益与搜索成本之间的关系加以选择；第二，重复博弈中，新创企业交替性选择跟随搜索策略和领先搜索策略比持续选择领先搜索和跟随搜索获益更大，但前提是竞争对手选择领先搜索的收益要高于其选择跟随搜索的收益；第三，在演化博弈分析中，系统演化的长期均衡结果可能是领先搜索，也可能是跟随搜索，其最终演进路径与收敛情况与博弈的支付和博弈发生的初始状态相关。

通过上述博弈分析，为了引导集群企业朝着良性方向发展，促进产业结构调整和集群转型升级，集群当地政府可以采取以下措施：第一，加大知识产权保护和公共服务平台建设，保护领先搜索企业的合理收益，并对企业搜索外部技术和市场知识提供针对性的公共服务，降低搜索风险和搜索成本，遏制部分企业的不正当竞争和机会主义行为。第二，政府应鼓励企业采取领先搜索策略，探索与创新行业先进技术或引进相关行业，倡导领先企业设定行业技术标准，推崇技术和市场的差异化竞争。第三，根据集群生态系统特征，引导大量中小企业在集群生态系统演化过程中找到合适的生态位，发挥各个企业的优势实现产业链的横向分工合理和纵向合作有序。

此外，对企业的管理启示主要体现在三个方面：首先，新创企业在集群环境下生存，应利用相对竞争对手的有利搜索时机避开在位企业的非对称竞争压力，实现差异化定位与获取知识搜索收益最大化；其次，新创企业与在位企业长期竞争初期，可以选择跟随与领先交替策略试探竞争对手，以实现重复竞争中的收益最大化；最后，新创企业应根据演化博弈中的演进路径及收敛规律选择适合的搜索时机策略，以打破集群企业间的锁定关系。

第六章

新创企业平行搜索风险识别、度量与控制

本书第二章到第五章揭示了新创企业平行搜索对产品创新绩效的作用机制和决策机理。在平行搜索的实践过程中，新创企业必然面临诸多风险，如何识别、度量与控制这些风险？针对这些问题，本章首先借助潜在失效模式与影响分析（FMEA）原理对新创企业平行搜索的风险模式、风险成因及风险影响加以分析，进而厘清风险度量标准并提出风险防范措施，最后通过案例加以验证。

第一节 研究目的与问题提出

平行搜索虽然能够给新创企业带来一系列即时竞争优势，但因竞争行动容易招致对手的防卫或反击而存在各种风险（Chen & Hambrick，1995；Katila & Chen，2008；项后军和江飞涛，2010；奉小斌，2015）。与大型企业相比，新创企业创业之初在资金、人才、信息、财政金融的支持以及市场的控制力等方面处于劣势，这导致企业容易陷入被动跟随搜索的创新惰性。浙江省众多集群新创企业在平行搜索中面临困境，如瑞安汽摩配、永康小五金、大唐袜业等产业的中小企业在创新搜索战略定位和选择方面存在较大风险。

已有研究表明：一方面，企业平行搜索过度导致"能力陷阱"或"失败陷阱"（Levinthal & March，1993；Ahuja & Lampert，2001）、知识搜索失效（Petruzzelli et al.，2011）、知识消化吸收障碍（van Wijk et al.，2008）等各种风险。另一方面，在动态竞争中，竞争对手的搜索行动将给目标企业的搜索活动

带来诸多不确定性，如新创企业受到同行现有竞争者利用社会网络优势对其进行知识封锁与绞杀、跟随模仿集群领导者的产品或技术而招致知识产权纠纷等风险（Szulanski，1996；李柏洲等，2014）。此外，在行业内部，由于在位者对核心技术、产品市场和关键供应网络的控制，在考虑成本约束下新创企业倾向选择成熟技术知识和定位竞争对手的现有市场，从而导致竞争对手与新创企业之间的非对称正面竞争（Ferrier et al.，1999；杨皎平等，2012）。但是，现有研究更多从探索与开发两类搜索失衡角度来探讨企业跨界搜索及其可能引发的风险，对考虑竞争对手搜索行动及回应下的平行搜索风险缺乏有效识别、度量（Boudreau et al.，2008），并且对如何防范风险缺乏系统性研究，这不利于新创企业平行搜索战略的实施与企业持续成长。

基于此，本章首先从理论上探索新创企业平行搜索可能存在的不同风险，借助潜在失效模式与影响分析（FMEA）模型对风险进行识别、度量及控制，并就风险模式、风险原因、风险影响之间的相关性进行系统展开，然后运用典型案例对平行搜索风险的危害性、发生概率进行演算，进而根据不同风险的等级对搜索过程的重点风险进行控制和防范。具体研究内容包括：①平行搜索的风险识别；②平行搜索的风险度量（包括风险危害性、风险概率、风险可探测性等）；③基于改进后风险矩阵的平行搜索风险控制。

第二节　文献回顾及研究框架

一、新创企业平行搜索的维度框架

卡蒂拉和阿胡贾（Katila & Ahuja，2002）最早根据组织知识基的特征，用搜索宽度和搜索深度来刻画企业的创新搜索行为。其中，宽度搜索是指组织搜索的范围，即组织创新活动所涉及的外部知识源或搜索通道的数量；深度搜索是指组织深入搜索外部知识源的程度，即组织在创新过程中利用外部知识源或搜索通道的数量。在此基础上，创新搜索中汲取的有用信息或新知识也被期望能更快用于创新，即创新搜索速度受到关注（Fabrizio，2009）。借鉴卡蒂拉和陈（Katila & Chen，2008）、奉小斌（2017）研究成果，将平行搜索视为一种学习竞赛，从领先搜索和跟随搜索两方面探索新创企业与竞争对手的互动，并充分考虑在搜索内容方面的搜索深度、搜索宽度及搜索速度所引发的对手反应（见图6-1）。接下来，本章研究将从领先搜索和跟随搜索两个方面对知识搜索宽度、搜索深度及搜索速度所带来的风险逐个加以分析。

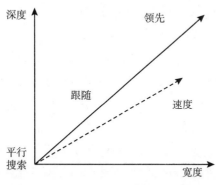

图6-1　新创企业平行搜索的维度框架

二、新创企业领先搜索风险

在时间竞争背景下，新创企业向组织外部搜索专业知识成为其短期内获得生存及持续发展的关键性战略。为了获得竞争优势，新创企业通常导入领先性搜索策略以更快地推出新产品，切斯布罗格（Chesbrough，2003）建议整合外部知识和创新帮助企业减少新产品开发时间。但是，新创企业领先搜索面临三方面风险：

（1）宽度领先搜索风险。宽度领先性技术搜索存在较高风险，当企业对技术知识的搜索范围超越现有知识基础时，如新构思与科研成果不成熟等原因导致搜索知识对产品创新无用，还有可能因新产品投放市场但无法满足顾客需求或被竞争对手更高性价比的产品替代。同时，宽度领先搜索将增加新创企业整合新知识的复杂性与成本，由于吸收能力与知识基更新带来无限搜索，含有新知识较多的创新搜索比重复开发相近知识项目更难成功，从而使企业容易陷入"失败陷阱"（failure traps）（Gupta et al.，2006）。新创企业对外部环境进行及时信息扫描与更新，诱发平行搜索过程中的"蝴蝶效应"（李中东和王发明，2009）。集群内部一些企业不愿投入资源进行自主创新，对外部市场产品或技术的模仿成为后发企业同步搜索的捷径，但长此以往将可能形成集群内部的趋同效应，使领先企业减少外部知识搜索的动力。

（2）深度领先搜索风险。技术独占性是指对企业各种不同知识、技术或创新成果加以保护使其免遭模仿，从而保障企业创新收益，但是在开放式创新背景下难以避免知识产权不被其他企业所利用。行业内部知识"溢出效应"使得领先性深度搜索的知识与经验难以独享（Operti & Carnabuci，2014），导致集群内部企业创新活动"搭便车"的现象普遍盛行，实证研究也发现市场竞争密度会增加企业新产品被其他企业模仿的风险（Demeter，2012）。此外，集群内部企业追赶竞争对手的最佳方式是从领先企业进行技术及市场人员挖角，关键技术或市场人员的离职或道德风险等因素导致重要技术及管理经验流失，严重影响领先企业搜索效果（Laursen & Salter，2006）。

（3）速度领先搜索风险。超前行动是相对竞争对手采取更具进攻性的姿态，新创企业平行搜索表现在对新技术或新产品采取先发制人与主动出击策略，但这种策略也会引发相应风险（Katila，2002）。法布里兹奥（Fabrizio，2009）研究发现只有企业对环境的响应速度与外部变化匹配时，创新搜索对企业绩效的影响才会显著。就技术而言，新创企业在快速搜索过程中面临技术不确定性，风险发生概率及风险引发的损失也随搜索速度递增，并且主导技术的选择可能会受到市场不确定性的影响。

三、集群新创企业跟随搜索风险

一般研究认为，新创企业会"避免与人企业正面竞争""竞争行为更灵活、行动更迅速""依赖游击战保持竞争主动性"（Chen & Hambrick，1995）。但是，跟随竞争对手进行搜索也会面临风险。

第一，宽度跟随搜索风险。由于"知识黏性"存在，集群新创企业的外部搜索和利用成本较高，加之研发投入及配套等不足制约默会知识的消化吸收，知识本身的特性使得外部搜索知识的价值难以衡量，并影响其对新颖性、高附加值产品知识的整合（Szulanski，1996；Van Wijk et al.，2008）。同时，集群新创企业通过跟随搜索与快速模仿他人的产品来利用共同声誉及品牌，导致新创企业随时遭遇知识产权风险（彭伟等，2012）。

第二，深度跟随搜索风险。集群内部存在大量"工序型"企业，在远离顾客的活动中更多地呈现合作倾向，而在接近顾客活动环节偏向竞争行为，集群内部由于"功能性锁定""认知锁定"等因素限制集群内部新创企业的平行搜索效果（Owen – Smith & Powell，2004；Eriksson & Lindgren，2009）。当新创企业深度跟随在位企业进行技术知识搜索时，尤其是当新创企业锁定在跟随竞争对手的主导设计（dominant design）中难以跟上产品更新步伐，容易导致新创企业核心能力缺乏。由于集群企业之间的恶意竞相模仿，会阻碍知识交流渠道与内部学习网络的形成，甚至导致新创企业与本地在位企业同质化（邬爱其和李生校，2011）。过度的深度跟随搜索可能增加新创企业与竞争者的相似性和熟悉程度，企业间过度熟悉导致对手容易快速掌握彼此间的技术诀窍，可能导致集群企业陷入"能力陷阱"而丧失成长机会（Phene et al.，2006）。

第三，速度跟随搜索风险。搜索时机风险是指在知识创新、产品营销等活动中，在考虑技术的合理性前提下，应该兼顾创新市场反应时间、快速降低成本等方面竞争，否则将丧失市场机会（Lin et al.，2012）。有研究表明（古家军，2009），在其他条件不变情形下，新产品上市时间延迟6个月，将导致整个产品寿命周期内的利润降低17% ~35%。集群内部企业间存在学习"近视症"，新创企业与在位企业跟随搜索容易引发集群搜索互动关系的动态变化，进而陷入创新"零和博弈"困境。由于新创企业与在位企业平行搜索的知识基础及市场空间重叠，集群企业内生知识带来的创新能力导致行业内部模仿超过竞争，新创企业持续针对行业内部在位企业的模仿必然引起对方的报复与绞杀，反过来促使新创企业复制知识的能力比同行快（Katila & Chen，2008；项后军和江飞涛，2010）。

第三节　基于 FMEA 的新创企业平行搜索风险识别、度量及控制

一、潜在失效模式及影响分析（FMEA）流程

FMEA（failure mode and effects analysis，FMEA）工具是一种重要的风险分析及控制工具，核心是通过小组集体讨论和系统分析方法对产品的设计、开发、生产等过程进行有效分析，找出潜在的风险模式及其对系统造成的可能影响，并按照每个失效模式的严重程度、检测难度及发生度对风险予以分类（龙筱玥和黄志明，2014）。FMEA 利用专家法评估各潜在风险模式的后果及严重程度，并找出潜在的产生原因，估计发生度，评估现有风险控制措施，确定检测度，从而完成 FMEA 表格，并提出预防措施（Liu et al.，2013）。具体FMEA 分析流程如图 6 - 2 所示。

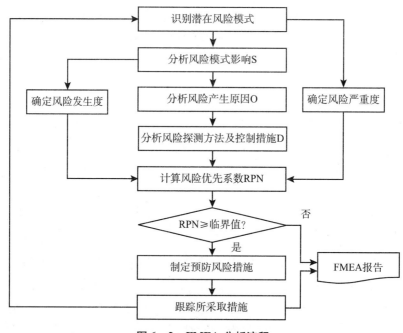

图 6 – 2　FMEA 分析流程

其中，严重度（severity，S）、发生度（occurrence，O）和检测度（detection，D）的分值范围均在 1 ~ 10 分，分数越高表明风险产生的后果严重度越高，或发生频率高，或难以检测到潜在风险。三者的乘积则为风险优先系数（risk priority number，RPN），即 RPN = S × O × D，这个系数取值范围为 1 ~ 1000，借助 RPN 大小可以判断是否有必要采取措施或确定控制风险的轻重缓急程度，风险系数越大的潜在风险模式必须优先加以控制，从而减少事后损失（龙筱玥和黄志明，2014）。

二、基于 FMEA 的集群新创企业平行搜索风险识别

目前，经济全球化和我国转型经济制度环境创造了大量的创业机会，同时也给新创企业生存带来巨大的风险。风险主要是由其损失、损失的重要性和损失的不确定性组成（Yates & Stone，1992），风险以损失发生的大小与损失发生的概率两个指标进行衡量。平行搜索风险识别是一个过程，这个过程包括对新创企业知识搜索过程中尚未发生的、潜在的以及客观存在的各种风险进行调查与分析，并找出风险发生的原因及潜在隐患（苏世彬和黄瑞华，2007）。借

鉴前文第二部分的文献梳理及运用专家访谈法对平行搜索风险进行识别，运用如图6-2所示的FMEA流程分析每种风险的产生机理及导致后果，针对失效原因采取风险过程控制举措，并制定风险识别表，如表6-1所示。

表6-1　　　　　　　　集群新创企业平行搜索风险识别矩阵

搜索风险	潜在风险模式	失效后果	失效原因	过程控制
领先搜索风险	发明创新风险	创新失败、创新失效、投资损失等	技术障碍、知识不完整、项目复杂性	风险识别及管理
	集群趋同风险	缺乏创新动力、创新知识冗余等	企业间模仿、本地搜索的路径依赖等	强化技术差异化
	搜索失败陷阱	无止境搜索循环、降低可靠性等	过度关注创新、知识整合复杂性/成本	平衡知识搜索
	知识外溢风险	知识泄密、招致竞争风险等	知识根植性、外溢效应引发模仿	加强内部培训等
	关键人员挖角	核心技术知识流失、创新失效等	人员离职频繁、员工道德风险等	强化知识员工管理
	技术不确定性	高失败率、引发财务等损失	外部环境不确定、企业能力限制等	强化市场调研等
跟随搜索风险	吸收能力风险	对外部知识缺乏吸收与整合等	知识黏性、默会知识等引发消化问题	加强自主研发能力
	知识产权风险	品牌丧失、遭致外围封杀	共同声誉及品牌、专利与商业秘密	加强知识产权评审
	恶意模仿创新	技术被模仿、同行间恶性竞争等	区域锁定、企业间信息扫描等	强化知识保护
	内部锁定风险	核心能力丧失、企业绩效降低等	行业内部功能性锁定、认知锁定等	强化外部知识搜索
	搜索能力陷阱	知识回报下降、失去能力跃迁机会	过度关注当前技术能力及成功经验	强化外部技术联系
	创新时滞风险	创新失败、产品收益下降等	滞后于竞争对手上市、技术落后等	压缩技术研发时间
	在位企业绞杀	陷入零和博弈困境、被对手封杀等	学习"近视症"、在位企业阻止等	加快竞争行动步伐

资料来源：根据相关资料整理。

三、集群新创企业平行搜索风险度量标准

借鉴 FMEA 风险矩阵分析流程，对潜在风险的严重度、发生度和探测度分别加以分析（Liu et al.，2013），并明确各个相邻分数间的区别，避免评分的随意性（见表 6-2 ~ 表 6-4）。

表 6-2　　　　　　　　　　　新创企业平行搜索风险等级界定

风险严重度	定义或说明	等级取值范围
关键	一旦风险事件发生，将引发平行搜索或创新失败，或影响企业正常运转	9 ~ 10
严重	一旦风险事件发生，将引发平行搜索效果变差，或带来较大损失	7 ~ 8
一般	一旦风险事件发生，平行搜索能取得一定效果但对企业创新影响明显	5 ~ 6
微小	一旦风险事件发生，对平行搜索效果有影响，但不影响最终效果	3 ~ 4
可忽略	一旦风险事件发生，对平行搜索效果没有显著影响	1 ~ 2

表 6-3　　　　　　　　　　　新创企业平行搜索风险发生概率

风险发生概率	定义或说明	频度取值范围
极可能发生	平行搜索风险模式发生概率大于95%，或接近100%	9 ~ 10
可能发生	平行搜索风险模式发生概率大于50%，或大于70%	7 ~ 8
偶然发生	平行搜索风险模式发生概率30% ~40%，或大于40%	5 ~ 6
较少发生	平行搜索风险模式发生概率小于20%，或小于30%	3 ~ 4
基本不发生	平行搜索风险模式发生概率小于5%，或小于10%	1 ~ 2

表 6-4　　　　　　　　　　　新创企业平行搜索风险探测度

风险探测度	定义或说明	探测度取值范围
无法识别	无法识别或极难识别风险失效模式，导致严重结果出现后才能发现	9 ~ 10
很难识别	难识别风险失效模式，产生连带失效风险后才发现，或需要严格监管	7 ~ 8
较难识别	较难识别风险失效模式，需要过程控制及严格监管	5 ~ 6
可识别	可识别风险失效模式，需要过程控制，或可预防	3 ~ 4
容易识别	容易识别风险失效模式，随时可预防发生	1 ~ 2

四、基于改进风险矩阵的平行搜索风险控制思路

FMEA 通过评估与识别平行搜索相关的风险，采取措施预防潜在风险（见表 6−5），降低风险优先数（RPN）。对于危害性大的风险模式，应从降低潜在风险发生可能性和风险严重度及提高潜在风险检出可能性三方面提出改进措施。一般利用 RPN 对潜在风险模式进行评定时，RPN 的门槛值为 125，超过此门槛值的潜在风险模式应采取改进措施（Yates & Stone，1992）。传统风险矩阵以风险的影响程度和风险发生概率确定风险重要性等级，但是没有考虑风险能否监测。本章研究在已有风险矩阵基础上加以扩展，重点关注处于表 6−5 中左上角的 [48，100] 范围风险等级较高的平行搜索风险，处于右下角 [1，15] 范围内为风险等级较低的风险，其余为风险等级中等。但是，当纳入风险可探测度进行综合考虑之后，RPN 高于 125 的风险系数也应该纳入重点监控与预防范围。

表 6−5　　　　　　　　　　新创企业平行搜索风险矩阵

评估值		潜在风险影响程度				
	取值范围	9~10	7~8	5~6	3~4	1~2
取值范围		关键	严重	一般	微小	可忽略
风险发生概率	9~10 极可能发生	[81，100]	[63，80]	[45，60]	[27，40]	[9，20]
	7~8 可能发生	[63，80]	[49，64]	[35，48]	[21，32]	[7，16]
	5~6 偶然发生	[45，60]	[35，48]	[25，36]	[15，24]	[5，12]
	3~4 较少发生	[27，40]	[21，32]	[15，24]	[9，16]	[3，8]
	1~2 基本不发生	[9，20]	[7，16]	[5，12]	[3，8]	[1，4]

第四节　案例研究

一、集群新创企业平行搜索案例企业介绍

新创企业普遍具有技术创新能力低与创新资源匮乏等特征，但它们嵌入本

地或区域行业网络中，更多依靠平行搜索获取创新知识（彭伟等，2012）。先进制造业企业在技术搜索方面较为活跃，尤其在竞争性较为激烈的技术导向型企业中。新创企业通常在了解行业同类技术、供应商领域相关技术、竞争对手产品知识，以及顾客的需求与偏好知识等内容方面，主要采取领先和跟随两类策略（项后军和江飞涛，2010）。

创业者在建立企业之后存在过渡期与起飞期，新创企业从建立到稳定成长通常需要 5～8 年，故借鉴王（Wong，1993）等研究将 8 年作为新创企业的成立时间。A 公司系浙江东部地区先进制造业新创企业，公司正式成立于 2009 年，现主要从事叉车及物流搬运设备的研发、设计、营销等活动。A 公司受到集群本地汽摩配、模具等产业的支撑，大部分零部件可以实现本地化生产及供应，集群内部建立了相对完整的产业分工协作体系。公司系省级高新技术企业，受到地级市政府的重点支持，近年来致力于大吨位内燃叉车、高端高性能电动叉车等方面的技术研发及市场推广活动。本章研究分别以 A 公司的 48 吨位全国首台套叉车、大吨位电动叉车及仓储类搬运车等三大类产品的技术知识搜索为例，应用 FMEA 工具实现平行搜索领先风险、同步风险及跟随风险的识别、度量及控制，最终提升产品研发的成功率。2013 年 6 月至今，作者与 A 公司就大吨位叉车研发的流程及风险管控进行专项合作，合作期间我们派出专家组对当地制造集群内部及行业间平行搜索互动情况、大吨位叉车、电动叉车及仓储类搬运车的潜在风险模式等进行详细调研。

调研中发现，A 公司三类产品对应着两种不同的平行搜索策略：首先，在 48 吨位叉车研发过程主要通过顾客反馈、产学研合作、供应商合作、研发机构合作等方式实现领先搜索，公司对大吨位叉车的设计、制造设备及工艺方面知识搜索与人才储备方面一直处于集群区域领先水平；其次，公司对电动叉车的开发属于行业同步搜索战略，行业内竞争对手正致力于开发大吨位电动叉车，A 公司通过市场展会、顾客反馈、营销公司调查、技术人才引进等方式综合运用领先与跟随搜索策略，在核心人员保留、技术知识保护及外部行业协会作用方面始终与行业保持同步水平；最后，在仓储类搬运车的研发方面，公司属于跟随者，相对于行业龙头企业（如合叉、杭叉等）而言 A 公司的规模和实力偏弱，主要通过专利数据库、竞争对手产品分析、参与国标制定、拓展国内外市场等方式提高平行搜索的效果及降低搜索风险，在研发资源投入及知识产权风险方面跟随对手开展 PDM（product data management）及知识产权评审。

二、集群新创企业平行搜索风险识别及度量

为了评估每类潜在风险的分值，A 公司邀请包括机械、电子、生产、管理等专业领域在内的 11 位专家，采用 FMEA 原理对三类产品的各种潜在风险模式的严重度、发生度、检测度进行独立评分，各个专家对每种风险模式的评价分采用职称和职务加权平均取整数得到最终评价结果（见表 6 - 6），并对潜在风险系数高的平行搜索风险采取措施加以优先预防。

表 6 - 6　　　　　　　　　A 公司平行搜索风险识别及度量

类别风险	潜在风险模式	字母代码	严重度 S	发生度 O	检测度 D	风险系数 RPN	风险预防措施	采取行动结果			
								严重度 S′	发生度 O′	检测度 D′	风险系数 RPN
大吨位领先风险	研发失败风险	L1	9	8	7	504	加强对大吨位叉车现有技术研讨及超大吨位叉车技术与市场可行性论证	5	4	4	80
	搜索失败陷阱	L2	8	6	5	240	在搜索集群本地技术知识的同时，强化对集群外部或行业外部知识的关注	5	4	3	60
	知识泄密风险	L3	8	8	6	384	加强技术研发的保密性，严格管控技术设计图纸及行业信息发布	3	2	4	24
	技术不确定性	L4	9	8	6	432	强化市场调研，增加技术总监与引进外部技术顾问加大对行业技术发展研判	4	3	4	48
电动叉车领先／跟随风险	恶意模仿创新	T1	6	8	5	240	强化电动叉车核心知识保护，并在研发过程中加强核心卖点设置及产品差异性	3	2	4	24
	关键人员挖角	T2	6	8	6	288	强化知识员工管理，通过公司激励机制改革留住关键技术和市场人员	3	4	3	36

续表

类别风险	潜在风险模式	字母代码	严重度 S	发生度 O	检测度 D	风险系数 RPN	风险预防措施	采取行动结果			
								严重度 S′	发生度 O′	检测度 D′	风险系数 RPN
电动叉车领先／跟随风险	同行恶性竞争	T3	7	5	6	210	陆续引进电池、电控、机械等国内及国外专家，带来新颖技术设计思路及成果	3	3	4	36
	搜索能力陷阱	T4	6	4	5	120	鼓励研发项目人员定期参加行业会议，强化外部技术联系，保持对外部敏感性	4	2	3	24
	在位企业封杀	T5	8	7	7	392	避免与集群本地对手在小吨位产品上的正面冲击，加快非标产品研发行动步伐	5	3	4	60
仓储类叉车跟随风险	吸收能力风险	G1	5	6	4	120	加强研发投入及资源配置，并注重通过产学研等方式提升仓储叉车的研发能力	3	4	3	36
	知识产权风险	G2	8	6	5	240	加强知识产权评审，尽量避免陷入仓储车专利陷阱，引入第三方合作研发	4	4	3	48
	内部锁定风险	G3	5	5	6	150	公司逐步调整市场战略，将本地研发国内销售调整为国内研发全球销售，强化对全球行业及上下游知识搜索	3	2	3	18
	创新时滞风险	G4	7	6	7	294	导入 PDM 等研发平台压缩技术研发时间，改造传统的职能制研发组织构架	4	3	4	48

资料来源：根据相关资料整理。

三、基于风险坐标图的平行搜索风险控制

从表6-6中的风险系数可知，A公司研发48吨叉车的领先搜索比电动叉车同步搜索和仓储叉车跟随搜索的潜在风险都大，企业需针对不同的潜在风险模式制定相应的预测与改进措施，并使风险系数较大的失效模式优先得到控制。根据风险排序方法，将A公司面临的平行搜索风险加以梳理，以风险发生等级（风险发生的严重度及发生概率乘积项为参考）及可探测度为依据绘制A公司重大风险坐标图，如图6-3（a）所示，采取风险预防措施前A公司平行搜索风险较为集中在风险等级高及可检测度中低的高风险区域。

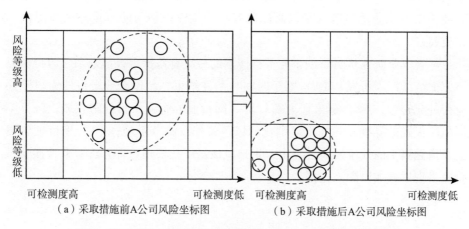

（a）采取措施前A公司风险坐标图　　（b）采取措施后A公司风险坐标图

图6-3　A公司采取风险预防措施前后的平行搜索风险坐标图

专家组与公司技术研发部门及高层领导进行数次沟通后，形成对每种风险模式的典型预防措施（具体措施见表6-6），并在采取有效措施对各种潜在风险加以管理与控制基础上，三个月之后专家组重新对每项风险模式进行重新度量以判断各种潜在风险是否可控。并且，从图6-3（b）可以看出，采取风险预防与过程控制措施后大部分潜在风险向风险等级低与可检测度高的领域转移。因此，为了确保大吨位叉车的知识搜索及产品开发的按时、保质与保量完成，A公司应该了解平行搜索过程及竞争动态，及时发现可能产生的风险模式并加以修正，避免后期造成严重损失及后果。

第五节　研究小结

　　针对当前新创企业平行搜索风险评估方法普遍缺乏实证的情况，本章对新创企业平行搜索的风险识别、度量及控制进行研究，得出以下结论：（1）从知识搜索内容及搜索策略两个方面共识别出集群新创企业平行搜索的两大类14种典型潜在风险模式；（2）应用 FMEA 原理对集群新创企业平行搜索风险进行系统分析，对风险模式失效后果、失效原因机理及过程控制进行探讨；（3）以典型集群新创企业 A 公司三类典型产品的研发进行案例分析，探讨应用 FMEA 风险预防及改进型风险评估坐标图进行平行搜索风险识别、度量及控制的全过程，得出领先搜索风险较跟随搜索风险大的结论，这有利于新创企业集中资源防范风险级别较高的风险，为企业识别与防范重点风险提供理论支持。

　　尽管本章研究是对新创企业平行搜索的一次有益探索，但未来还值得从以下方面继续深入研究：（1）鉴于时间与条件约束，新创企业平行搜索风险集有待补充完善；（2）未来研究需针对不同行业的企业平行搜索领域，区分不同风险模式的等级，并提出差别化的风险管控及防范措施；（3）平行搜索概念及内涵属于尚处于发展过程中，未来应该运用扎根理论等方法对平行搜索风险及表现形式加以深入挖掘。

第七章

总结与展望

第一节 主要研究结论

结论一：平行搜索对产品创新绩效有显著影响，并通过即兴能力间接影响产品创新绩效。

本书借鉴组织搜索理论、动态竞争理论及管理认知理论，从领先搜索和跟随搜索两个维度探讨平行搜索的作用机制，以我国沿海发达地区的新创企业为样本进行实证检验，并证实领先搜索与跟随搜索均显著影响创新绩效。本书在传统知识搜索理论基础上纳入搜索时机维度，在支持卡蒂拉和陈（Katila & Chen，2008）等研究结论的同时，也澄清了时间竞争研究中关于知识搜索时机对创新影响的相悖观点。本书将新创企业创新问题置于竞争互动视角下，考察新创企业如何巧妙选择搜索时机而避开与在位企业的同质化和不对称竞争，为解决当前政产学界普遍关注的新创企业创新问题提供新思路。

新创企业需要在平行搜索过程中充分发挥即兴能力对旧知识调用与新知识创造性整合的关键作用，才能促进产品创新绩效的实质性提升。从知识基础观来看，动态环境下新创企业必须重新配置知识吸收与整合能力，外部知识搜索的时间紧迫性促使组织即兴思考与学习，因此企业往往通过平衡发挥动态能力和即兴能力的作用来加快外部知识的搜索与转化效率（韵江和王文敬，2015）。本书研究结果表明，搜索时机和即兴能力是企业产品创新绩效的两个重要前因变量，并且产品创新绩效高的新创企业不仅善于利用组织积累的原有知识，还能够快速反应、有效利用现有资源实现新奇创造，这一定程度上印证马格尼等

（Magni et al.，2013）提出的"组织行动和组织认知活动的同步性"结论。

结论二：管理者对外部环境的解释及竞争强度影响新创企业平行搜索对产品创新绩效的作用。

本书结合管理认知和战略管理相关研究，发现管理者对外部环境的解释间接影响组织搜索时机的选择，并将管理者对外部环境的解释视为从"威胁解释"到"机会解释"的一条连续谱，揭示管理者解释对领先搜索和跟随搜索与产品创新绩效关系的不同作用机制，即"机会解释"下选择领先搜索对产品创新更有利，"威胁解释"下选择跟随搜索有助于产品创新。通过实证分析发现，管理者对外部环境的机会解释正向影响领先搜索与产品创新绩效的关系，管理者对外部环境的威胁解释负向影响跟随搜索与产品创新绩效的关系；竞争强度负向调节领先搜索与产品创新绩效的关系，正向影响跟随搜索与产品创新绩效的关系。

竞争强度与管理者解释对跟随搜索与产品创新绩效具有联合调节效应，具体而言，当外部竞争强度越高时，管理者对外部环境的威胁解释更为明显，基于风险规避和损失最小化等考虑更倾向于选择跟随搜索。基于三维交互效应的考察发现行业竞争强度影响管理者对外部环境的感知判断，本书基于管理者认知视角纳入新创企业管理者因素，为更充分地解释新创企业平行搜索决策及其对产品创新的影响机制提供了新的研究方向，深化了对新创企业的外部创新情境及内部资源能力的认识。

结论三：管理注意力在搜索时机、即兴能力与产品创新绩效之间发挥重要作用。

高层管理者注意力是一种稀缺资源，管理者在众多信息中如何有效分配注意力资源决定企业绩效（Cyert & March，1963）。本书研究结果显示，管理者对企业内部组织、员工、股东等的关注负向调节领先搜索与即兴能力，却能增强跟随搜索对即兴能力的影响；管理者对企业外部竞争对手、市场状况等的关注正向调节领先搜索和跟随搜索与即兴能力，以及即兴能力与产品创新绩效的关系。管理注意力对搜索时机与即兴能力之间关系的调节结果，充分反映出管理者注意力的作用机制差异，一方面，管理者对内部的过度关注，将引发新创企业选择跟随搜索策略，其原因可能是聚焦内部使得管理者对外部信息沟通存在隔离（Li et al.，2013）；另一方面，管理者对外部关注促进知识搜索与即兴能力的联结，并通过对外部即时环境信息的感知与理解强化外部知识整合与转化为对企业创新绩效有影响的新产品或服务。高层管理者在企业中特殊地位，将更多新兴市场环境对企业未来发展有利的因素有效告知员工（Ocasio，1997），这也有利于提高企业创新水平。同时，高层领导通过营造有利于创新的氛围，从而增加员工对企业创新活动的支持与承诺（Elenkov et al.，2005）。本书还验证了纳德卡尼和巴尔（Nadkarni & Barr，2008）提出的"管理者对环境的解释影响管理者行动"的认知—行动观点，管理注意力在企业平行搜索时机战略选择及即兴能力发挥中的差别化影响，一定程度上说明管理者在动态环境下难以对内部与外部施加等量的注意力。

结论四：绩效反馈结果影响新创企业平行搜索时机的选择，并且绩效反馈对搜索时机的影响受到情境调节焦点的干扰。

一方面，本书研究发现平行搜索时机的不同选择策略会受到不同的绩效反馈结果的影响，这丰富了平行搜索的前因研究。本书研究基于展望理论侧重考察绩效反馈结果对新创企业管理者搜索决策的影响机制，并从理论上回答了新创企业相对于在位竞争者"何时搜索知识"的问题（Liu et al.，2013）。具体地讲，企业绩效反馈高于预期目标时管理者不愿意冒险而选择跟随搜索；反之，绩效低于预期水平时会触发管理者开展领先搜索，这进一步拓展了艾耶和米勒（Iyer & Miller，2008）等学者对绩效反馈与创新关系的研究。

另一方面，本书研究发现绩效反馈对平行搜索时机决策的影响会受到情境调节焦点的干扰，这拓展了绩效反馈的作用研究。组织行为和风险决策领域关于绩效反馈对未来行为的影响没有形成一致的结论，大量研究单一地将绩效反馈看作企业搜索"问题"的过程（Freitas et al.，2002）。本书研究证实绩效反馈是企业变革的一个"契机"，差的绩效反馈直接触发决策者采取变革行动，促进焦点和预防焦点均会促进搜索策略变革。研究结论既澄清了"承诺升级理论"与"反复试验学习"两大研究流派的争论，又验证了"调节焦点失灵"和管理者"自我辩白"动机的存在，将希金斯（Higgins，1997）等关于调节焦点理论的研究进一步拓展到绩效压力较大的动态管理环境下，为管理决策提供了重要的理论参考。

结论五：新创企业与在位企业搜索时机互动中，均衡结果取决于博弈的支付与博弈发生时的初始状态。

本书研究运用重复博弈及演化博弈分析集群新创企业与在位企业搜索时机互动，并借助模拟仿真方法揭示演化路径以及运用案例验证企业间搜索互动过程，得到以下结论：第一，新创企业领先搜索与搜索风险有着重要关联，并权衡搜索获益与搜索成本之间的关系加以选择；第二，重复博弈中，新创企业交替性选择跟随搜索策略和领先搜索策略比持续选择领先搜索和跟随搜索获益更大，但前提是竞争对手选择领先搜索的收益要高于其选择跟随搜索的收益；第三，在演化博弈分析中，系统演化的长期均衡结果可能是领先搜索，也可能是跟随搜索，其最终演进路径及收敛情况与博弈的支付和博弈发生的初始状态相关。

结论六：新创企业与在位企业平行搜索面临三大类潜在风险，可以采取FMEA及风险评估坐标图对潜在风险进行识别、度量及控制。

针对当前新创企业搜索风险评估方法普遍缺乏实证的情况，本书研究对集群新创企业平行搜索的风险识别、度量及控制进行研究，得出以下结论：（1）从知识搜索内容及搜索策略两个方面共识别出集群新创企业平行搜索的三大类14种典型潜在风险模式；（2）应用FMEA原理对新创企业平行搜索风险进行系统分析，对风险模式失效后果、失效原因机理及过程控制进行探讨；（3）以典型新创企业A公司三类典型产品的研发进行案例分析，探讨应用FMEA风险预防及改进型风险评估坐标图进行平行搜索风险识别、度量及控制的全过程，得出领先搜索风险较跟随搜索风险大的结论，这有利于新创企业集中资源防范风险级别较高的风险，为企业识别与防范重点风险提供理论支持。

第二节　本书的理论贡献

与已有研究相比，本书的理论意义主要体现在五个方面：

第一，基于动态竞争理论，本书在传统知识搜索理论研究基础上将平行搜索时机纳入分析框架，通过问卷调查、准试验研究、模拟仿真分析等方法，探究新创企业平行搜索的静态及动态作用机制，有望弥补以往研究只关注静态知识搜索的搜索范围、知识基特征、知识类型等因素的缺陷。

第二，本书验证了"管理者对环境的解释影响管理者行动"的认知—行动观点，拓展了"机会—威胁"认知框架在平行搜索领域的应用，并基于三维交互效应的考察发现行业竞争强度影响管理者对外部环境的感知判断，为全面解释新创企业平行搜索决策及其对产品创新的影响机制提供了新的理论依据。

第三，基于"知识战略—内部能力—绩效结果"理论框架，本书开创性地构建了从平行搜索经由组织层面上的即兴能力直至产品创新绩效的逻辑链条，借助管理注意力理论深化平行搜索对产品创新绩效影响的权变作用，弥补了以往知识搜索与即兴能力之间理论链接不够紧密的不足。

第四，本书采用准试验方法揭示不同调节焦点作用下新创企业管理者对平行搜索时机的静态决策规律，借助重复博弈与演进博弈模型揭示企业间内在竞争互动轨迹及平行搜索的动态演进机理，进而构建一个平行搜索的动态演化研究框架体系，将既往静态搜索研究拓展到动态平行搜索领域。

第五，本书根据浙江战略新兴产业中新创企业实际情况，对其平行搜索的作用机制、决策机理及风险控制进行了本土化探索，从管理认知角度系统揭示管理者解释、管理注意力、组织绩效反馈、情境焦点等重要因素对平行搜索的影响机制，通过触发机制、作用机制、调节机制、演进机制及风险识别等研究构建了平行搜索动态演化的系统性框架，这有助于拓展平行搜索认知视角方面的研究。

第三节 本书的现实意义

本书为我国新创企业的创新活动提供了以下实践启示：

第一，知识搜索对新创企业实现产品创新具有战略意义，平行搜索构念的探索为新创企业界定知识搜索的策略集合，并通过准实验研究模拟平行搜索时机的选择，为新创企业实施平行搜索战略指明方向。具体包括：①对新创企业而言，领先搜索有利于其实施激进式创新，加速开发全新产品和提高产品的市场先占优势，然而跟随竞争对手搜索能够为新创企业降低创新风险和节约产品创新成本，并有利于导入渐进式创新产品；②企业历史绩效反馈结果对企业搜索决策是一把"双刃剑"，管理者应密切关注企业的历史绩效水平以决定下一阶段的搜索时机；③情境调节焦点影响新创企业的搜索时机决策，管理者很有必要根据情境管理促进焦点与预防焦点，以便识别创新搜索的最佳时机，避免错误警觉。

第二，动态环境下新创企业管理者需及时了解政治、经济、法律等宏观政策，通过宏观环境形势的判断与行业内技术市场动态的把握，提升对行业和组织环境的正确感知与解释能力。具体包括：①行业竞争环境对新创企业平行搜索效果存在较大影响，新创企业管理者要学会根据行业竞争态势、技术与市场的动态变化选择合宜的平行搜索策略，获取持续竞争优势；②新创企业管理者应该合理分配企业内部与外部注意力，既要加强组织内部管理和利益相关方的管理，又要将管理视野立足国际国内市场，把握行业发展趋势及技术前沿；③面临外部搜索时机及即兴能力的变化，新创企业容易陷入创新的"成功陷阱"或"失败陷阱"，这要求新创企业管理者根据注意力配置情况适时调整搜索时机策略。

第三，平行搜索博弈研究将突破以往企业传统静态与孤立的搜索思维，引导新创企业面向行业内竞争对手布局长期竞争策略，避开竞争对手的短期"绞杀"，为我国新创企业知识搜索和动态创新能力培育提供借鉴。

第四，通过新创企业平行搜索的演化机理分析，明确各种不同平行搜索策略对产品创新绩效的影响及动态演化路径，揭开新创企业知识搜索与产品创新的"黑箱"。具体而言：①新创企业在动态竞合的环境下生存，应利用相对竞争对手的有利搜索时机避开在位企业的非对称竞争压力，实现差异化定位与获取知识搜索收益最大化；②新创企业与行业内在位企业长期竞争初期，可以选择跟随与领先交替策略试探竞争对手，以实现重复竞争中的收益最大化；③新创企业应根据演化博弈中的演进路径及收敛规律选择适合的搜索时机策略，以打破行业内企业间的锁定关系。

第四节　研究局限与未来展望

虽然本书对新创企业平行搜索的作用机制、决策机理及风险控制进行了有益的探索，并得到有意义的结论，但是本书也存在一些不足：

第一，问卷数据搜集方面。基于沿海发达地区的新创企业的样本数据检验假设可能存在一定局限，未来应该扩大样本搜集的范围及行业，进一步验证本研究结论的稳健性；并且，本书采用横截面（cross-sectional）数据来检验假设，考察新创企业平行搜索对产品创新绩效的作用，若采用纵向数据可能会得出更有说服力的结论，尤其新创企业平行搜索策略在不同情境条件下会存在相机选择问题。样本数据具有一定局限性，以往对管理者注意力的研究特指公司CEO 的资源配置，但是本书研究中受调查条件所限制，仅有 60% 左右数据是CEO 直接提供。未来研究将更多搜集多所大学的 EMBA 及总裁班 CEO 的一手数据，并探讨高层团队特征和情境性调节焦点对研究模型的影响。

第二，问卷测量量表方面。产品创新绩效的测量数据可能没有反映外部知识源搜索对产品创新结果影响的"时滞效应",未来有条件情况下尽量借助纵向数据或企业专利数据验证本书的研究假设;管理注意力量表为国外成熟量表,而国内新创企业的即兴能力较为复杂(如没有考虑 CEO 的时间管理能力及个人社会资本差异),未来研究可以深入探讨中国新创企业管理者的注意力维度及测量方法。

第三,准实验设计方面。准实验研究样本未考虑个性特质、决策能力及决策风格对调节焦点诱发效果与搜索时机决策的影响,现实工作环境中各种因素相互影响且错综复杂,未来应充分控制混淆变量,以进一步提高研究结论的准确性。特质调节焦点可能与情境调节焦点存在共依关系。本书侧重考虑情境调节焦点的影响,未来可以分析不同调节焦点类型的交互作用对搜索时机决策的影响。本书研究是让被试在实验模拟情境中做出决策,未来应结合实地研究产生更真实的搜索决策情境,并借助质性研究来考察绩效反馈对搜索时机决策的影响机制。

第四,竞争动态性方面。由于研究条件有限,本书研究主要考虑一对一的竞争对手反应,而现实情境下新创企业面临许多异质性的竞争对手,未来研究应该将平行搜索拓展到基于多点竞争互动理论的动态搜索博弈情境(Katila & Chen,2008),考察平行搜索对产品创新绩效的动态影响机制。尽管本书探讨了新创企业的知识搜索、即兴能力及管理者注意力等问题,未来可对比新创企业与成熟企业进一步深化本书的研究问题,并尝试用纵向案例或仿真方法揭示三者关系在时间维度上的演化规律。鉴于时间与条件约束,新创企业平行搜索风险集有待继续补充;未来研究针对不同平行搜索领域,并区分不同风险模式的等级,相应采取差别化的风险管控及防范措施;平行搜索内涵属于尚处于发展过程中,未来应该运用扎根理论等方法对平行搜索的动态风险及表现形式加以深入挖掘。

附录一 元分析样本研究文献

[1] Rosenkopf L. , Nerkar A. Beyond local search: Boundary – spanning, exploration, and impact in the optical disk industry [J]. Strategic Management Journal, 2001, 22 (4): 287 –306.

[2] Ahuja G. , Lampert C. Entrepreneurship in the large corporation: A longitudinal study of how established firms create breakthrough inventions [J]. Strategic Management Journal, 2001, 22 (6 –7): 521 –543.

[3] Katila R. A. , Ahuja G. Something old, something new: A longitudinal study of search behavior and new product introduction [J]. Academy of Management Journal, 2002, 45 (6): 1183 – 1194.

[4] Ahuja G. , Katila R. Where do resources come from? The role of idiosyncratic situations [J]. Strategic Management Journal, 2004, 25 (8 – 9): 887 – 907.

[5] He Z. L. , Wong P. K. Exploration vs. exploitation: An empirical test of the ambidexterity hypothesis [J]. Organization Science, 2004, 15 (4): 481 – 494.

[6] Prabhu J. C. , Chandy R. K. , Ellis M. E. The impact of acquisitions on innovation: Poison pill, placebo, or tonic? [J]. Journal of Marketing, 2005, 69: 114 – 130.

[7] Laursen K. , Salter A. Open for innovation: The role of openness in explaining innovation performance among UK manufacturing firms [J]. Strategic Management Journal, 2006, 27 (2): 131 – 150.

[8] Jansen J. J. P. , van den Bosch F. A. J. , Volberda H. W. Exploratory innovation, exploitative innovation, and performance: Effects of organizational antecedents and environmental moderators [J]. Management Science, 2006, 52 (11): 1661 – 1674.

[9] Sidhu J. S. , Commandeur H. R, Volberda, H. W. The multifacted nature of exploration and exploitation: Value of supply, demand, and spatial search for innovation [J]. Organizational Science, 2007, 18 (1): 20 – 38.

[10] Yalcinkaya G. , Calantone R. J. , Griffith D. A. An examination of exploration and exploitation capabilities: Implications for product innovation and market performance [J]. Journal of International Marketing, 2007, 15 (4): 63 – 93.

[11] 郭国庆，吴剑锋. 企业知识库、技术探索与创新绩效关系研究：基于美国电子医疗设备行业的实证分析 [J]. 南开管理评论, 2007, 10 (3): 87 – 93.

[12] 朱朝晖. 探索性学习、挖掘性学习和创新绩效 [J]. 科学学研究, 2008, 26 (4): 860 – 867.

[13] 李忆，司有和. 探索式创新、利用式创新与绩效：战略和环境的影响 [J]. 南开管理评论, 2008, 11 (5): 4 – 12.

[14] 高忠仕. 知识转移、知识搜索及组织学习绩效关系研究 [D]. 浙江大学博士学位论文, 2008.

[15] Uotila J. , Maula M. , Keil T. , Zahra S. A. Exploration, exploitation and financial performance: Analysis of S&P 500 corporations [J]. Strategic Management Journal, 2009, 30 (2): 221 – 231.

[16] Anand J. , Mesquita L. F. , Vassolo R. The dynamics of multimarket competition in exploration and exploitation activities [J]. Academy of Management Journal, 2009, 52 (4): 802 – 821.

[17] Wu J. F. , Shanley, M. T. Knowledge stock, exploration, and innovation: Research on the United States electromedical device industry [J]. Journal of Business Research, 2009, 62 (5): 474 – 483.

[18] 马如飞. 跨界搜索对企业绩效的影响机制研究 [D]. 浙江大学博士学位论文, 2009.

[19] 李剑力. 探索性创新、开发性创新与企业绩效关系研究——基于冗余资源调节效应的实证分析 [J]. 科学学研究, 2009, 27 (9): 1418 – 1427.

[20] Moorthy S. , Polley D. E. Technological knowledge breadth and depth: Performance impacts [J]. Journal of Knowledge Management, 2010, 14 (3): 359 – 377.

[21] Leiponen A. , Helfat, C. E. Innovation objectives, knowledge sources,

and the benefits of breadth [J]. Strategic Management Journal, 2010, 31, 224 - 236.

[22] Zhang Y. , Li H. Y. Innovation search of new ventures in a technology cluster: The role of ties with service intermediaries [J]. Strategic Management Journal, 2010, 31 (1): 88 - 109.

[23] Li C. R. , Chu C. P. , Lin C. J. The contingent value of exploratory and exploitative learning for new product development performance [J]. Industrial Marketing Management, 2010, 39: 1186 - 1197.

[24] Kim N. , Atuahene - Gima K. Using exploratory and exploitative market learning for new product development [J]. Journal of Product Innovation Management, 2010, 27: 519 - 536.

[25] Chiang Y. H. , Hung K. P. Exploring open search strategies and perceived innovation performance from the perspective of inter-organizational knowledge flows [J]. R&D Management, 2010, 40 (3): 292 - 299.

[26] Yang T. T. , Li C. R. Competence exploration and exploitation in new product development: The moderating effects of environmental dynamism and competitiveness [J]. Management Decision, 2011, 49 (9): 1444 - 1470.

[27] 邬爱其, 李生校. 从"到哪里学习"转向"向谁学习"——专业知识搜寻战略对新创集群企业创新绩效的影响 [J]. 科学学研究, 2011 (2): 1906 - 1913.

[28] 杨雪儒, 李新春, 梁强, 李胜文. 平衡开发式创新和探索式创新一定有利于提升企业绩效吗? [J]. 管理工程学报, 2011 (4): 17 - 25.

[29] Li Y. , Wang L. W. , Liu Y. Organizational learning, product quality and performance: The moderating effect of social ties in Chinese cross-border outsourcing [J]. International Journal of Production Research. 2011, 49 (1): 159 - 182.

[30] Zhou K. Z. , Li C. B. X. How knowledge affects radical innovation: Knowledge base, market knowledge acquisition, and internal knowledge sharing [J]. Strategic Management Journal, 2012, 33: 1090 - 1102.

[31] 洪茹燕. 集群企业创新网络、创新搜索及创新绩效关系研究 [D]. 浙江大学博士学位论文, 2012.

[32] Kim S. K. , Arthurs J. D. , Sahaym A. , Cullen J. B. Search behavior of

the diversified firm: The impact of fit on innovation [J]. Strategic Management Journal, 2013, 34: 999 – 1009.

[33] Mei M. Q. Z. , Laursen K. , Atuahene – Gima K. Learning to innovate: How does ambidextrous learning matter to radical and incremental innovation capabilities? [C]. 35th DRUID Celebration Conference 2013, Barcelona, Spain, June 17 – 19.

附录二 调查问卷

尊敬的先生/女士：

您好！我们是来自浙江理工大学新创企业平行搜索课题组。为了解新创企业平行搜索及其对绩效的影响，给新创企业管理提供更好的对策建议，我们开展本次问卷调查活动。

本问卷回答无对错之分，所有信息保密，仅供研究参考用，请您根据实际情况，在各题对应的数字选项下面打"√"，注意不要有遗漏或错选，以免成为无效问卷。

表中数字选项表示为：1—完全不符合；2—比较不符合；3—有点不符合；
4——一般；5—有点符合；6—比较符合；7—完全符合。

最后，对您的大力支持，我们表示最诚挚的感谢！

浙江理工大学经济管理学院

第一部分　产品创新绩效

请根据您所在的企业或团队实际情况，评价下列每一叙述的符合程度，在右栏中（1~7）圈选出合适的数字。这些问题的回答没有对错之分，请依自己的看法作答，无须讨论。

编号	请根据您所在企业实际情况在右边数字选项下打"√"	完全不符合——完全符合						
PIP1	相对于竞争对手，公司新产品具有更大的新颖性	1	2	3	4	5	6	7
PIP2	相对于竞争对手，公司新产品的开发速度非常快	1	2	3	4	5	6	7
PIP3	相对于竞争对手，公司新产品开发数量非常多	1	2	3	4	5	6	7
PIP4	相对于竞争对手，公司产品上市成功率更高	1	2	3	4	5	6	7
PIP5	相对于竞争对手，公司新产品成本更低	1	2	3	4	5	6	7
PIP6	相对于竞争对手，公司新产品产值占销售比重更高	1	2	3	4	5	6	7

第二部分　平行搜索

请根据您所在的企业或团队实际情况，评价下列每一叙述的符合程度，在右栏中（1~7）圈选出合适的数字。这些问题的回答没有对错之分，请依自己的看法作答，无须讨论。

编号	请根据您所在企业实际情况在右边数字选项下打"√"	完全不符合——完全符合						
LS1	公司经常在新市场和新顾客群体中发现新机会	1	2	3	4	5	6	7
LS2	公司开发竞争对手所不具备的产品特征	1	2	3	4	5	6	7
LS3	公司发现满足顾客需求的新方式	1	2	3	4	5	6	7
LS4	公司发现对手不具备的产品开发新工艺	1	2	3	4	5	6	7
FL1	公司加强现有产品在市场中的竞争地位	1	2	3	4	5	6	7
FL2	追随对手改进现有产品的生产效率	1	2	3	4	5	6	7
FL3	追随对手改进现有产品的质量	1	2	3	4	5	6	7
FL4	追随对手改进现有产品的开发过程	1	2	3	4	5	6	7

第三部分　即兴能力

请根据您所在的企业或团队实际情况，评价下列每一叙述的符合程度，在右栏中（1~7）圈选出合适的数字。这些问题的回答没有对错之分，请依自己的看法作答，无须讨论。

编号	请根据您所在企业实际情况在右边数字选项下打"√"	完全不符合——完全符合						
IC1	组织员工在执行任务过程中能够边思考边行动	1	2	3	4	5	6	7
IC2	组织员工能够立即觉察工作中出现的突发问题	1	2	3	4	5	6	7
IC3	组织员工对于未预料到的事件，能够立即处理	1	2	3	4	5	6	7
FL1	组织员工能够在新的工作过程中识别出对其发展有利的机会	1	2	3	4	5	6	7
FL2	组织员工会尝试新的方法解决问题，发现新的解决方式	1	2	3	4	5	6	7
FL3	组织员工尝试新主意时，愿意承担风险	1	2	3	4	5	6	7
FL4	组织员工在完成工作时展现出原创性	1	2	3	4	5	6	7

第四部分 管理认知

请根据您所在的企业或团队实际情况，评价下列每一叙述的符合程度，在右栏中（1~7）圈选出合适的数字。这些问题的回答没有对错之分，请依自己的看法作答，无须讨论。

编号	请根据您所在企业实际情况在右边数字选项下打"√"	完全不符合——完全符合						
MI1	总体环境对公司发展是积极的	1	2	3	4	5	6	7
MI2	公司能够从市场获得巨大收益	1	2	3	4	5	6	7
MI3	公司能够利用现有资源控制外部局势	1	2	3	4	5	6	7
MI4	市场的总体环境对公司是机会	1	2	3	4	5	6	7
CI1	公司所在行业竞争激烈	1	2	3	4	5	6	7
CI2	行业内企业开展价格战	1	2	3	4	5	6	7
CI3	新企业容易进入本行业	1	2	3	4	5	6	7
CI4	本行业产品容易被对手模仿	1	2	3	4	5	6	7
MA1	管理者对组织机构关注较多	1	2	3	4	5	6	7
MA2	管理者对员工/职位关注较多	1	2	3	4	5	6	7
MA3	管理者对股东董事会关注较多	1	2	3	4	5	6	7
MA4	管理者对内部管理的关注较多	1	2	3	4	5	6	7
MA5	管理者对外部顾客的需求关注较多	1	2	3	4	5	6	7
MA6	管理者对顾客的购买率关注较多	1	2	3	4	5	6	7
MA7	管理者对供应商原料供求关注较多	1	2	3	4	5	6	7
MA8	管理者对行业变化情况关注较多	1	2	3	4	5	6	7

第五部分　基本信息

1	您的性别：A. 男　　B. 女
2	您的年龄： A. 25 岁以下　　B. 26 ~ 35 岁　　C. 36 ~ 45 岁　　D. 46 ~ 55 岁　　E. 55 岁以上
3	您的受教育程度： A. 初中及以下　　B. 高中/中专　　C. 大学　　D. 研究生
4	企业名称：＿＿＿＿＿＿＿＿＿＿＿＿＿＿您所在部门＿＿＿＿＿＿＿＿＿＿
5	您所在企业的员工规模：＿＿＿＿人，您所在企业的成立时间：＿＿＿＿年
6	企业的性质： ①国有企业　②集体企业　③私营企业　④股份企业　⑤三资企业　⑥其他
7	企业主营业务所属的行业（若为其他，请注明）： ①软件开发　②电子商务　③通讯电子　④生物医药　⑤光机电一体化　⑥新能源　⑦装备制造　⑧电动汽车　⑨纺织新材料　⑩物联网设备 ⑪其他，请注明＿＿＿＿＿＿＿＿
8	您所在企业的研发经费投入占销售收入比重＿＿＿＿＿%，近三年成功申请的专利数量：＿＿＿＿
9	您所在企业高管团队来自本行业＿＿＿＿＿人，来自相关行业＿＿＿＿＿人，来自不相关行业＿＿＿＿＿人
10	公司上一年的销售收入＿＿＿＿＿＿万元，相对行业竞争对手＿＿＿＿＿（好或坏）

问卷到此结束，谢谢您的参与，祝您工作顺利，万事如意！

参 考 文 献

［1］Abebe M. A. , Angriawan A. Organizational and competitive influences of exploration and exploitation activities in small firms ［J］. Journal of Business Research, 2014, 67（3）: 339 – 345.

［2］Adner R. , Snow D. C. Bold retreat: A new strategy for old technologies ［J］. Harvard Business Review, 2010, 19（3）: 1 – 12.

［3］Ahuja G. , Katila R. Where do resources come from? The role of idiosyncratic situations ［J］. Strategic Management Journal, 2004, 25（8 – 9）: 887 – 907.

［4］Ahuja G. , Lampert C. M. Entrepreneurship in the large corporation: A longitudinal study of how established firms create breakthrough inventions ［J］. Strategic Management Journal, 2001, 22（6 – 7）: 521 – 543.

［5］Aiken L. S. , West S. G. Multiple regression: Testing and interpreting interactions ［M］. Newbury Park: Sage, 1991

［6］Akgün A. , Lynn G. New product development team improvisation and speed-to-market: An extended model ［J］. European Journal of Innovation Management, 2002, 5（3）: 117 – 129.

［7］Aloini D. , Martini A. Exploring the exploratory search for innovation: A structural equation modeling test for practices and performance ［J］. Journal of Technology Management, 2013, 61（1）: 23 – 46.

［8］Ambos T. C. , Andersson U. , Birkinshaw J. What are the consequences of initiative-taking in multinational subsidiaries? ［J］. Journal of International Business Studies, 2010, 41（7）: 1099 – 1118.

［9］Ambos T. C. , Birkinshaw J. Headquarters' attention and its effect on subsidiary performance ［J］. Management international review, 2010, 50（4）: 449 – 469.

[10] Armstong S. , Overton T. Estimating non-response bias in mail survey [J]. Journal of Marketing Research, 1977, 8 (16): 396 –402.

[11] Arnold H. J. , Feldman D. C. Social desirability response bias in self-report choice situations [J]. Academy of Management Journal, 1981, 24 (2): 377 –385.

[12] Arrfelt M. , Wiseman R. M. , Hult G. T. M. Looking backward instead of forward: Aspiration-driven influences on the efficiency of the capital allocation process [J]. Academy of Management Journal, 2013, 56 (4): 1081 –1103.

[13] Atuahene – Gima K. Resolving the capability-rigidity paradox in new product innovation [J]. Journal of Marketing, 2005, 69 (10): 61 –83.

[14] Atuahene – Gima K. , Murray J. Y. Exploratory and exploitative learning in new product development: A social capital perspective on new technology ventures in China [J]. Journal of International Marketing, 2007, 2 (15): 1 –29.

[15] Atuahene – Gima K. , Yang H. Market orientation, managerial interpretation, and the nature of innovation competence development [C]. Academy of Management Annual Meeting, Anaheim, CA, 2008.

[16] Baas M. , De Dreu C. K. W. , Nijstad B. A. When prevention promotes creativity: The role of mood, regulatory focus and regulatory closure [J]. Journal of Personality and Social Psychology, 2011, 100 (5): 794 –809.

[17] Baker T. , Nelson R. Creating something from nothing: Resource construction through entrepreneurial bricolage [J]. Administrative Science Quarterly, 2005, 50 (3): 329 –366.

[18] Bagozzi R. P. , Yi Y. On the evaluation of structural equation models [J]. Journal of Marketing Science, 1988, 16 (1): 74 –94.

[19] Bagozzi R. P. , Fornell C. , Larcker D. F. Canonical correlation analysis as a special case of a structural relations model [J]. Multivariate Behavioral Research, 1981, 16 (4): 437 –454.

[20] Bandura A. Social foundations of thought and action: A social cognitive theory [M]. Englewood Cliffs, NJ: Prentice – Hall, 1986.

[21] Banerjee S. B. Managerial perceptions of corporate environmentalism: Interpretations from industry and strategic implications for organizations [J]. Journal of Management Studies, 2001, 38 (4): 489 –513.

[22] Barnett W. P. The dynamics of competitive intensity [J]. Administrative Science Quarterly, 1997, 42 (1): 128 – 160.

[23] Baron R. M. , Kenny D. A. The moderator-mediator variable distinction in social psychological research: Conceptual, strategic, and statistical considerations [J]. Journal of Personality and Social Psychology, 1986, 51 (6): 1173 – 1182.

[24] Bathelt H. , Malmberg A. , Maskell P. Clusters and knowledge: Local buzz, global pipelines and the process of knowledge creation [J]. Progress in Human Geography, 2004, 28 (1): 31 – 56.

[25] Baum J. A. C. , Korn H. J. Dynamics of dyadic competitive interaction [J]. Strategic Management Journal, 1999, 20 (3): 251 – 278.

[26] Belussi F. , Sammarra A. , Sedita, S. R. Learning at the boundaries in an "open regional innovation system": A focus on firms' innovation strategies in the Emilia Romagna life science industry [J]. Research Policy, 2010, 39 (6): 710 – 721.

[27] Berends H. , Antonacopoulou E. Time and organizational learning: A review and agenda for future research [J]. International Journal of Management Reviews, 2014, 16 (3): 437 – 453.

[28] Berliner P. F. Thinking in Jazz: The Infinite Art of Improvisation [M]. Chicago: University of Chicago Press, 1994.

[29] Bergh D. D. , Lim E. N. Learning how to restructure: Absorptive capacity and improvisational views of restructuring actions and performance [J]. Strategic Management Journal, 2008, 29 (6): 593 – 616.

[30] Brislin R. W. The wording and ranslation of research instrument. In W. J. Lonner & J. W. Berry (Eds.), Field Methods in Cross-cultural Research [M]. Beverly Hills, CA: Sage, 1986: 137 – 164.

[31] Boudreau K. J. , Lacetera N. , Lakhani K. R. Parallel search, incentives and problem type: Revisiting the competition and innovation link [R]. Harvard Business School, Working Paper 09 – 041, 2008.

[32] Bouquet C. , Morrison A. , Birkinshaw J. International attention and multinational enterprise performance [J]. Journal of International Business Studies, 2009, 40 (1): 108 – 131.

[33] Bourgeois L. J. , Eisenhardt K. M. Strategic decision processes in high

velocity environments: Four cases in the microcomputer industry [J]. Management Science, 1988, 34 (7): 816 –835.

[34] Breschi S. , Malerba F. , Orsenigo L. Technological regimes and Schumpeterian patterns of innovation [J]. The Economic Journal, 2000, 110 (463): 388 –410.

[35] Brown S. L. , Eisenhardt K. M. Product development: Past research, Present findings, and future directions [J]. Academy of Management Review, 1995, 20 (2): 343 –378.

[36] Brunswicker S. , Ehrenmann F. Managing open innovation in SMEs: A good practice example of a German software firm [J]. International Journal of Industrial Engineering and Management, 2013, 4 (1): 33 –41.

[37] Buyl T. , Boone C. Top management team attention focus on exploration and exploitation: A dynamic perspective [C]. Academy of Management Proceedings, 2011: 1 –6.

[38] Caldwell D. F. , O'Reilly C. A. The determinants of team-based innovation in organizations [J]. Small Group Research, 2003, 34 (4): 497 –517.

[39] Campbell D. T. , Fiske D. W. Convergent and discriminant validation by the multitrait-multimethod matrix [J]. Psychological Bulletin, 1959, 56 (2): 81 – 105.

[40] Capaldo A. , Lavie D. , Petruzzelli A. M. A quest in time: The value of innovation and the age, origin, and popularity of knowledge [C]. Paper to be presented at the DRUID 2011 on "Innovation, Strategy, and Structure – Organizations, Institutions, Systems and Regions" at Denmark, June 15 –17, 2011.

[41] Chandy R. K. , Prabhu J. C. , Antia K. D. What will the future bring? Dominace, technology expectations and radical innovation [J]. Journal of Marketing, 2003, 67 (July): 1 –19.

[42] Chattopadhyay P. , Glick W. H. , Huber G. P. Organizational actions in response to threats and opportunities [J]. Academy of Management Journal, 2001, 44 (5): 937 –955.

[43] Chen E. L. , Katila R. , McDonald R. , Eisenhardt K. M. Life in the fast lane: Origins of competitive interaction in new vs. established markets [J]. Strategic Management Journal, 2010, 31 (13): 1527 –1547.

[44] Chen M. J. , Hambrick D. C. Speed, stealth, and selective attack: How small firms differ from large firms in competitive behavior [J]. Academy of Management Journal, 1995, 38 (2): 453 – 482.

[45] Chen M. J. Competitor analysis and interfirm rivalry: Toward a theoretical integration [J]. Academy of Management Review, 1996, 21 (1): 100 – 134.

[46] Chen M. J. , Macmillan I. C. Nonresponse and delayed response to competitive moves: The roles of competitor dependence and action irreversibility [J]. Academy of Management Journal, 1992, 35 (3): 539 – 570.

[47] Chen M. J. , Miller D. Competitive attack, retaliation and performance: An expectancy-valence framework [J]. Strategic Management Journal, 1994, 15 (1): 85 – 102.

[48] Chen M. J. , Danny M. Competitive dynamics: Themes, trends and a prospective research platform [J]. Academy of Management Annals, 2012, 6 (1): 135 – 210.

[49] Chen J. Y. , Reilly R. R. , Lynn G. S. The impacts of speed-to-market on new product success: The moderating effects of uncertainty [J]. IEEE Transactions on Engineering Management, 2005, 52 (2): 199 – 212.

[50] Chen W. R. Determinants of firms' backward and forward-looking R&D search behavior [J]. Organization Science, 2008, 19 (4): 609 – 622.

[51] Chen J. , Chen Y. , Vanhaverbeke W. The influence of scope, depth, and orientation of external technology sources on the innovative performance of Chinese firms [J]. Technovation, 2011, 31 (8): 362 – 373.

[52] Cheng Y. T. , Van de Ven A. H. Learning the innovation journey: Order out of chaos? [J]. Organization Science, 1996, 7 (6): 593 – 614.

[53] Chesbrough H. W. The era of open innovation [J]. MIT Sloan Management Review, 2003, 44 (3): 35 – 41.

[54] Chesbrough H. W. Why companies should have open business models [J]. MIT Sloan Management Review, 2007, 48 (2): 8 – 21.

[55] Cho D. H. , Yu P. I. Influential factors in the choice of technology acquisition mode: An empirical analysis of small and medium size firms in the Korean telecommunication industry [J]. Technovation, 2000, 20 (12): 691 – 704.

[56] Chong D. F. , Van Eerde W. , Chai K. H. et al. A double-edged sword:

The effects of challenge and hindrance time pressure on new product development teams [J]. IEEE Transactions on Engineering Management, 2011, 58 (1): 71 – 86.

[57] Clausen T. H. The role of institutional arbitrage in the search for product innovation: Firm level evidence from Norway [J]. Industial Marketing Management, 2014, 43 (3): 392 – 399.

[58] Cohen W. , Levinthal D. A. Absorptive capacity: A new perspective on learning and innovation [J]. Administrative Science Quarterly, 1990, 35 (1): 128 – 152.

[59] Coeurderoy R. , Durand R. Leveraging the advantage of early entry: Proprietary technologies versus cost leadership [J] . Journal of Business Research, 2004, 57 (6): 583 – 590.

[60] Chan S. J. An evolutionary perspective on diversification and corporate restructuring: Entry, exit, and economic performance during 1981 – 1989 [J]. Strategic Management Journal, 1996, 17 (8): 587 – 611.

[61] Christensen, C. M. The Innovator's Dilemma: When New Technologies Cause Great Firms to Fail [M]. Boston: Harvard Business School Press, 1997.

[62] Crossan M. , Cunha M. P. , Vera D. Time and organizational improvisation [J]. Academy of Management Review, 2005, 30 (1): 129 – 145.

[63] Crossan M. M. , Lane H. W. , White R. E. , Klus L. The improvising organization: Where planning meets opportunity [J] . Organizational Dynamic, 1996, 24 (4): 20 – 35.

[64] Crowe E. , Higgins E. T. Regulatory focus and strategic inclinations: Promotion and prevention in decision-making [J]. Organizational Behavior and Human Decision Process, 1997, 69 (2): 117 – 132.

[65] Cruz – González J. , López – Sáez P. , Navas – López J. E. Open search strategies and firm performance: The different moderating role of technological environmental dynamism [J]. Technovation, 2015, 35 (1): 32 – 45.

[66] Cunha M. P. , Cunha V. J. , Kamoche K. Organizational improvisation: What, when, how and why [J] . International Journal of Management Reviews, 1999, 1 (3): 299 – 341.

[67] Cunha M. P. , Clegg S. , Neves A. R. P. Organizational improvisation:

From the constraint of strict tempo to the power of the avant-garde [J]. Creativity and Innovation Management, 2014, 4 (23): 359 – 373.

[68] Cyert R. , March J. G. A Behavioral Theory of the Firm [M]. Englewood Cliffs, N J: Prentice Hall, 1963: 108 – 112.

[69] Danneels E. Organizational antecedents of second-order competences [J]. Strategic Management Journal, 2008, 29 (5): 519 – 543.

[70] Danneels E. The dynamics of product innovation and firm competences [J]. Strategic Management Journal, 2002, 23 (12): 1095 – 1121.

[71] D'Aveni R. A. Hyper Competition: Managing the Dynamics of Strategic Maneuvering [M]. New York: Free Press, 1994.

[72] D'Aveni R. A. , Dagnino G. B. , Smith K. G. The age of temporary advantage [J]. Strategic Management Journal, 2010, 31 (13): 1371 – 1385.

[73] Davenport T. H. , Beck J. C. Getting the attention you need [J]. Harvard Business Review, 2000, 78 (5): 118 – 126.

[74] Dawson J. F. Moderation in management research: What, why, when, and how [J]. Journal of Business and Psychology, 2014, 29 (1): 1 – 19.

[75] Demeter K. Time-based competition—the aspect of partner proximity [J]. Decision Support Systems, 2013, 54 (4): 1533 – 1540.

[76] Dosi G. Technological paradigms and technological trajectories: A suggested interpretation of the determinants and directions of technical change [J]. Research Policy, 1982, 11 (3): 147 – 162.

[77] Drazin R. , Glynn M. , Kazanjian R. Multilevel theorizing about creativity in organizations: A sensemaking perspective [J]. Academy of Management Review, 1999, 24 (2): 286 – 307.

[78] Droge C. , Jayaram J. , Vickery S. K. The effects of internal versus external integration practices on time-based performance and overall firm performance [J]. Journal of Operations Management, 2004, 22 (6): 557 – 573.

[79] Dutton J. , Jackson S. Categorizing strategic issues: Links to organizational action [J]. Academy of Management Review, 1987, 12 (1): 76 – 90.

[80] Dutton J. E. , Fahey L. , Narayanan U. K. Toward understanding strategic issue diagnosis [J]. Strategic Management Journal, 1983, 4 (4): 307 – 323.

[81] Dutton J. E. The making of organizational opportunities: An interpretive

pathway to organizational change. In Research in Organizational Behavior, Staw B, Cummings L (eds). JAI Press: Greenwieh, CT, 1993: 195 – 226.

[82] Duncan R. B. Characteristics of organizational environments and perceived environmental uncertainty [J]. Administrative Science Quarterly, 1972, 17 (3): 313 – 327.

[83] Dyer J. H. , Nobeoka K. Creating and managing a high-performance knowledge-sharing network: The Toyota case [J]. Strategic Management Journal, 2000, 21 (3): 345 – 367.

[84] Edwards J. R. , Lambert L. S. Methods for integrating moderation and mediation: A general analytical framework using moderated path analysis [J]. Psychological Methods, 2007, 12 (1): 1 – 12.

[85] Eggers J. P. , Kaplan S. Cognition and renewal: Comparing CEO and organizational effects on incumbent adaptation to technical change [J]. Organization Science, 2009, 20 (2): 461 – 477.

[86] Eggers J. P. All experience is not created equal: Learning, adapting, and focus in product portfolio management [J]. Strategic Management Journal, 2012, 33 (3): 315 – 335.

[87] Eisenhardt K. M. , Tabrizi B. N. Accelerating adaptive processes: Product innovation in the global computer industry [J]. Administrative Science Quarterly, 1995, 12 (5): 84 – 110.

[88] Eisenhardt K. M. Making fast strategic decisions in high-velocity environments [J]. Academy of Management Journal, 1989, 32 (2): 543 – 576.

[89] Eisenhardt K. M. , Bourgeois L. J. Politics of strategic decision making in high-velocity environments: Toward a midrange theory [J]. Academy of Management Journal, 1988, 31 (4): 737 – 770.

[90] Elenkov D. S. , Judge W. , Wtight P. Strategic leadership an executive innovation influence: An international multi-cluster comparative study [J]. Strategic Management Journal, 2005, 26 (7): 665 – 682.

[91] Enderwick P. , Nagar S. The competitive challenge of emerging markets: The case of medical tourism [J]. International Journal of Emerging Markets, 2011, 6 (4): 329 – 350.

[92] Eriksson R. , Lindgren U. Localized mobility clusters: Impacts of labor

market externalities on firm performance [J]. Journal of Economic Geography, 2009, 9 (1): 33 –53.

[93] Ezzamel M., Willmott H. Strategy and strategizing: A poststructuralist perspective, in Professor Joel Baum (ed.) The Globalization of Strategy Research (Advances in Strategic Management, Volume27), Emerald Group Publishing Limited, 2010: 75 –109.

[94] Fabrizio K. R. Absorptive capacity and the search for innovation [J]. Research Policy, 2009, 38 (2): 255 –267.

[95] Ferrier W. J., Smith K. G., Grimm C. M. The role of competitive action in market share erosion and industry dethronement: A study of industry leaders and challengers [J]. Academy of Management Journal, 1999, 42 (4): 372 –388.

[96] Fiske S., Taylor S. E. Social Cognition (2nd ed.) [M]. NewYork: McGraw – Hill, 1991.

[97] Filho M. G., Saes E. V. From time-based competition (TBC) to quick response manufacturing (QRM): The evolution of research aimed at lead time reduction [J]. The International Journal of Advanced Manufacturing Technology, 2013, 64 (5): 1177 –1191.

[98] Florack A., Keller J., Palcu J. Regulatory focus in economic contexts [J]. Journal of Economic Psychology, 2013, 38 (6): 127 –137.

[99] Flynn B. B., Huo B. F., Zhao X. D. The impact of supply chain integration on performance: A contingency and configuration approach [J]. Journal of Operation Management, 2010, 28 (1): 58 –71.

[100] Folkman S., Lazarus R. If it changes it must be a process: Study of emotion and coping during stages of a college examination [J]. Journal of Personality and Social Psychology, 1985, 48 (January): 150 –170.

[101] Fornell C., Larcker D. F. Evaluating structural equation models with unobservable variables and measurement error [J]. Journal of Marketing Research, 1981, 18 (Feb): 39 –50.

[102] Förster J., Higgins E. T., Taylor A. B. Speed/ accuracy decisions in task performance: Built-in trade-off or separate strategic concerns [J]. Organizational Behavior and Human Decision Processes, 2003, 90 (1): 148 –164.

[103] Fowler F. J. Survey Research Methods [M]. Newbury Park, CA:

Sage, 1988, 110 – 126.

[104] Freeman C. , Soete L. The Economics of Industrial Innovation [M]. MZT Press, 1997.

[105] Freitas A. L. , Liberman N. , Salovey P. , Higgins E. T. When to begin? Regulatory focus and initiating goal pursuit [J]. Personality and Social Psychology Bulletin, 2002, 28 (1): 121 – 130.

[106] Friedman R. , Förster J. The effects of promotion and prevention cues on creativity [J]. Journal of Personality and Social Psychology, 2001, 81 (6): 1001 – 1013.

[107] Gavetti G. , Levinthal D. Looking forward and looking backward: Cognitive and experiential search [J]. Administrative Science Quarterly, 2000, 45 (1): 113 – 137.

[108] Geiger S. W. , Makri M. Exploration and exploitation innovation processes: The role of organizational slack in R&D intensive firms [J]. The Journal of High Technology Management Research, 2006, 17 (1): 97 – 108.

[109] Gibson C. B. , Birkinshaw J. The antecedents, consequence, and mediating role of organizational ambidexterity [J]. Academy of Management Journal, 2004, 47 (2): 209 – 226.

[110] Ginsberg A. , Venkatraman, N. Investing in new information teehnology: The role of competitive posture and issue diagnosis [J]. Strategic Management Journal, 1992, 13 (S1): 37 – 53.

[111] Glazer A. The advantages of being first [J]. American Economic Review, 1985, 75 (3): 473 – 480.

[112] Gnyawali D. , He J. Y. , Madhavan R. Impact of competition on firm competitive behavior: An empirical examination [J]. Journal of Management, 2006, 32 (4): 507 – 530.

[113] Granovetter M. S. Economic action and social structure: The problem of embedded [J]. American Journal of Sociology, 1985, 91 (3): 481 – 510.

[114] Grant R. M. Toward a knowledge-based theory of the firm [J]. Strategic Management Journal, 1996, 17 (2): 109 – 122.

[115] Greve H. R. Performance, aspirations, and risky organizational change [J]. Administrative Science Quarterly, 1998, 43 (1): 58 – 86.

[116] Greve H. R. A behavioral theory of R&D expenditures and innovations: Evidence from shipbuilding [J]. Academy of Management Journal, 2003, 46 (6): 685 – 702.

[117] Grimpe C., Sofka W. Search patterns and absorptive capacity: Low- and high-technology sectors in European countries [J]. Research Policy, 2009, 38 (3): 495 – 506.

[118] Grimpe C., Sofka W. Complementarities in the search for innovation—Managing markets and relationships [J]. Research Policy, 2016, 45 (10): 2036 – 2053.

[119] Guo B., Wang Y. Q. Environmental turbulence, absorptive capacity and external knowledge search among Chinese SMEs [J]. Chinese Management Studies, 2014, 8 (2): 258 – 272.

[120] Gupta A. K., Smith K. G., Shalley C. E. The interplay between exploration and exploitation [J]. Academy of Management Journal, 2006, 49 (4): 693 – 706.

[121] Hagedoorn J. Inter-firm R&D partnerships: An overview of major trends and patterns since 1960 [J]. Research Policy, 2002, 31 (4): 477 – 492.

[122] Hambrieck D. C., Cho T., Chen M. J. The influence of top management team heterogeneity on firms' competitiveness moves [J]. Administration Science Quarterly, 1996, 41 (4): 659 – 684.

[123] Hambrick D. C., Mason P. A. Upper Echelons: The organization as a reflection of its top managers [J]. Academy of Management Review, 1984, 9 (2): 193 – 206.

[124] Hambrick D. C, Nadler D. A., Tushman M. L. Navigating Change: How CEOs, Top Teams, and Boards Steer Transformation [M]. Boston: Harvard Business School Press, 1998.

[125] Harmancioglu N., Grinstein A., Goldman A. Innovation and performance outcomes of market information collection efforts: The role of top management involvement [J]. International Journal of Research in Marketing, 2010, 27 (1): 33 – 43.

[126] He Z. L., Wong P. K. Exploration vs. exploitation: An empirical test of the ambidexterity hypothesis [J]. Organization Science, 2004, 15 (4): 481 –

494.

[127] Heeley M. B. , Jacobson R. The recency of technological inputs and financial performance [J]. Strategic Management Journal, 2008, 29 (7): 723 – 744.

[128] Helfat C. E. , Finkelstein S. , Mitchell M. A. In Peteraf, Singh H. , Teece D. J. , Winter S. G. Dynamic capabilites: Understanding Strategic Change in organizations [M]. Blackwell Publishing, Malden, M. A. , 2007.

[129] Henderson R. M. , Clark K. B. Architectural innovation: The reconfiguration of existing product technologies and the failure of established firms [J]. Administrative Science Quarterly, 1990, 35 (1): 9 – 30.

[130] Henttonen K. , Ritala P. Search far and deep: Focus of open search strategy as driver of firm's innovation performance [J]. International Journal of Innovation Management, 2013, 17 (3): 1 – 20.

[131] Higgins E. T. Beyond pleasure and pain [J]. American Psychologist, 1997, 52 (12): 1280 – 1300.

[132] Higgins E. T. Promotion and prevention: Regulatory focus as a motivational principle, in Zanna M P (eds.), Advances in Experimental Social Psychology [M]. New York: Academic Press, 1998: 1 – 46.

[133] Hmielski K. M. , Corbett A. C. Proclivity for improvisation as a predictor of entrepreneurial intentions [J]. Journal of Small Business Management, 2006, 44 (1): 45 – 63.

[134] Hmieleski K. M. , Corbett A. C. The contrasting interaction effects of improvisational behavior with entrepreneurial self-efficacy on new venture performance and entrepreneur work satisfaction [J]. Journal of Business Venturing, 2008, 23 (4): 482 – 496.

[135] Hmieleski K. M. , Corbett A. C. Entrepreneurs' improvisational behavior and firm performance: A study of dispositional and environmental moderators [J]. Strategic Entrepreneurship Journal, 2013, 7 (2): 138 – 150.

[136] Hsieh K. Y. , Tsai W. P. , Chen M. J. If they can do it, Why not us? Competitors as reference points for justifying escalation of commitment [J]. Academy of Management Journal, 2015, 58 (1): 38 – 58.

[137] Iyer D. N. , Miller K. D. Performance feedback, slack, and the timing

of acquisitions [J]. Academy of Management Journal, 2008, 51 (4): 808 – 822.

[138] Jackson S. E. , Dutton J. E. Discerning threats and opportunities [J]. Administrative Science Quarterly, 1988, 33 (3): 370 – 387.

[139] Jacobson R. The "Austrian" school of strategy [J]. Academy of Management Journal, 1992, 17 (4): 782 – 807.

[140] Jansen J. J. P. , van den Bosch F. A. J. , Volberda H. W. Exploratory innovation, exploitative innovation, and performance: Effects of organizational antecedents and environmental moderators [J]. Management Science, 2006, 52 (11): 1661 – 1674.

[141] Jason L. Y. , Wang Y. D. , Søren S. An inquiry on dimensions of external technology search and their influence on technological innovations: Evidence from Chinese firms [J]. R&D Management, 2014, 44 (1): 53 – 73.

[142] Javier T. , Leopoldo G. , Antonia R. The relationship between between exploration and exploitation strategies, manufacturing flexibility and organizational learning: An empirical comparison between Non – ISO and ISO certified firms [J]. European Journal of Operational Research, 232 (1): 72 – 86.

[143] Jung H. J. , Lee J. J. The quest for originality: A new typology of knowledge search and breakthrough inventions [J]. Academy of Management Journal, 2016, 59 (5): 1725 – 1753.

[144] Kahneman D. , Tversky A. Prospect theory: An analysis of decision under risk [J]. Econometrica: Journal of the Econometric Society, 1979, 47 (2): 263 – 291.

[145] Kammerlander N. , Burger D. , Fust A. , Fueglistaller U. Exploration and exploitation in established small and medium-sized enterprises: The effect of CEOs' regulatory focus [J]. Journal of Business Venturing, 2015, 30 (4): 582 – 602.

[146] Kaplan S. Cognition, capabilities, and incentives: Assessing firm response to the fiber-optic revolution [J]. Academy of Management Journal, 2008, 51 (4): 672 – 695.

[147] Kaplinsky R. Is globalization all it is cracked up to be? [J]. Review of International Political Economy, 2001, 8 (1): 45 – 65.

[148] Karagozoglu N. , Fuller A. W. Strategic aggressiveness: The effects of

gain-thrust schema and core stakeholder salience [J]. Journal of Managerial Issues, 2011, 23 (3): 301 –322.

[149] Kardes F. R. , Kalyanaram G. Order-of-entry effects on consumer memory and judgment: An information integration perspective [J]. Journal of Marketing Research, 1992, 29 (3): 343 –357.

[150] Katila R. A. , Ahuja G. Something old, something new: A longitudinal study of search behavior and new product introduction [J]. Academy of Management Journal, 2002, 45 (6): 1183 –1194.

[151] Katila R. , Chen E. L. Effects of search timing on innovation: The value of not being in sync with rivals [J]. Administrative Science Quarterly, 2008, 53 (4): 593 –625.

[152] Katila R. , Chen E. L, Piezunka H. All the right moves: How entrepreneurial firms compete effectively [J]. Strategic Entrepreneurship Journal, 2012, 6 (2): 116 –132.

[153] Katila R. A. New product search over time: Past ideas in their prime? [J]. Academy of Management Journal, 2002, 45 (5): 995 –1010.

[154] Kerin R. , Varadarajan R. R. , Peterson R. First-mover advantage: A synthesis, conceptual framework, and research propostitions [J]. Journal of Marketing, 1992, 56 (4): 33 –52.

[155] Keupp M. M. , Gassmann O. Determinants and archetype users of open innovation [J]. R&D Management, 2009, 39 (4): 331 –341.

[156] Kim C. , Park J. H. Explorative search for a high-impact innovation: The role of technological status in the global pharmaceutical industry [J]. R&D Management, 2013, 43 (4): 394 –406.

[157] Kim S. K. , Arthurs J. D. , Sahaym A. , Cullen J. B. Search behavior of the diversified firm: The impact of fit on innovation [J]. Strategic Management Journal, 2013, 34 (8): 999 –1009.

[158] Kim T. , Rhee M. Exploration and exploitation: Internal variety and environmental dynamism [J]. Strategic Organization, 2009, 7 (1): 11 –41.

[159] Kim C. , Inkpen A. C. Cross-border R&D alliances, absorptive capacity and technology learning [J]. Journal of International Management, 2005, 11 (3): 313 –329.

[160] Koka R. , Prescott E. Designing alliance networks: The influence of network position, environmental change, and strategy on firm performance [J]. Strategic Management Journal, 2008, 29 (6): 639 – 661.

[161] Koput K. W. A chatic model of innovative search: Some answers, many questions [J]. Organization Science, 1997, 8 (5): 528 – 542.

[162] Lanaj K. , Chang C. H. , Johnson R. E. Regulatory focus and work-related outcomes: A review and meta-analysis [J]. Psychological Bulletin, 2012, 138 (5): 998 – 1034.

[163] Langerak F. , Hultink E. J. , Griffin A. Exploring mediating and moderating influences on the links among cycle time, proficiency in entry timing, and new product profitability [J]. Journal of Product Innovation Management, 2008, 25 (4): 370 – 385.

[164] Laursen K. , Salter A. Open for innovation: The role of openness in explaining innovation performance among U K manufacturing firms [J]. Strategic Management Journal, 2006, 27 (2): 131 – 150.

[165] Laursen K. , Leone M. I. , Torrisi S. Technological exploration through licensing: New insights from the licensee's point of veiw [J]. Industrial and Corporate Change, 2010, 19 (3): 1 – 27.

[166] Laursen K. Keep searching and you'll find: What do we know about variety creation through firms' search activities for innovation? [J]. Industrial and Corporate Change, 2012, 21 (5): 1181 – 1220.

[167] Lavie D. , Stettner U. , Tushman M. L. Exploration and exploitation within and across organizations [J]. Academy of Management Annals, 2010, 4 (1): 109 – 155.

[168] Law K. S. , Schmidt F. L. , Hunter J. E. A test of two refinements in procedures for meta-analysis [J]. Journal of Applied Psychology, 1994, 74 (6): 978 – 986.

[169] Leybourne S. Improvisation within the project management of change: Some observation from UK Financial Services [J]. Journal of Change Management, 2006, 6 (4): 365 – 381.

[170] Lee H. H. , Yang T. T. , Li C. R. How does boundary-spanning search matter in China's new technology venture? The role of external relationship and inter-

nal competence [J]. African Journal of Business Management, 2011, 5 (20):
8256 – 8269.

[171] Lee H., Smith K. G., Grimm C. M., Schomburg A. Timing, order
and durability of new product advantages with imitation [J]. Strategic Management
Journal, 2000, 21 (1): 23 –30.

[172] Leiponen A., Helfat C. E. Innovation objectives, knowledge sources,
and the benefits of breadth [J]. Strategic Management Journal, 2010, 31 (2):
224 –236.

[173] Leonard – Barton D. Core capabilities and core rigidities: A paradox in
managing new product development [J]. Strategic Management Journal, 1992, 13
(S1): 111 –125.

[174] Levinthal D., March J. G. Myopia of learning [J]. Strategic Manage-
ment Journal, 1993, 14 (Special Issue): 95 –112.

[175] Levitt B., March J. G. Organizational learning [J]. Annual Review of
Sociology, 1988, 14 (1): 319 –338.

[176] Li Q., Maggitti P. G., Smith K. G., et al. Top management attention
to innovation: The role of search selection and intensity in new product introductions
[J]. Academy of Management Journal, 2013, 56 (3): 893 –916.

[177] Li Y., Vanhaverbeke W., Schoenmakers W. Exploration and exploita-
tion in innovation: Reframing the interpretation [J]. Creativity and Innovation Man-
agement, 2008, 17 (2): 107 –126.

[178] Liberman N., Idson L. C., Camacho C. J., Higgins E. T. Promotion
and prevention choices between stability and change [J]. Journal of Personality and
Social Psychology, 1999, 77 (6): 1135 –1145.

[179] Lieberman M., Montgomery D. First mover (dis) advantage: Retro-
spective and link with the resource-based view [J]. Strategic Management Journal,
1998, 19 (12): 1111 –1126.

[180] Lilien G. L., Yoon E. The timing of competitive market entry: An ex-
ploratory study of new industrial products [J]. Management Science, 1990, 36
(5): 568 –585.

[181] Lin C. J., Li C. R. The effect of boundary-spanning search on break-
through innovations of new technology ventures [J]. Industry and Innovation, 2013,

20 (2): 93 – 113.

[182] Lin H., McDonough E. F., Yang J., Wang C. Y. Aligning knowledge assets for exploitation, exploration, and ambidexterity: A study of companies in high-tech parks in China [J]. Journal of Product Innovation Management, 2017, 34 (2): 122 – 140.

[183] Lin Y., Ma S. H., Zhou L. Manufacturing strategies for time based competitive advantages [J]. Industrial Management & Data Systems, 2012, 112 (5): 729 – 747.

[184] Linder J. C., Sirkka J., Davenport T. H. Toward an innovation sourcing strategy [J]. MIT Sloan Management Review, 2003, 44 (3): 43 – 49.

[185] Liu H. C., Liu L., Liu N. Risk evaluation approaches in failure mode and effects analysis: A literature review [J]. Expert Systems with Applications, 2013, 40 (2): 828 – 838.

[186] Liu J. J., Chen L., Kittilaksanawong W. External knowledge search strategies in China's technology ventures: The role of managerial interpretations and ties [J]. Management and Organization Review, 2013, 9 (3): 437 – 463.

[187] Lopez – Vega H., Tell F., Vanhaverbeke W. Where and how to search? Search paths in open innovation [J]. Research Policy, 2016, 45 (1): 125 – 136.

[188] Luo R. N., Lui S. S., Kim Y. Revisiting the relationship between knowledge search breadth and firm innovation [J]. Management Decision, 2017, 55 (1): 2 – 14.

[189] MacMillan I. C. Preemptive strategies [J]. Journal of Business Strategy, 1983, 4 (2): 16 – 26.

[190] McKnight B., Bontis N. E-improvisation: Collaborative groupware technology expands the reach and effectiveness of organizational improvisation [J]. Knowledge and Process Management, 2002, 9 (4): 219 – 227.

[191] Magni M., Maruping L. M., Hoegl M., et al. Managing the unexpected across space: Improvisation, dispersion, and performance in NPD teams [J]. Journal of Product Innovation Management, 2013, 30 (5): 1009 – 1026.

[192] Marcel J. J., Barr P. S., Duhaime I. M. The influence of executive cognition on competitive dynamics [J]. Strategic Management Journal, 2011, 32

（2）：115 – 138.

［193］ March J. G. "The Technology of Foolishness," in March J. G. and Ols-en J. P. eds. Ambiguity and Choice in Organisations, 69 – 87, Bergen: Universitets-forlaget, 1976.

［194］ March J. G. A primer on Decision Making: How Decisions Happen ［M］. New York: Free Press, 1994.

［195］ March J. G. Exploration and exploitation in organizational learning ［J］. Organization Science, 1991, 2 （1）: 71 – 87.

［196］ Miao Y. Z. , Song J. Y. Search behavior and catch-up of firms in emer-ging markets ［J］. Seoul Journal of Business, 2014, 20 （2）: 71 – 90.

［197］ Mitchell W. Dual clocks: Entry order influence on incumbent and new-comer market share and survival when specialized assets retain their value ［J］. Strategic Management Journal, 1991, 12 （2）: 85 – 100.

［198］ Miller D. J. , Fern M. J. , Cardinal L. B. The use of knowledge for tech-nological innovation within diversified firms ［J］. Academy of Management Journal, 2007, 50 （2）: 307 – 325.

［199］ Miner A. , Bassoff P. , Moorman C. Organizational improvisation and learning: A field study ［J］. Administative Science Quarterly, 2001, 46 （2）: 304 – 337.

［200］ Moorman C. , Miner A. S. The convergence of planning and execution: Improvisation in new product development ［J］. Journal of Marketing, 1998, 61 （1）: 1 – 20.

［201］ Moorman C. , Miner A. S. Organizational improvisation and organization-al memory ［J］. Academy of Management Review, 1998, 26 （8）: 698 – 723.

［202］ Nadkarni S. , Barr P. S. Environmental context, managerial cognition, and strategic action: An integrated view ［J］. Strategic Management Journal, 2008, 29 （13）: 1395 – 1427.

［203］ Nadkarni S. , Chen J. H. Bridging yesterday, today, and tomorrow: CEO temporal focus, environmental dynamism, and rate of new product introduction ［J］. Academy of Management Journal, 2014, 57 （6）: 1810 – 1833.

［204］ Nahm A. Y. , Vonderembse M. A. , Koufteros X. A. The impact of or-ganizational culture on time-based manufacturing and performance ［J］. Decision Science, 2003, 35 (4): 579 –607.

[205] Narver J. C. , Slater S. F. , MacLachlan D. L. Total market orientation, business performance, and innovation [J]. Marketing Science Institute, working paper, 2000.

[206] Nelson R. R, Winter, S. G. An Evolutionary Theory of Economic Change [M]. MA: Harvard University Press, 1982.

[207] Nerkar A. Old is gold? The value of temporal exploration in the creation of new knowledge [J]. Management Science, 2003, 49 (2): 211 –229.

[208] Nicholas T. Spatial diversity in invention: Evidence from the early R&D labs [J]. Journal of Economic Geography, 2009, 9 (1): 1 –31.

[209] Nonaka I. A dynamic theory of organizational knowledge creation [J]. Organization Science, 1994, 5 (1): 14 –37.

[210] Nohria N. , Gulati R. Is slack good or bad for innovation? [J]. Academy of Management Journal, 1996, 39 (5): 1245 –1264.

[211] O'Brien J. P. , David P. Reciprocity and R&D search: Applying the behavioral theory of the firm to a communitarian context [J]. Strategic Management Journal, 2014, 35 (4): 550 –565.

[212] Ocasio W. Towards an attention-based view of the firm [J]. Strategic Management Journal, 1997, 18 (S1): 187 –206.

[213] Ocasio W. Attention to attention [J]. Organization Science, 2011, 22 (5): 1286 –1296.

[214] O'Cass A. , Heirati N. , Ngo L. V. Achieving new product success via the synchronization of exploration and exploitation across multiple levels and functional areas [J]. Industrial Marketing Management, 2014, 43 (5): 862 –872.

[215] Operti E. , Carnabuci G. Public knowledge, private gain: The effect of spillover networks on firms' innovative performance [J]. Journal of Management, 2014, 40 (1): 1042 –1074.

[216] Owen – Smith J. , Powell W. W. Knowledge networks as channels and conduits: The effects of spillovers in the Boston biotechnology community [J]. Organization Science, 2004, 15 (1): 5 –21.

[217] Ozer M. , Zhang W. The effects of geographic and network ties on exploitative and exploratory product innovation [J]. Strategic Management Journal,

2015, 36 (7): 1105 – 1114.

[218] Ozcan P. , Eisenhardt K. M. Origin of alliance portfolios: Entrepreneurs, network strategies and firm performance [J]. Academy of Management Journal, 2009, 52 (2): 246 – 279.

[219] Pacheco-de – Almeida G. , Zemsky P. Some like it free: Innovators' strategic use of disclosure to slow down competition [J]. Strategic Management Journal, 2012, 33 (7): 773 – 793.

[220] Parida V. , Westerberg M. , Frishammar J. Inbound open innovation activities in High – Tech SMEs: The impact on innovation performance [J]. Journal of Small Business Management, 2012, 50 (2): 283 – 309.

[221] Park B. I. , Choi J. Control mechnisms of MNEs and absorption of foreign technology in cross-border acquisitions [J]. International Business Review, 2014, 23 (1): 130 – 144.

[222] Paruchuri S. , Awate S. Organizational knowledge networks and local search: The role of intra-organizational inventor networks [J]. Strategic Management Journal, 2017, 38 (3): 657 – 675.

[223] Petruzzelli A. M. , Savino T. Search, recombination, and innovation: Lessons from Haute Cuisine [J]. Long Range Planning, 2014, 47 (4): 224 – 238.

[224] Petruzzelli A. M. , Capaldo A. , Lavie D. A quest in time: The value of innovation and the age, origin, and popularity of knowledge [C]. Paper to be presented at the DRUID 2011 on "Innovation, Strategy, and Structure – Organizations, Institutions, Systems and Regions" at Denmark, June 15 – 17, 2011.

[225] Phene A. , Fladmoe – Lindquist K. , Marsh L. Breakthrough innovations in the US biotechnology industry: The effects of technological space and geographic origin [J]. Strategic Management Journal, 2006, 27 (4): 369 – 388.

[226] Podsakoff P. M. , MacKenzie S. B. , Lee J. Y. , et al. Common method biases in behavioral research: A critical review of the literature and recommended remedies [J]. Journal of Applied Psychology, 2003, 88 (5): 879 – 903.

[227] Polanyi M. The Tacit Dimension [M]. Chicago: University of Chicago Press, 1967.

[228] Porter M. E. The competitive advantage of nations [J]. Harvard Busi-

ness Review, 1990, 68 (2): 73 – 93.

[229] Porter M. E. Competitive Advantage: Creating and Sustaining Superior Performance [M]. New York: Free Press, 1985.

[230] Posner M. I., Rothbart M. K. Research on attention networks as a model for the integration of psychological science [J]. Annual Review of Psychology, 2007, 58 (1): 1 – 23.

[231] Patel P. C., Fernhaber S. A., Mcdougall – Covin P. P., et al. Beating competitors to international markets: The value of geographically balanced networks for innovation [J]. Strategic Management Journal, 2014, 35 (5): 691 – 711.

[232] Prahalad C. K., Hamel G. The core competence of the corporation [J]. Harvard Business Review, 1990, 68 (May – June): 75 – 77.

[233] Raisch S., Birkinshaw J. Organizational ambidexterity: Antecedents, outcomes, and moderators [J]. Journal of Management, 2008, 34 (3): 375 – 409.

[234] Rallet A., Torre A. Is geographical proximity necessary in the innovation networks in the era of global economy? [J]. GeoJournal, 1999, 49 (4): 373 – 380.

[235] Raymond T. Y., Pearlson K. Zero time: A conceptual architecture for 21st century enterprises [R]. Zero Time White Paper, September 15, 1998.

[236] Ren S., Eisingerich A. B., Tsai H. T. Search scope and innovation performance of emerging-market firms [J]. Journal of Business Research, 2015, 68 (1): 102 – 108.

[237] Robinson W. T., Fornell G. Sources of market pioneer advantages in consumer goods industies [J]. Journal of Marketing Research, 1985, 22 (3): 305 – 317.

[238] Rosenkopf L., Nerkar A. Beyond local search: Boundary-spanning, exploration, and impact in the optical disk industry [J]. Strategic Management Journal, 2001, 22 (4): 287 – 306.

[239] Ross J. M., Sharapov D. When the leader follows: Avoiding dethronement through imitation [J]. Academy of Management Journal, 2015, 58 (3): 658 – 679.

[240] Rothaermel F. T., Alexandre M. T. Ambidexterity in technology sour-

cing: The moderating role of absorptive capacity [J]. Organization Science, 2009, 20 (4): 759 –780.

[241] Salge T. O. The temporal trajectories of innovative search: Insights from public hospital services [J]. Research Policy, 2012, 41 (4): 720 –733.

[242] Samra Y. M. , Lynn G. S. , Reilly R. R. Effect of improvisation on product cycle time and product success: A study of new product development (NPD) teams in the United States [J]. International Journal of Management, 2008, 25 (1): 175 – 185.

[243] Sarasvathy S. , Kumar K. , York J. G. , Bhagavatula S. An effectual approach to international entrepreneurship: Overlaps, challenges, and provocative possibilities [J]. Entrepreneurship Theory & Practice, 2013, 38 (1): 71 –93.

[244] Shanna S. Managerial interpretations and organizational context as predictors of corporate choice of environmental strategy [J]. Academy of Management Journal, 2000, 43 (4): 681 –697.

[245] Sharma S. , Nguan O. The biotechnology industry and strategies of biodiversity conservation: The influence of managerial interpretations and risk propensity [J]. Business Strategy and the Environment, 1999, 8 (1): 46 –61.

[246] Sidhu J. S. , Commandeur H. R. , Volberda H. W. The multifacted nature of exploration and exploitation: Value of supply, demand, and spatial search for innovation [J]. Organizational Science, 2007, 18 (1): 20 –38.

[247] Sidhu J. S. , Volberda H. W. , Commandeur H. R. Exploring exploration orientation and its determinants: Some empirical evidence [J]. Journal of Management Studies, 2004, 41 (6): 913 –932.

[248] Siggelkow N. , Levinthal D. A. Temporarily divide to conquer: Centralized, decentralized, and reintegrated organizational approaches to exploration and adaptation [J]. Organization Science, 2003, 14 (6): 650 –669.

[249] Simon H. A. Administrative Behavior: A Study of Decision-making Processes in Administrative Organizations [M]. New York Free Press, 1947.

[250] Sirmon D. G. , Hitt M. A. , Ireland R. D. Managing firm resources in dynamic environments to create value: Looking inside the black box [J]. Academy of Management Review, 2007, 32 (1): 273 –292.

[251] Smith W. K. , Tushman M. L. Managing strategic contradictions: A top

management model for managing innovation streams [J]. Organization Science, 2005, 16 (5): 522 –526.

[252] Smith K. S. , Grimm C. M. Environmental variation, strategic change and firm performance: A study of railroad deregulation [J]. Strategic Management Journal, 1987, 8 (4): 363 –376.

[253] Song X. , Di Benedetto M. , Zhao Y. Pioneering advantages in manufacturing and service industries: Empirical evidence from nine coutries [J]. Strategic Management Journal, 1999, 20 (9): 811 –835.

[254] Sørenson J. B. , Stuart T. E. Aging, obsolescence, and organizational innovation [J]. Administrative Science Quarterly, 2000, 45 (1): 81 –112.

[255] Spender, J. C. Making knowledge the basis of a dynamic theory of the firm [J]. Strategic Management Journal, 1996, 17 (S2): 45 –62.

[256] Srinivasan R. , Lilien G. L. , Rangaswamy A. Technological opportunism and radical technology adoption: An application to e-business [J]. Journal of Marketing, 2002, 66 (3): 47 –60.

[257] Stalk G. , Hout T. Competing Against Time [M]. The Free Press, New York, NY, 1990.

[258] Staw B. M. , Sandelands L. E. , Dutton J. Threat rigidity effects in organizational behavior [J]. Administrative Science Quarterly, 1981, 26 (4): 501 –524.

[259] Staw B. M. , Ross J. Understanding behavior in escalation situations [J]. Science, 1989, 246 (4972): 216 –246.

[260] Steensma H. K. , Lyles M. A. Explaining IJV survial in a transtitional economy through social exchange and knowledge-based perspectives [J]. Strategic Management Journal, 2000, 21 (8): 831 –851.

[261] Stuart T. E. , Podolny J. M. Local search and the evolution of technological capabilities [J]. Strategic Management Journal, 1996, 17 (S1): 21 –38.

[262] Sull D. N. Closing the gap between strategy and execution [J]. MIT Sloan Management Review, 2007, 28 (4): 30 –38.

[263] Suarez F. F. , Lanzolla G. The role of environmental dynamics in building a first mover advantage [J]. Academy of Management Review, 2007, 32 (2): 377 –392.

［264］ Szulanski G. Exploring internal stickiness: Impediments to the transfer of best practice within the firm ［J］. Strategic Management Journal, 1996, 17 (winter special issue): 27 –43.

［265］ Teece D. Profiting from technological innovation: Implications for inte-gration, collaboration, licensing and public policy ［J］. Research Policy, 1986, 15 (6): 285 –305.

［266］ Teece D. J. Explicating dynamic capabilities: The nature and microfoun-dations of (sustainable) enterprise performance ［J］. Strategic Management Journal, 2007, 28 (13): 1319 –1350.

［267］ Teece D. J. Profiting from technological innovation: Implications for in-tegration, collaboration, licensing and public policy ［J］. Research Policy, 1986, 15 (6): 285 –305.

［268］ Teece D. J. , Pisano G. , Shuen A. Dynamic capabilities and strategic management ［J］. Strategic Management Journal, 1997, 18 (7): 509 –533.

［269］ Terjesen S. , Patel P. C. In search of process innovations: The role of search depth, search breadth, and the industry environment ［J］. Journal of Man-agement, 2017, 43 (5): 1421 –1446.

［270］ Tippmann E. , Scott P. S. , Mangematin V. Problem solving in MNCs: How local and global solutions are (and are not) created ［J］. Journal of Interna-tional Business Studies, 2012, 43 (8): 746 –771.

［271］ Thomas L. A. Brand capital and entry order ［J］. Journal of Economics and Management Strategy, 1996, 5 (1): 107 –129.

［272］ Thomas J. B. , Clark S. M. , Gioia D. A. Strategic sensemaking and or-ganizational performance: Linkages among scanning, interpretation, action, and outcomes ［J］. Academy of Management Journal, 1993, 36 (2): 239 –270.

［273］ Tsai W. P. , Su K. H. , Chen M. J. Seeing through the eyes of a rival: Competitor acumen based on rival-centric perceptions ［J］. Academy of Management Journal, 2011, 54 (4): 761 –778.

［274］ Tuggle C. S. , Sirmon D. Q. , Reutzel C. R. , et al. Commanding board of director attention: Investigating how organizational performance and CEO duality affect board members attention to monitoring ［J］. Strategic Management Journal, 2010, 31 (9): 946 –968.

[275] Tushman M. L., O'Reilly I. A. Ambidextrous organizations: Managing evolutionary and revolutionary change [J]. California Management Review, 1996, 38 (4): 8 – 29.

[276] Van Den Bosch F. A. J., Volberda H. W., De Boer M. Coevolution of firm absorptive capacity and knowledge environment: Organizational forms and combinative capabilities [J]. Organization Science, 1999, 10 (5): 551 – 568.

[277] Van de Vrande V., Vanhaverbeke W., Duysters G. External technology sourcing: The effect of uncertainty on governance mode choice [J]. Journal of Business Venturing, 2009, 24 (1): 62 – 80.

[278] Van Wijk R., Jansen J. P., Marjorie A. L. Inter-and intra-organizational knowledge transfer: A meta-analytic review and assessment of its antecedents and consequences [J]. Journal of Management Studies, 2008, 45 (2): 2322 – 2380.

[279] Venkatraman N., Ramanujam V. Measurement of business performance in strategy research: A comparison of approaches [J]. Academy of Management Review, 1986, 11 (4): 801 – 814.

[280] Vera D., Crossan M. Improvisation and innovative performance in teams [J]. Organization Science, 2005, 16 (3): 203 – 224.

[281] Vibha G., John J. Corporate structure and performance feedback: Aspirations and adaptation in M-form firms [J]. Organization Science, 2013, 24 (4): 1102 – 1119.

[282] Vissa B., Greve H. R., Chen W. R. Business group affiliation and firm search behavior in India: Responsiveness and focus of attention [J]. Organization Science, 2010, 21 (3): 696 – 712.

[283] Von Hippel E. The Souces of Innovation [M]. New York: Oxford University Press, 1988.

[284] Waarts E., Wierenga B. Explaining competitors' reactions to new product introductions: The roles of event characteristics, managerial interpretation, and competitive context [J]. Marketing Letters, 2000, 11 (1): 67 – 79.

[285] Weibull J. W. Evolutionary Game Theory [M]. Boston: MIT Press, 1998.

[286] Weick K. E. Introductory essay: Improvisation as a mindset for organiza-

tional analysis [J]. Organization Science, 1998, 9 (5): 534 – 555.

[287] White J. C. , Varadarajan P. R. , Dacin P. A. Market situation interpretation and response: The role of cognitive style, organizational culture, and information use [J]. Journal of Marketing, 2003, 67 (1): 63 – 79.

[288] Wiggins R. R. , Ruefli T. W. Schumpeter's ghost: Is hypercompetition making the best of times shorter? [J]. Strategic Management Journal, 2005, 26 (10): 887 – 911.

[289] Winter S. Schumpeterian competition in alternative technological regimes [J]. Journal of Economic Behavior and Organization, 1984 (5): 287 – 320.

[290] Wong S. The Chinese family firm: A model [J]. Family Business Review, 1993, 6 (3): 327 – 340.

[291] Wu A. Q. , Wei J. Effects of geographic search on product innovation in industrial cluster firms in China [J]. Management and Organization Review, 2013, 9 (3): 465 – 487.

[292] Wu J. , Wu Z. F. Local and international knowledge search and product innovation: The moderating role of technology boundary spanning [J]. International Business Review, 2014, 23 (3): 542 – 551.

[293] Wu J. F. , Shanley M. T. Knowledge stock, exploration, and innovation: Research on the United States electromedical device industry [J]. Journal of Business Research, 2009, 62 (5): 474 – 483.

[294] Yadav M. S. , Prabhu C. J. , Chandy R. K. Managing the future: CEO attention and innovation outcomes [J]. Journal of Marketing, 2007, 71 (4): 84 – 101.

[295] Yam R. C. M. , Lo W. , Tang E. P. Y. , Lau A. K. W. Analysis of sources of innovation, technological innovation capabilities, and performance: An empirical study of Hong Kong manufacturing industries [J]. Research Policy, 2011, 40 (3): 391 – 402.

[296] Yang T. T. , Li C. R. Competence exploration and exploitation in new product development: The moderating effects of environmental dynamism and competitiveness [J]. Management Decision, 2011, 49 (9): 1444 – 1470.

[297] Yang W. , Meyer K. E. Competitive dynamics in an emerging economy: Competitive pressures, resources, and the speed of action [J]. Journal of Business

Research, 2015, 68 (6): 1176 - 1185.

[298] Yates J. F., Stone E. R. Risk appraisal. In J F Yates (Eds.). Risk Taking Behavior [C]. New York: John Wiley & Sons Ltd., 1992.

[299] Young G., Smith K. G., Grimm C. M., Simon D. Multimarket contact and resource dissimilarity: A competitive dynamics perspective [J]. Journal of Management, 2000, 26 (6): 1217 - 1236.

[300] Young G., Smith K., Grimm C. Austrian and industrial organization perspectives on firm-level competitive activity and performance [J]. Organization Science, 2006, 7 (3): 243 - 254.

[301] Yoo J. W., Reed R. The effects of top management team external ties and board composition on the strategic choice of late movers [J]. Long Range Planning, 2015, 48 (1): 23 - 34.

[302] Zahra R., Ireland D., Hitt M. A. International expansion by new venture firms: International diversity, mode of market entry, technological learning and performance [J]. Academy of Management Journal, 2000, 43 (5): 925 - 950.

[303] Zang J. J., Li Y. Technology capabilities, marketing capabilities and innovation ambidexterity [J]. Technology Analysis & Strategic Management, 2017, 29 (1): 23 - 37.

[304] Zhang Y., Li H. Y. Innovation search of new ventures in a technology cluster: The role of ties with service intermediaries [J]. Strategic Management Journal, 2010, 31 (1): 88 - 109.

[305] Zucchini L., Kretschmer T. Competitive pressure: Competitive dynamics as reactions to multiple rivals [C]. Annual Meeting of the Academy of Management, St. Antonio, TX, 2011: 1 - 34.

[306] [美] 乔治·S. D., 戴维·J. R., 罗伯特·E. G. 动态竞争战略 [M]. 孟立慧, 顾勇, 龙炼译. 上海: 上海交通大学出版社, 2003.

[307] [英] 约翰·梅纳德·史密斯, 潘香阳译. 演化与博弈论 (第1版) [M]. 上海: 复旦大学出版社, 2008.

[308] 安同良. 中国企业的技术选择 [J]. 经济研究, 2003 (7): 76 - 92.

[309] 曹国昭, 齐二石. 竞争博弈下新创企业混合柔性技术战略决策研究 [J]. 管理学报, 2015, 12 (1): 118 - 125.

[310] 曹霞, 宋琪. 产学合作网络中企业关系势能与自主创新绩效——基

于地理边界拓展的调节作用 [J]. 科学学研究, 2016, 34 (7): 1065－1075.

[311] 曹瑄玮, 唐方成, 郎淳刚. 时间战略: 战略管理研究中的一个缺失 [J]. 西安交通大学学报 (社会科学版), 2011, 31 (2): 31－37.

[312] 蔡莉, 尹苗苗. 新创企业学习能力、资源整合方式对企业绩效的影响研究 [J]. 管理世界, 2009 (9): 1－10.

[313] 陈劲, 吴波. 开放式创新下企业开放度与外部关键资源获取 [J]. 科研管理, 2012, 33 (9): 10－21.

[314] 陈君达. 外部创新搜寻对企业产品创新绩效的影响研究 [J]. 浙江大学硕士学位论文, 2011.

[315] 陈君达, 邬爱其. 国外创新搜寻研究综述 [J]. 外国经济与管理, 2011, 33 (2): 58－65.

[316] 陈璐. 管理者解释对组织外部知识搜索的作用机制研究 [J]. 浙江大学硕士学位论文, 2011.

[317] 陈晓萍, 徐淑英, 樊景立. 组织与管理研究的实证方法 [M]. 北京: 北京大学出版社, 2012: 178－188.

[318] 陈学光, 俞红, 樊利钧. 研发团队海外嵌入特征、知识搜索与创新绩效 [J]. 科学学研究, 2010, 28 (1): 151－160.

[319] 陈衍泰. 浙江经济迸发新活力 [N]. 浙江日报, 2015－11－02.

[320] 陈钰芬, 陈劲. 开放度对企业技术创新绩效的影响 [J]. 科学学研究, 2008, 26 (2): 419－426.

[321] 陈钰芬, 叶伟巍. 企业内部 R&D 和外部知识搜寻的交互关系——STI 和 DUI 产业的创新战略分析 [J]. 科学学研究, 2013, 31 (2): 266－275.

[322] 程聪. 战略生态、制度创业和新创企业成长关系研究 [J]. 浙江工业大学博士学位论文, 2013.

[323] 程聪, 谢洪明, 杨英楠, 曹烈兵, 程宣梅. 理性还是情感: 动态竞争中企业 "攻击—回应" 竞争行为的身份域效应——基于 AMC 模型的视角 [J]. 管理世界, 2015 (8): 132－146.

[324] 崔松, 胡蓓, 陈荣秋. 时间竞争条件下的时间与成本关系研究 [J]. 中国工业经济, 2006 (11): 76－82.

[325] 戴维奇, 林巧, 魏江. 公司创业是如何推动集群企业升级的? ——刻意学习的中介作用 [J]. 科学学研究, 2012, 30 (7): 1071－1081.

[326] 邓新明. 企业竞争行为的回应预测研究 [J]. 南开管理评论, 2010

（2）：52 - 60.

[327] 董振林. 外部知识搜寻、知识整合机制与企业创新绩效：外部环境特性的调节作用 [D]. 吉林大学博士学位论文，2017.

[328] 冯桂平. 竞争互动行为的影响因素及影响机制研究 [J]. 管理学报，2010（12）：1773 - 1778.

[329] 冯海龙. 组织学习量表的开发 [J]. 商业经济与管理，2009（3），27 - 33.

[330] 方盼攀. 高层管理者注意力焦点与企业创新绩效——冗余资源的调节作用 [D]. 南开大学硕士学位论文，2013.

[331] 奉小斌. 研发团队跨界行为对创新绩效的影响——任务复杂性的调节作用 [J]. 研究与发展管理，2012（3）：56 - 65.

[332] 奉小斌. 质量改进团队跨界行为及其作用机制研究 [M]. 杭州：浙江大学出版社，2013：120 - 121.

[333] 奉小斌. 集群新创企业平行搜索风险的识别、度量与控制——基于 FMEA 原理 [J]. 技术经济，2015（4）：42 - 50.

[334] 奉小斌. 集群新创企业平行搜索对产品创新绩效的影响：管理者解释与竞争强度的联合调节效应 [J]. 研究与发展管理，2016，28（4）：11 - 21.

[335] 奉小斌. 集群新创企业平行搜索对产品创新绩效的影响：管理者联系的调节作用 [J]. 科研管理，2017，38（10）：22 - 30.

[336] 奉小斌，陈丽琼. 探索与开发之间的张力及其解决机制探析 [J]. 外国经济与管理，2010，32（12）：19 - 26.

[337] 奉小斌，陈丽琼. 组织跨界搜索与创新绩效间关系的元分析 [J]. 技术经济，2014，33（10）：41 - 50.

[338] 奉小斌，陈丽琼. 外部知识搜索能提升中小微企业协同创新能力吗？——互补性与辅助性知识整合的中介作用 [J]. 科学学与科学技术管理，2015，36（8）：105 - 117.

[339] 奉小斌，洪雁. 新创企业绩效反馈对知识搜索时机决策的影响：情境焦点的调节作用 [J]. 人类工效学，2016，22（4）：23 - 28.

[340] 奉小斌，王惠利. 新创企业搜索时机、即兴能力与创新绩效：管理注意力的调节作用 [J]. 研究与发展管理，2017，29（4）：127 - 137.

[341] 奉小斌，周佳微. 集群新创企业与在位企业搜索时机互动的博弈

分析 [J]. 浙江理工大学学报 (社会科学版), 2017, 38 (2): 106-113.

[342] 付敬, 朱桂龙. 知识源化战略、吸收能力对企业创新绩效产出的影响研究 [J]. 科研管理, 2014, 35 (3): 25-34.

[343] 高闯, 潘忠志. 产业集群企业创新行为的动态博弈研究 [J]. 商业研究, 2006 (22): 1-5.

[344] 高良谋, 马文甲. 开放式创新: 内涵、框架与中国情境 [J]. 管理世界, 2014 (6): 157-169.

[345] 古家军, 王行思. 企业快速战略决策研究述评及未来展望 [J]. 科研管理, 2013, 34 (12): 153-160.

[346] 古家军. TBC 背景下企业高管团队战略决策过程研究 [D]. 武汉: 华中科技大学博士学位论文, 2009.

[347] 古利平, 张宗益. 先动者优势与后动者优势视角下的中国摩托车行业分析 [J]. 生产力研究, 2006 (3): 24-27.

[348] 郭爱芳, 陈劲. 基于科学/经验的学习对企业创新绩效的影响: 环境动态性的调节作用 [J]. 科研管理, 2013, 34 (6): 1-8.

[349] 何郁冰, 梁斐. 产学研合作中企业知识搜索的影响因素及其作用机制研究 [J]. 科学学与科学技术管理, 2017, 38 (3): 12-22.

[350] 韩振华, 曹立人. 平行搜索还是系列搜索——视觉搜索机制研究的理论分析 [J]. 西北师大学报 (社会科学版), 2009, 46 (5): 129-133.

[351] 侯建, 陈恒. 外部知识源化、非研发创新与专利产出——以高技术产业为例 [J]. 科学学研究, 2017, 35 (3): 449-458.

[352] 侯杰泰, 温忠麟, 成子娟. 结构方程模型及其应用 [M]. 北京: 教育科学出版社, 2004: 166-173.

[353] 胡保亮, 方刚. 网络位置、知识搜索与创新绩效的关系研究 [J]. 科研管理, 2013, 34 (11): 18-26.

[354] 胡荣, 陈圻, 袁鹏. 成本领先背景下双寡头企业差异化决策的博弈分析 [J]. 数学的实践与认识, 2010, 40 (23): 16-22.

[355] 胡畔, 于渤. 跨界搜索、能力重构与企业创新绩效——战略柔性的调节作用 [J]. 研究与发展管理, 2017, 29 (4): 138-147.

[356] 胡文安, 罗瑾琏, 钟竞. 双元创新搜索视角下组织创新绩效的提升路径研究: 领导行为的触发作用 [J]. 科学学与科学技术管理, 2017, 38 (4): 60-72.

[357] 霍伟伟, 罗瑾琏. 领导行为与员工创新研究之横断历史元分析 [J]. 科研管理, 2011, 32 (7): 113-121.

[358] 黄芳铭. 结构方程模式: 理论与应用 [M]. 北京: 中国税务出版社, 2003: 141-162.

[359] 姜军, 武兰芬, 李必强. 专利平台战略的时间竞争优势 [J]. 科学学研究, 2006, 24 (4): 602-606.

[360] 蒋天颖, 孙伟, 白志欣. 基于市场导向的中小微企业竞争优势形成机理——以知识整合和组织创新为中介 [J]. 科研管理, 2013, 34 (6): 51-63.

[361] 蓝惠芳. 企业间竞争互动的研究研究 [D]. 华南理工大学硕士学位论文, 2011.

[362] 黎赔肆, 焦豪. 动态环境下组织即兴对创业导向的影响机制研究 [J]. 管理学报, 2014, 11 (9): 1366-1371.

[363] 李柏洲, 徐广玉, 苏屹. 基于扎根理论的企业知识转移风险识别研究 [J]. 科学学与科学技术管理, 2014, 35 (4): 57-65.

[364] 李庆满, 杨皎平, 金彦龙. 集群内部竞争、技术创新力与集群企业技术创新绩效 [J]. 管理学报, 2013, 10 (5): 746-753.

[365] 李强. 外部知识搜索宽度的前因及其创新绩效影响机制研究: 基于正式 非正式搜索的视角 [J]. 浙江大学博士学位论文, 2013.

[366] 李文君, 刘春林. 经济危机环境下冗余资源与公司绩效的关系研究——基于行业竞争强度的调节作用 [J]. 当代经济科学, 2011, 33 (5): 85-91.

[367] 李笑男, 潘安成. 基于多维搜索的组织即兴模型研究 [C]. 第五届 (2010) 中国管理学年会——组织与战略分会场论文集, 2010.

[368] 李忆, 司有和. 探索式创新、利用式创新与绩效: 战略和环境的影响 [J]. 南开管理评论, 2008, 11 (5): 4-12.

[369] 李晓翔, 刘春林. 困难情境下组织冗余作用研究: 兼谈市场搜索强度的调节作用 [J]. 南开管理评论, 2013, 16 (3): 140-148.

[370] 李中东, 王发明. 企业集群风险分析: 基于产业生态的视角 [J]. 科学学研究, 2009, 27 (2): 214-219.

[371] 黎赔肆, 焦豪. 动态环境下组织即兴对创业导向的影响机制研究 [J]. 管理学报, 2015, 33 (10): 1573-1583.

［372］凌鸿，赵付春，邓少军．双元性理论和概念的批判性回顾与未来研究展望［J］．外国经济与管理，2010，32（1）：25－33．

［373］梁子涵．远程与本地视角下企业知识搜索前因综述［J］．西安电子科技大学学报（社会科学版），2014，24（5）：1－15．

［374］林枫，徐金发，潘奇．企业创业导向与组织绩效关系的元分析［J］．科研管理，2011，32（8）：74－83．

［375］林枫，孙小微，张雄林，熊欢．探索性学习—利用性学习平衡研究进展及管理意义［J］．科学学与科学技术管理，2015，36（4）：55－63．

［376］刘虹，李焯章．论技术领先战略［J］．技术经济，2004（11）：5－7．

［377］刘景江，刘博．情境性调节焦点、即时情绪和认知需要对技术创业决策的影响［J］．浙江大学学报（人文社会科学版），2014，44（5）：110－120．

［378］刘景江，王文星．管理者注意力研究：一个最新综述［J］．浙江大学学报（人文社会科学版），2014，44（2）：78－87．

［379］龙筱玥，黄志明．基于 FMEA 的业务外包风险评估研究［J］．上海管理科学，2014，36（5）：45－49．

［380］陆亚东，孙金云．中国企业成长战略新视角：复合基础观的概念、内涵与方法［J］．管理世界，2013（10）：116－128．

［381］吕振亚．基于领头企业有限理性的斯塔克尔伯格模型分析［J］．生产力研究，2008（12）：20－21，47．

［382］马鸿佳，马楠，郭海．关系质量、关系学习与双元创新［J］．科学学研究，2017，35（6）：917－930．

［383］马骏，席酉民，曾宪聚．战略的选择：管理认知与经验搜索［J］．科学学与科学技术管理，2007，28（11）：114－19．

［384］马东俊．基于竞争互动过程的战略行动层级分析［J］．郑州大学学报（哲学社会科学版），2012，45（3）：69－72．

［385］马鸿佳，宋春华，葛宝山．动态能力、即兴能力与竞争优势关系研究［J］．外国经济与管理，2015，37（11）：25－37．

［386］马如飞．跨界搜索对企业绩效的影响机制研究［D］．浙江大学博士学位论文，2009．

［387］马艳艳，刘凤朝，姜滨滨，王元地．企业跨组织研发合作广度和

深度对创新绩效的影响——基于中国工业企业数据的实证 [J]. 科研管理,
2014, 35 (6): 33 -40.

[388] 梅胜军, 薛宪方, 奉小斌. 创业警觉性对创业者危机感知的影响
研究: 信息搜索的作用角色 [J]. 人类工效学, 2014, 20 (1): 31 -35.

[389] 倪自银, 熊伟. 知识搜索平衡研究综述与展望 [J]. 图书馆, 2016
(1): 85 -91.

[390] 皮圣雷. 动态竞争理论研究视角与路径演进综述 [J]. 外国经济与
管理, 2014, 36 (9): 12 -19.

[391] 彭本红, 武柏宇. 跨界搜索、动态能力与开放式服务创新绩效
[J]. 产经评论, 2017 (1): 32 -39.

[392] 彭伟, 朱雪嫣, 符正平. 集群新创企业成长机制: 理论模型与案
例验证 [J]. 产经评论, 2012 (2): 65 -72.

[393] 彭学兵, 陈璐露, 刘玥伶. 创业资源整合、组织协调与新创企业
绩效的关系 [J]. 科研管理, 2016, 37 (1): 110 -118.

[394] 彭正龙, 何培旭, 李泽. 战略导向、双元营销活动与服务企业绩
效: 市场竞争强度的调节作用 [J]. 经济管理, 2015, 37 (6): 75 -86.

[395] 荣泰生. 企业研究方法 [M]. 北京: 中国税务出版社, 2005: 288 -
293.

[396] 阮爱君, 陈劲. 正式/非正式知识搜索宽度对创新绩效的影响 [J].
科学学研究, 2015, 33 (10): 1573 -1583.

[397] 阮建青, 张晓波, 卫龙宝. 危机与制造业产业集群的质量升级——
基于浙江产业集群的研究 [J]. 管理世界, 2010 (2): 69 -79.

[398] 芮正云, 罗瑾琏. 企业创新搜寻策略的作用机理及其平衡——一个
中国情境下的分析框架与经验证据 [J]. 科学学研究, 2016, 34 (5): 771 -
780.

[399] 芮正云, 罗瑾琏, 甘静娴. 新创企业创新困境突破: 外部搜寻双
元性及其与企业知识基础的匹配 [J]. 南开管理评论, 2017, 20 (5): 156 -
164.

[400] 盛昭翰, 蒋德鹏. 演化经济学 [M]. 上海: 上海三联书店, 2002:
281 -326.

[401] 苏道明, 吴宗法, 刘臣. 外部知识搜索及其二元效应对创新绩效
的影响 [J]. 科学学与科学技术管理, 2017, 38 (8): 109 -121.

[402] 苏世彬，黄瑞华. 基于风险矩阵的合作创新隐性知识转移风险分析与评估 [J]. 科研管理，2007，28（2）：27-34.

[403] 宋晶，陈菊红，孙永磊. 不同地域文化下网络搜寻对合作创新绩效的影响 [J]. 管理科学，2014，27（3）：39-49.

[404] 宋琳. 在位企业破坏性创新战略的模型构建及其实证性研究 [D]. 复旦大学博士学位论文，2009.

[405] 尚航标，黄培伦. 管理认知与动态环境下企业竞争优势 [J]. 南开管理评论，2010，13（3）：70-79.

[406] 田志龙、邓新明、Taieb Hafsi. 企业市场行为、非市场行为与竞争互动：基于中国家电行业的案例研究 [J]. 管理世界，2007（8）：116-128.

[407] 王菁，程博，孙元欣. 期望绩效反馈效果对企业研发和慈善捐赠行为的影响 [J]. 管理世界，2014（8）：115-133.

[408] 王琼. 子公司管理者议题营销行为有效性研究：注意力基础观的视角 [D]. 中国科学技术大学博士学位论文，2014.

[409] 王全意，樊信友. 先动优势理论与实证研究的新进展：一个文献综述 [J]. 生产力研究，2011（7）：15-17.

[410] 王巍，崔文田，孙笑明，卢小军. 多维接近性对关键研发者知识搜索的影响研究 [J]. 科学学与科学技术管理，2017，38（10）：107-119.

[411] 王重鸣. 心理学研究方法 [M]. 北京：人民教育出版社，2001：26-35.

[412] 汪克夷，冯桂平. 动态竞争中的竞争速度研究 [J]. 科学学与科学技术管理，2004（6）：114-117.

[413] 汪少华，佳蕾. 新创企业及浙江新创企业的创业基础与成长特征 [J]. 南开管理评论，2003（6）：18-21.

[414] 卫武. 企业非市场与市场行为及其竞争特点对企业绩效的影响研究 [J]. 南开管理评论，2009，12（2）：37-51.

[415] 魏江，徐蕾. 知识网络双重嵌入、知识整合与集群企业创新能力 [J]. 管理科学学报，2014，17（2）：34-47.

[416] 魏江，徐蕾. 集群企业知识网络双重嵌入演进路径研究——以正泰集团为例 [J]. 经济地理，2011（2）：247-253.

[417] 魏江，赵立龙，冯军政. 管理学领域中元分析研究现状评述及实施过程 [J]. 浙江大学学报（人文社会科学版）2012，42（5）：144-156.

[418] 魏龙，党兴华. 网络权力、网络搜寻与网络惯例——一个交互效应模型 [J]. 科学学与科学技术管理，2017，38 (2)：136 – 147.

[419] 温忠麟，侯杰泰，张雷. 调节效应与中介效应的比较和应用 [J]. 心理学报，2005，37 (2)：268 – 274.

[420] 邬爱其. 超集群学习与集群企业转型成长——基于浙江卡森的案例研究 [J]. 管理世界，2009 (8)：141 – 156.

[421] 邬爱其，李生校. 从"到哪里学习"转向"向谁学习"——专业知识搜寻战略对新创集群企业创新绩效的影响 [J]. 科学学研究，2011 (2)：1906 – 1913.

[422] 邬爱其，李生校. 外部创新搜寻战略与新创集群企业产品创新 [J]. 科研管理，2012，33 (7)：1 – 7.

[423] 邬爱其，方仙成. 国外创新搜寻模式研究述评 [J]. 科学学与科学技术管理，2012，33 (4)：67 – 74.

[424] 吴航，陈劲. 企业外部知识搜索与创新绩效：一个新的理论框架 [J]. 科学学与科学技术管理，2015，36 (4)：143 – 151.

[425] 吴航，陈劲. 国际搜索与本地搜索的抉择——企业外部知识搜索双元的创新效应研究 [J]. 科学学与科学技术管理，2016，37 (9)：101 – 113.

[426] 吴建祖，关斌. 高管团队特征对企业国际市场进入模式的影响研究——注意力的中介作用 [J]. 管理评论，2015，27 (11)：118 – 131.

[427] 吴建祖，肖书锋. 研发投入跳跃对企业绩效影响实证研究——双元性创新注意力的中介作用 [J]. 科学学研究，2015，33 (10)：1538 – 1546.

[428] 吴建祖，曾宪聚. 管理者认知对企业竞争反应行为的影响 [J]. 管理学家（学术版），2011 (9)：72 – 75.

[429] 吴建祖，王欣然，曾宪聚. 国外注意力基础观研究现状探析与未来展望 [J]. 外国经济与管理，2009，31 (6)：58 – 65.

[430] 吴结兵，郭斌. 企业适应性行为、网络化与产业集群的共同演化——绍兴县纺织业集群发展的纵向案例研究 [J]. 管理世界，2010 (2)：141 – 155.

[431] 吴晓波，雷李楠，郭瑞. 组织内部协作网络对探索性搜索与创新产出影响力的调节作用探究——以全球半导体行业为例 [J]. 浙江大学学报（人文社会科学版），2016，46 (1)：142 – 158.

[432] 项后军，江飞涛．核心企业视角的集群竞—合关系重新研究 [J]．中国工业经济，2010（6）：137－146.

[433] 奚雷，彭灿，杨红．资源拼凑对双元创新协同性的影响：环境动态性的调节作用 [J]．技术经济，2017，36（4）：1－5＋62.

[434] 肖丁丁．跨界搜寻对组织双元能力影响的实证研究 [D]．华南理工大学博士学位论文，2013.

[435] 肖丁丁，朱桂龙．跨界搜寻对组织双元能力影响的实证研究——基于创新能力结构视角 [J]．科学学研究，2016，34（7）：1076－1085.

[436] 谢洪明，程聪．企业创业导向促进创业绩效提升了吗？——一项Meta分析的检验 [J]．科学学研究，2012，30（7）：1082－1091.

[437] 谢洪明．战略网络结构对企业动态竞争行为的影响研究 [J]．科研管理，2005，26（2）：104－112.

[438] 谢洪明，蓝海林．战略网络中的动态竞争 [M]．北京：经济科学出版社，2004.

[439] 谢识予．经济博弈论（第二版）[M]．上海：复旦大学出版社，2002.

[440] 熊伟，奉小斌，陈丽琼．国外跨界搜寻研究回顾与展望 [J]．外国经济与管理，2011（6）：18－26.

[441] 熊伟，奉小斌．基于企业特征变量的质量管理实践与绩效关系的实证研究 [J]．浙江大学学报（人文社会科学版），2002，42（1）：188－200.

[442] 徐敏，张卓，宋晨晨，王文华．开放创新搜索、知识转移与创新绩效——基于无标度加权网络的仿真研究 [J]．科学学研究，2017，35（7）：1085－1094.

[443] 徐岩，胡斌，钱任．基于随机演化博弈的战略联盟稳定性分析和仿真 [J]．系统工程理论与实践，2011，31（5）：920－926.

[444] 许晖，郭净．中国国际化企业能力—战略匹配关系研究：管理者国际注意力的调节作用 [J]．南开管理评论，2013，16：133－142.

[445] 杨菲，安立仁，史贝贝，高鹏．知识积累与双元创新能力动态反馈关系研究 [J]．管理学报，2017，14（11）：1639－1649.

[446] 杨皎平，刘丽颖，牛似虎．集群企业竞争强度与创新绩效关系的理论与实证——基于集群企业同质化程度的视角 [J]．软科学，2012（4）：23－27.

[447] 杨雪，顾新，王元地．企业外部技术搜寻平衡研究——基于探索—开

发的视角 [J]. 科学学研究, 2015, 33 (6): 907-914.

[448] 杨志蓉. 团队快速信任、互动行为与团队创造力研究 [D]. 浙江大学博士学位论文, 2006.

[449] 叶江峰, 任浩, 郝斌. 外部知识异质度对创新绩效曲线效应的内在机理——知识重构与吸收能力的视角 [J]. 科研管理, 2016, 37 (8): 8-17.

[450] 尹苗苗, 毕新华, 王亚茹. 新企业创业导向、机会导向对绩效的影响研究 [J]. 管理科学学报, 2015, 18 (11): 47-58.

[451] 殷辉, 陈劲, 谢芳. 开放式创新下产学研合作的演化博弈分析 [J]. 情报杂志, 2012, 31 (9): 185-190.

[452] 殷俊杰, 邵云飞. 创新搜索和惯例的调节作用下联盟组合伙伴多样性对创新绩效的影响研究 [J]. 管理学报, 2017, 14 (4): 545-553.

[453] 余斌, 奉小斌. 知识搜索的时间维度研究综述 [J]. 浙江理工大学学报 (社会科学版), 2018 (1): 7-14.

[454] 于斌斌, 余雷. 基于演化博弈的集群企业创新模式选择研究 [J]. 科研管理, 2015, 36 (4): 30-38.

[455] 俞位增, 蔡简建, 陈珊. 集群内代工企业跨界搜索类型对创新绩效的影响研究——基于跨界组织制度性的调节效应 [J]. 宁波大学学报 (人文科学版), 2015, 28 (6): 84-89.

[456] 袁健红, 龚天宇. 企业知识搜寻前因和结果研究现状探析与整合框架构建 [J]. 外国经济与管理, 2011, 33 (6): 27-33.

[457] 韵江, 杨柳, 付山丹. 开放式创新下"吸收—解吸"能力与跨界搜索的关系 [J]. 经济管理, 2014 (7): 129-139.

[458] 韵江, 王文敬. 组织记忆、即兴能力与战略变革 [J]. 南开管理评论, 2015, 18 (4): 36-46.

[459] 张春玲. 传统的先动优势和后动优势理论的缺失分析 [J]. 生产力研究, 2008 (1): 24-27.

[460] 张峰, 刘侠. 外部知识搜索对创新绩效的作用机理研究 [J]. 管理科学, 2014, 27 (1): 31-42.

[461] 张昊, 王世权, 辛冲. 国有企业 CEO 注意力对产品创新影响的研究 [J]. 管理学报, 2014, 11 (12): 1798-1805.

[462] 张宏娟, 范如国. 基于复杂网络演化博弈的传统产业集群低碳演

化模型研究 ［J］. 中国管理科学，2014，22 （12）：41－47.

［463］张军，许庆瑞. 企业知识积累与创新能力演化间动态关系研究——基于系统动力学仿真方法 ［J］. 科学学与科学技术管理，2015 （1）：128－138.

［464］张涛，张若雪. 人力资本与技术采用：对珠三角技术进步缓慢的一个解释 ［J］. 管理世界，2009 （2）：75－82.

［465］张文红，赵亚普，施建军. 创新中的组织搜索：概念的重新架构 ［J］. 管理学报，2011 （9）：1387－1392

［466］张文红，赵亚普，陈爱玲. 外部研发机构联系能够提升企业创新？——跨界搜索的中介作用 ［J］. 科学学研究，2014，32 （2）：289－296.

［467］张文红，唐彬，赵亚普. 地理跨界搜索对企业创新影响的实证研究 ［J］. 科学学与科学技术管理，2014 （11）：172－180.

［468］张晓棠，安立仁. 双元创新搜索、情境分离与创新绩效 ［J］. 科学学研究，2015，33 （8）：1240－1250.

［469］张晓棠，安立仁. 双元创新搜索、竞争强度与企业创新绩效关系研究 ［J］. 经济与社会发展，2016，14 （2）：8－12.

［470］张玉利，杨俊，戴燕丽. 中国情境下的创业研究现状探析与未来研究建议 ［J］. 外国经济与管理，2012 （1）：1－9.

［471］张玉利，李乾文. 公司创业导向、双元能力与组织绩效 ［J］. 管理科学学报，2009 （2）：137－151.

［472］张玉利，赵都敏. 新企业生成过程中的创业行为特殊性与内在规律性探讨 ［J］. 外国经济与管理，2008，30 （1）：8－16.

［473］张金如. 2013 浙江省中小企业发展报告 ［R］. 浙江工商大学出版社，2013.

［474］张兴祥，许炎，李雅霏. 中国制造业是否陷入"低技术均衡" ［J］. 中国科技论坛，2016 （8）：17－22.

［475］张耀辉，牛卫平，韩波勇. 技术领先战略与技术创新价值 ［J］. 中国工业经济，2008 （11）：56－65.

［476］赵空，李文辉，袁华. 平行搜索算法求解约束问题 ［J］. 微电子学与计算机，2010，27 （11）：158－161.

［477］赵立雨. 基于知识搜寻的开放式创新绩效研究 ［J］. 中国科技论坛，2016 （3）：36－41.

[478] 周飞，孙锐. 基于动态能力视角的跨界搜寻对商业模式创新的影响研究 [J]. 管理学报，2016，13 (11)：1674 – 1680.

[479] 周浩，龙立荣. 共同方法偏差的统计检验与控制方法 [J]. 心理科学进展，2004，12 (6)：942 – 950.

[480] 朱朝晖. 探索性学习、挖掘性学习和创新绩效 [J]. 科学学研究，2008，26 (4)：860 – 867.

[481] 朱朝晖，陈劲. 探索性学习与挖掘性学习及其平衡研究 [J]. 外国经济与管理，2007，29 (10)：54 – 58.

[482] 朱秀梅，蔡莉，陈巍，柳青. 新创企业与成熟企业的资源管理过程比较研究 [J]. 技术经济，2008，27 (4)：22 – 28.

[483] 朱桂龙，彭有福. 产学研合作创新网络组织模式及其运作机制研究 [J]. 软科学，2003，17 (4)：49 – 52.